JN409798

안보외교론 I

온 창 일

지문당

| 머리말 |

안보외교론(安保外交論: Security Diplomacy)은 국가로 대변되는 정치집단의 생사소멸(生死消滅)과 그의 영향력·영향권의 보존 및 확대, 명분적·실질적 이익의 확보 및 증진과 연관된 외교 문제를 다루었다. 통상 외교를 '펜으로 수행하는 전쟁'이라 말하고 전쟁은 '총칼을 동원한 외교'라고 구분해 온 것이 일반적이었으나, 안보외교는 전쟁을 비롯한 모든 가용 수단과 방법을 운용하여 수행하는 외교라고 규정하고 분석했다. 그리하여 이 책은 외교와 안보외교, 안보외교의 개념·성격·유형 등과 내용을 분석했다. 그리고 그것을 바탕으로 전시와 평시의 안보외교, 우방국 간 안보외교 및 우방국 간 안보외교의 결정 배열인 동맹외교 등을 이론적·실제적으로 검토하여 기왕(旣往)에 존재해 온 안보외교의 주요한 주제(主題)들을 심층적으로 분석하고 정리했다.

그러나 오늘에 이르러, 안보외교론에서 분석해야 할 주제가 다양한 채로 광범위해지고 거기에 맞는 이론적·현실적 이론 개진이 절실해짐에 따라 적대국(敵對國)과의 안보외교, 테러리즘과 안보외교, 인권개입과 안보외교, 국제환경 개선 및 지구환경 보호와 안보외교, 안보외교와 전쟁, 안보외교와 평화, 안보외교와 국가안보·국제안보·인간안보 등의 중요한 주제들은 별개의 장으로 다음 책(*안보외교론II*)에서 다루기로 했다. 인간이 존재하고 살아가는 자연적 · 인위적 · 사회적 요인과 환경이 인간안보와 인권안보에 심대한 영향을 미치고, 인간의 실존(實存)과 권리(權利)의 안전 보장이 안보외교가 추구하는 궁극적인 목표이며, 인간의 존엄과 기본권을 존중하는 미시적 · 거시적 차원의 안보까지를 포괄해야 하기 때문이다.

안보외교론은 인간, 국가, 국제, 지구안보에 관심 있는 일반독자와 그것들을 보장해야 하는 모든 실무 및 정책 입안자 그리고 그들에게 주제에 대한 전문적 식견(識見)과 지혜(智慧)를 제공하고자 하는 연구자 및 학자들이 참고할 수 있도록 엮었다. 저자는 국가안보에 치중해 온 지금까지의 연구 영역을 초월하여 개인, 국가 간, 그리고 그들이 존재해 온 지구 안보까지 다루어 연구의 지평을 넓히는 데 이 책이 조금이나마 기여하기를 기대한다. 이 책을 펴낸 지문당 임삼규 사장님, 임용우 부장님, 심하나 편집위원님과 직원 여러분께 감사드린다.

2012년 4월 5일 온 창 일

| 차 례 |

1. 외교와 안보외교

가. 정치집단과 외교

나. 외교와 안보외교

1. 외교와 안보외교

가. 정치집단과 외교

인류는 여러 가지 모습과 차원에서 국가(國家)라는 정치집단(政治集團)을 형성하여 행적(行蹟)을 기록해 왔다. 지리적 차원에서 도시(都市)국가를 형성했고, 지역적 차원에서 내륙(內陸)국가 혹은 이의 팽창과정에서 큰 강이나 해협(海峽)을 포괄한 도양(渡洋)국가나 해양(海洋)국가도 형성해 왔다. 그리스나 로마시대의 도시국가 · 고대 중국의 제후국 · 몽고제국과 같은 내륙국가, 해안을 따라 위치한 도서(島嶼)를 점유하거나 과거 지중해 연안 지역과 도버 해협을 건너 영국까지 세력을 확장했던 로마제국 · 알래스카를 소유하고 있던 제정(帝政) 러시아 · 북방 기마(騎馬)족의 이동과정에서 한반도와 일본열도 사이에 존재할 수도 있었던 형태와 같이 해협을 포함해 형성된 해양국가, 한때나마 형성될 수 있었던 도양(渡洋)국가 등이 바로 그것이다. 영국은 유럽 대륙에 세력균형 정책을 적용하여 대륙 내의 국가 간 세력균형을 유지시키면서 전 지구적인 식민지를 독점하다시피 하여 해양(海洋)국가의 모습을 드러내기도 했다.

정치집단을 형성하고 있는 인적 구성에 따라서도 국가의 모습이 달라졌다. 여러 씨족이 모여서 형성된 부족국가, 가계나 왕조를 중심으로 형성된 공국이나 왕조국가, 종족이 확대된 개념으로 정의될 수 있는 민족으로 구성된 민족국가 혹은 여러 가지 성격의 다양한 정치집단으로 구성된 제국(帝國) 형태의 국가나 합중국(合衆國) 형태의 연방국가 등도 출몰(出沒)해 왔다. 20세기에는 공산사회를 표방한 이념을 앞세운 집단이 현실적인 정치세력을 장악함에 따라, 노동자나 농민이 정치권력을 장악해야 한다는 작위적(作爲的) 의도 아래 이론적으로 계급(階級)국가라는 개념이 추가되었고 한때나마 등장하기도 했다. 또한 정치집단의 생성(生成)과정에서도 여러 형태의 국가들이 출현했다. 식민지 상태에서 독립전쟁이나 투쟁을 거쳐 국가를 형성하기도 했고, 확보한 영토를 중심으로 국가를 수립하거나, 기존의 정권에 반기를 든 세력들이 내전에서 승리함으로써 국가는 새로운 정치구조를 가진 모습으로 바뀌기도 하고, 이념이나 종족을 중심으로 분할되었던 정치집단이 합해지거나, 통합된 연방 형태의 국가가 분화(分化)되어 여러 개의 국가로 분립(分立)되기도 했다. 이처럼 인류는 여러 가지 차원과 기준에서 다양한 모습의 국가로 일컬어질 수 있는 정치집단을 형성하여 오늘에 이르고 있다.

인류가 형성해 온 이러한 국가들은 상호관계를 유지하면서 여러 분야에서 다양한 성격의 교제(交際)와 교섭(交涉)을 진행시켜 왔다. 우선 이들은 자국들의 실체(實體) 보존이나 다른 집단의 고립 혹은 흡수를 위한 목적으로 대외적인 교제와 교섭을 진행시켜 왔으며, 자신들의 이익 보존 및 증진을 위한 적극적인 차원뿐 아니라 상대의 몫을 감소시키거나 박탈하기 위한 부정적인 의미의 활동도 펼쳐 왔다. 또한 자신들의 배타적인 보존이나 이익증진뿐만 아니라 호혜적인 공존(共存)이나 공익(共益)증진을 위해서도 외교(外交, diplomacy) 활동을 전개해 왔다. 국가 간 대외적인 교제와 교섭으로 볼 수 있는 외교에서는 군사적인 수단이나 능력의 운용(運用)도 배제되지 않았다. 그리하여 정치 · 경제 · 교역 등의 현시(顯示)적 분야나 사회 · 문화 · 기술 등의 묵시(默示)적 분야에서의 외교와 더불어, 위압(威壓)적이거나 때로는 강압적(强壓的)으로 군사력을 운용하는 안보 분야의 외교도 넓은 개념에서 외교의 한 부문(部門)으로 자리를 잡았다. 이와 같이 대외적인 교섭과 교제를 통한 외교는 정치집단 간 실체의 보존이나 소멸, 배타적 이익의 증진이나 박탈 또는 상관적 공익의 증대나 축소를 위해서 안보 분야를 포함한 거의 전 분야에서 행해져 국가 간의 대외 위상(位相)이나 상호관계의 성격과 수준을 결정지어 왔다.

배타적이든 호혜적이든, 국가들의 실리적 · 명분적 이익증진을 위한 외교는 그 유례를 얼마든지 찾을 수 있다. 경제적인 이익을 증진시키기 위한 상품 · 자재 · 기술 · 자본 · 노동력 등의 교역은 인류가 개별 혹은 집단 생활을 시작할 때부터 있어 온 활동이다. 이러한 교역은 집단이 정형화되면서 보다 조직적이고 체계적으로 진행되어 집단들의 상호 이익증진을 도모해 왔다. 그 과정에서 경제적인 요소와 교역조건 등의 호혜적인 설정 및 수립을 위해서 국가로 대변되는 정치집단들은 협의하거나 협상을 진행시켰고, 때로는 불평등한 경우도 있었으나 상대적 위상에 따라 교역조건을 정착시켜 왔다.

경제적 실리를 증진시키기 위한 경제외교는 사실상 국가 간 평시외교의 주류를 형성해 왔다. 그러나 요즈음에는 지적 · 문화적인 재산권의 보호 및 확산이나 상호 법적, 유통 질서의 국가 간 대내외적 배타성을 제거하기 위한 교섭활동의 비중이 증가하는 추세를 보여, 그 역시 실질적인 이익증진을 도모하는 외교의 주요한 요소가 되었다. 국가 간에는 실질적인 이익도모나 증진을 위한 외교뿐 아니라 명분적인 이익을 취하려는 교섭이나 협의도 진행되어 왔다. 상호 위상에 따른 국제적인 예양(禮讓)의 설정이나 국제기구에서의 역할과 권리 및 의무 등을 정착 · 변화시키기 위한 외교가 그 하나이고, 외교관들의 면책특권과 같은 구체적인 조치 등이 다른 하나이다. 또한 중요한 정책결정자들의 상호 방문 형식(形式)이나 격식(格式) 등을 정하거나, 회담(會談)의 성격과 규모 그리고 시간과 장소를 정하는 과정에서의 협의와 교섭 등도 정치집단의 명분적 이익을 증진시키는 방향으로 진행되었다. 이와 같이 국가는 대외적 교섭과 교제를 통하여 그들의 실질적 · 명분적 이익을 도모하거나 증진시키는 외교를 펼쳐 개별 혹은 호혜적 실리를 확보해 오고 있다.

국가들은 그들의 실체 보존을 위태(危殆)롭게 하거나 저해(沮害)하는 위협(威脅)의 대상을 제거하기 위해서도 외교 활동을 펼쳐 왔다. 국가라는 정치집단은 그 실체를 보존하기 위한 자구(自救) 노력에, 실존(實存)을 위태롭게 하는 외부 위협을 제거하거나 무력화시키기 위한 총력적인 외교를 추가하여 전개해 왔다. 그들이 펼치는 총력적 외교는 영역과 수단 면에서 예외를 두지 않고 있는 외교로서, 군사 및 군사 외적 전 영역에서 동원할 수 있는 모든 역량을 수단으로 활용해 왔다. 정치집단의 실체 보존은 그 집단의 다른 영역에서의 대외활동을 의미 있게 해 주는 기본적인 필수요건이기 때문이다. 그리하여 국가의 실체 보존을 위한 외교는 모든 군사적·군사 외적 방책과 수단이 동원·운용되고, 평시와 위기 및 전시에도 여러 가지 모습으로 구체화되며, 정치·경제적 협조와 봉쇄 또는 군사적 수단과 방책의 시위(示威)적 운용이나 동원 등은 물론 예방전쟁이라는 명분하의 실제 전쟁까지도 수단으로 활용하고 있다. 이와 같이 국가들은 실체 보존과 영역의 확보나 영향권의 확대를 위해서는 모든 분야의 역량과 수단을 동원하여 총체적인 외교를 구사(驅使)해 왔으며, 구사하고 있고, 구사할 것으로 보인다.

나. 외교와 안보외교

기본적으로, 외교는 개인 및 집단 간의 관계와 연관하여 현상(現像)적 의미가 부여된다. 개인 상호 간이나 정치집단을 대변하는 국가 간 혹은 국가군(國家群) 간에 존재하는 평시 관계의 합리적인 기본 요소가 외교라고 볼 수 있다.[1] 개인이나 개인들이 모여 형성된 집단은 사회성을 지니고 있기 때문에 독립적이거나 보완적 혹은 대립적인 상호관계를 유지하면서, 존재 상

---

1) Harold Nicolson, *Diplomacy*(London, New York, Toronto: Oxford University Press, 1965), p. 14.

태의 보존 및 변경, 이익의 배분이나 증진에서 상호 보완되거나 상충되는 성격의 관계를 맺기 마련이다. 이러한 상호관계 속에서 나타나는 관계 현상 중 한 요소가 바로 외교인 셈이다. 개인이나 개인들의 모임인 사회집단은 정도와 수준이나 양태와 성격의 차이에도 불구하고, 대외적인 교제와 교섭 관계를 가지는데 그것을 바로 외교라고 부를 수 있다.

외교의 사전적(辭典的) 의미 역시 개인이나 집단, 특히 국가로 대변되는 정치집단 간의 관계에서 펼쳐지는 교제(交際)나 협상(協商)에 중점을 둔다. 외교를 "자기 나라의 외교 정책을 실현하고자 외국과 사귀는 일 또는 국제 간의 교섭"으로 보거나 "일정한 사업을 이루기 위하여 외부의 사람(고객이든 후견인이든)과 교제하는 일"로 정의하면서, 국가라는 정치집단의 정책 구현(具現)이나 개인의 사업 진행(進行)을 목적으로 외국(外國)이나 외인(外人)과 교제하는 것을 외교(外交)로 규정하기도 한다.[2] 개인이나 국가 간 관계의 단순한 현상적 정의보다 관계 현상의 내용까지 포괄하여 규정한 의미도 있다. 외교를 "국가들이 서로 만족할 협약 체결을 위한 협상의 진행과 거기에 동원되는 협상 기술(the art and practice of conducting negotiations between nations for the attainment of mutually satisfactory terms)"이라고 보거나, "그러한 협상을 진행하는 데 채택되는 절차, 방법 그리고 형태(the procedures, methods, and forms employed in conducting such negotiations)"라고 정의하는 관점이 바로 그 하나이다. 그리고 개별적이거나 집단적인 태세(態勢)에 중점을 두고, 외교를 "사람들 사이의 견해차를 말끔하게 성공적으로 조정하는 것(the skillful or successful settlement of differences between peoples)"이라거나 "대외관계를 진행시켜 나가는 한 정치가나 한 국가의 정책과 전략(a statesman's or nation's policies and strategies in conducting foreign relations)"이라고 정의한 것도 있다. 그리고 개인이나

2) 신기철 · 신용철 편저, *새우리말 큰사전*(서울: 三省出版社, 1987), p. 2479.

집단 간 결과적으로 정착된 관계유지 방식에 중점을 두고, 외교를 "적대적 행동을 일으키지 않고 이익을 도모(圖謀)하는 기민(機敏)함이나 기예(技藝)(adroitness or artfulness in securing advantages without arousing hostility)"라고 규정한 것도 있다.[3] 이와 같이 외교의 사전적 의미는 개인이나 정치집단인 국가들 사이의 관계유지 방법과 내용에 중점을 두고 정의되었으며, 특히 개인 간 견해 차이의 조정과 국가 간 적대행위(敵對行爲) 없는 상호 이익도모 방식 · 능력 · 태세를 포괄하여 정의되었다.

이러한 일반적인 정의(定意)를 바탕으로 정치집단으로 존재해 온 국가 및 국가군(國家群) 간의 관계요소인 외교의 개념을 보다 실천적으로 정의(定義)할 수 있다. "외교는 국가 간 관계를 협상에 의해서 관리하는 것(diplomacy is the management of international relations by negotiation)"이라는 정의는 외교가 국제관계를 힘이나 폭력이 아닌 협상을 통해서 관리 · 유지한다는 점을 강조한다.[4] 이러한 정의와 더불어 외교(外交)와 전략(戰略)의 개념적 비교를 통하여 외교는 "힘을 사용하지 않고 설득하는 기술이라고 부를 수 있고(…diplomacy might be called the art of convincing without using force)", 전략은 "최소한의 희생으로 승리하는 기술(strategy is the art of vanquishing at the least cost)"이라는 견해를 피력하면서, 군사력을 포함한 폭력의 사용 여부를 기준으로 양 개념의 상대적 특징을 부각시키기도 한다.[5] 이러한 맥락에서 '외교는 펜을 사용한 전쟁', '전쟁은 총칼을 사용한 외교'로 단순하게 정의하여 말하는 것이 낯설지 않게 되었다. 그리하여 외교는 협의나 협상을 통해서 국제관계를 유지 · 관리한다는 개념의 규정이 설득력을 얻게 되었다.

---

3) *Webster's Third New International Dictionary*(Chicago: R. R. Donnelley & Sons Co., 1969), p. 638.

4) Harold Nicolson, *Diplomacy*, p. 15.

5) Raymond Aron, *Peace and War: A Theory of International Relations*, An Abridged Version(Garden City, New York: Anchor Press/Doubleday, 1973), p. 23.

그러나 국제관계에서 군사적인 수단과 방법이 협상을 위주로 하는 외교의 실효성(實效性)을 높이기 위해서 운용되거나 외교적 수사(修辭)나 몸짓이 군사력의 실제 사용이나 운용을 위한 꾸밈새로 활용된 경우가 허다하기 때문에, 외교의 개념을 형식과 내용 면에서 협상이나 힘의 사용 여부만을 기준으로 삼아서 단순하게 규정하는 것이 합당한가에 대한 회의(懷疑)를 완전히 떨쳐버릴 수는 없다. 군사력 사용 여부로 위협하거나 군사력을 실제로 사용하면서 현상을 변경시켜 나간 히틀러(Adolf Hitler, 1889~1945)는 그의 영토적 야욕을 어느 정도 만족시켜줌으로써 유럽의 평화를 확보하자는 심산(心算)과 계산(計算)을 한 영국 및 프랑스와 뮌헨협정(the Munich Agreement, 1938. 9. 30)을 체결함으로써, 히틀러 치하의 독일은 사실상 체코슬로바키아를 병합하는 조치를 공식적으로 인정받게 되었다. 이를 주도한 영국 수상(Neville Chamberlain, 1869~1940)은 "현명한 양보를 통하여 전쟁 대신 평화를 확보했다"는 자화자찬(自畵自讚)과 더불어 노벨 평화상 후보에까지 자신의 이름을 올리는 개인적 · 국가적 성과를 거두었다고 판단했다.[6] 이를 지켜보던 소련의 스탈린(Joseph V. Stalin, 1879~1953)은 뮌헨협정을 히틀러의 예봉(銳鋒)을 소련으로 향하게 하려는 서유럽 국가들이 펼친 고도의 정책 및 전략적 술책이라고 판단하고 히틀러와 독소불가침 조약을 체결(1939. 8. 23)하여 그에 대응했다.[7] 이러한 과정에서 히틀러는 라인랜드 점령(the Rhineland Occupation, 1936. 3)이나 오스트리아 병합(the Annexation of Austria, 1938. 3) 등 군사력을 직접 사용하는 무력시위를 통하여 뮌헨협정 체결이라는 외교적 양보를 얻어냈고, 독소불가침 조약 체결로 동부 지역을 정치적으로 안정시키는 정치 · 전략적 쾌거(快擧)를 달성할 수 있었으며, 폴란드를 분할하여 동부전선에서 군사적 소강상태(小康狀態) 및 완

---

6) 온창일, *전략론*(서울: 집문당, 2004), pp. 88-9.

7) Thomas A. Bailey, *A Diplomatic History of the American People*, Tenth Edition (Englewood Cliffs, NJ: Prentice-Hall, Inc., 1980), pp. 707-10.

충(緩衝) 지역까지 확보한 다음에 독일의 전 군사력을 서부로 집중하여 사용했다. 러일전쟁(1904~1905)과 태평양전쟁(1941~1945)을 일으킨 일본도 군사력을 사용하여 여순(旅順)이나 진주만(眞珠灣)을 공격할 때 기습적 효과를 극대화시키기 위하여 교활하게 외교 협상을 활용하기도 했다.[8] 이와 같이 군사력을 어느 한 전선에서 집중적으로 사용하거나 군사력의 기습 효과를 달성할 목적으로 활용된 외교 조치와 행위를, 군사력을 사용하여 전개된 전쟁과 대치(對峙)되는 개념으로 정의하거나 정치(定置)시키는 것은 개념상 혼란을 초래할 우려가 있다.

이와 대조적으로 무력뿐 아니라 심지어 전쟁 자체나 무력사용으로 변경된 현상을 외교의 수단으로 활용한 사례도 있다. 국가를 수립(1948. 5. 14)하자마자 주변 아랍 국가들의 무력공격(1948. 5. 15)을 독립 선물로 받은 이스라엘은 정치집단으로서 국가의 존립을 위해서 통상적인 의미에서 정의된 외교를 펼칠 여지를 찾지 못했다. 주변 아랍 국가들이나 그들을 지원하는 아랍권의 다른 국가들 모두가 이스라엘의 존재 자체를 거부하고 있었기 때문이다. 그러나 이른바 이스라엘 독립전쟁(1948. 5. 15~1949. 2. 24)이라고 불리는 전쟁에서 이스라엘은 초기의 고전을 극복하고 최초에 주어진 영토(14,900km^2)에 5,900km^{2}의 땅을 더하는 전과를 거두었다. 그 결과 이스라엘을 공격한 아랍 국가들은 이스라엘을 없애기는커녕 피난민 문제와 같은 난제(難題)를 해결해야 하는 숙제를 풀어야만 했다. 정부 수립을 축하받거나 승인받기는커녕 그들의 국가를 제거할 목적의 군사적 공격을 받은 이스라엘은 주변 아랍 국가들, 특히 이집트가 소련으로부터 무기를 제공받아 군사력을 강화하는 상황을 그냥 지나쳐 버릴 수 없었다. 성전(聖戰: Jihad)이라는 개념하에 전쟁을 평화 확보 및 유지의 수단으로 간주하는 주변 아랍 국가들의 군사력 강화 결과가 또 다른 전쟁을 낳을 것이라고 예측한 이스라엘은

8) 김용구, *세계외교사*(서울대학교 출판부, 2008), pp. 359-94; 735-829. 金景昌, *동양외교사*(서울: 집문당, 1989), pp. 496-547; 806-78.

"승산(勝算) 있는 현재의 전쟁을 먼저 감행(敢行)하는 것이 이스라엘에 불리한 미래의 전쟁을 강요(强要)당하는 것보다 낫다"는 판단 아래 예방전쟁(豫防戰爭: preventive war)으로서 '6일전쟁(1967)'을 기습적으로 수행했다. 전쟁 결과 이스라엘은 이집트 영토인 시나이 반도, 요르단 강 서안(西岸: the west bank), 골란 고원의 요충지를 점령하고 예루살렘을 장악하면서 국체보존을 위한 지형적 완충지대까지 확보했다. 그러나 이스라엘은 요르단이 참가하지 않아서 덜 위험한 성격의 전쟁이었을지 모르나, 이집트가 주도한 또 다른 전쟁(10월 전쟁: the Yom Kippur War, 1973)을 치러야만 했다. 이 전쟁에서도 이스라엘은 군사력의 절약과 집중을 통하여 이집트 군의 기습으로 빚어진 초기의 고전(苦戰)을 극복하고 이집트의 카이로와 시리아의 다마스카스를 위협하는 지역을 점령하면서 결코 불리하지 않은 위치에서 전쟁을 마무리 지을 수 있었다.[9] 그리고 이스라엘은 미국의 중재하에 6일전쟁에서 탈취한 시나이 반도를 이집트에 반환함으로써 이집트와 '평화'관계를 구축할 수 있었다(1978).[10] 이와 같이 이스라엘은 6일전쟁으로 요르단을 주변 아랍국의 대이스라엘 공동전선에서 이탈시키고, 전리품(戰利品)인 시나이 반도를 이집트에 반환함으로써 이집트와 평화관계까지 구축하여 국가적 실체(實體)를 보존한 외교적 성과를 달성하면서, 전쟁까지도 외교의 수단으로 동원한 국가가 되었다.

전쟁까지 포함한 군사력의 운용으로 외교적 성과를 확보하거나 외교적 몸짓으로 군사력의 직접 사용을 포장하거나 군사력의 운용 효과를 극대화한 외교 및 전쟁사의 실례는 전쟁과 외교를 대치적 차원에서 정의한 전통적인 개념 규정의 실천적 한계를 드러내 주었고, 국가적 실체 보존이나 국가의 영향력 및 영향권의 확대를 위하여 전개되는 국가 간 교섭행위를 포괄하는 외교를 다른 시각과 차원에서 규명할 필요성을 제기했다. 국가적 실체의 보

---

9) 육군사관학교 전사학과, *세계전쟁사*(서울: 황금알, 2005), pp. 475-86.

10) Thomas A. Bailey, *A Diplomatic History of the American People, op. cit.*, pp. 964-6.

존이나, 영향력 및 세력권의 확보·확장을 위한 외교는 타협이나 협상의 형식을 취하기도 하나 무력의 제한적 혹은 전면적 사용을 통한 전쟁까지도 수단으로 활용하기 때문이다. 한 측에서 무력사용을 통한 적대행위를 방지하기 위하여 벌인 외교를 다른 측에서는 무력의 전면 사용을 준비하거나 다른 전선을 안정시키는 실증 자료로 활용하였고, 그에 대응한 또 다른 외교적 조치를 구체화시키기도 했다. 2차 세계대전 전에 영국 및 프랑스와 독일과 맺어진 뮌헨협정(1938)이나 이의 대응조치로 독일과 소련 사이에 체결된 불가침 조약(1939)이 그 예이다. 또한 국가의 실체 보존을 위하여 통상적인 의미의 외교 통로나 여지를 발견할 수 없었던 이스라엘은 예방전쟁이라는 개념하의 전쟁까지 수단으로 활용하여 요르단의 중립을 쟁취하고 이집트와 평화관계를 구축하여 주변 아랍 국가들의 전면적 연합 공격 가능성을 제거함으로써 정치집단으로서 국가적 실체를 보존할 수 있었다. 이와 같이 국가의 생존 보장이나 영향력 또는 세력권의 확보 및 확대를 위한 외교는 모든 군사적·군사 외적 방법이나 수단을 동원하는 것이 실례로 드러나 있어서, 통상적인 의미에서 정의된 전쟁과 외교의 개념적 구분을 사실상 무색(無色)하게 만들고 있는 것이다.

프랑스 혁명(1789~1799)과 더불어 전개된 나폴레옹 전쟁(1796~1815)은 전쟁 행위와 외교 조치를 동시에 머금고 있는 이상한 전쟁이었다. 영국을 비롯한 유럽 대륙의 왕조국가들은 프랑스 혁명에서 드러난 자유, 평등, 박애라는 이념과 이를 지키려고 구성된 프랑스 국민군과 그들을 지휘한 나폴레옹과의 총체적인 이념전(理念戰)을 수행했다. 스스로 황제로 즉위하여 사실상의 왕정을 선포한 나폴레옹이었지만 평등이라는 개념에 입각한 법치(法治)를 근간으로 한 입헌 군주제를 채택한 프랑스를 유럽의 다른 국가들이 받아들일 수가 없었기 때문이다. 그리하여 그 국가들은 가용한 국가들끼리 일곱 차례에 걸쳐서 대불동맹을 결성하여(1차: 1793년, 2차: 1800년, 3차: 1805년, 4차: 1806년, 5차: 1808년, 6차: 1812년, 7차: 1815년) 프랑스

군과 싸웠고, 1815년 7월 15일에 나폴레옹을 영국 군 함정(Bellerophon호)에 실어 남대서양 고도(孤島)인 세인트 헬레나(St. Helena)에 유배시키고(나폴레옹 사망, 1821. 5. 5), 프랑스에 왕정을 복고시킨 후에야 전쟁을 마감했다. 이 과정에서 프랑스에 번번이 패배한 오스트리아는 레오벤 조약(1799)·루네빌 조약(1801)·무조건 항복과 같은 휴전 조약(1805) 등을 체결하여 프랑스와 강화했고, 예나 전투(1806)에서 패배한 프러시아 역시 프랑스와 굴욕적인 틸지트 조약(1807)을 체결하였다. 그리고 나폴레옹이 스페인에서 고전하고 있는 동안 다시 프랑스에 도전한 오스트리아는 라티스본(Ratisbon)과 와그람(Wagram) 등지의 전투에서 패배하여 숀브론 조약(1809)을 맺고 프랑스에 다시 굴복하고 말았다. 이후 나폴레옹은 러시아 원정작전의 실패로 엘바(Elba) 섬에 유배되었다가 탈출하였으나, 워털루 전역(1815)에서 영국과 프러시아 연합군에 패배하여 다시는 탈출할 수 없는 섬으로 유배되기에 이르렀다.[11] 나폴레옹 전쟁에서 프랑스와 대불동맹국은 전투를 수행하다 어느 한쪽이 패배하면 전투 결과에 따라 수차례에 걸쳐 외교 형식상 조건부 항복이나 무조건 항복의 형식을 갖춘 강화 조약 등을 체결했으나, 틈만 생기면 다시 싸워 결국 나폴레옹을 프랑스에서 축출하고 프랑스 왕정을 복원시킨 후에야 전쟁을 마감한 것이다. 이와 같이 나폴레옹 전쟁은 전투행위와 통상적인 의미의 외교적 배열이 뒤섞인 전쟁이었고, 어디까지가 전쟁이고 어느 수준이 외교인가를 구분하는 데 어려움을 안겨 주는 사례(史例)가 되었다.

러시아 혁명(1917)의 성공으로 공산사회주의라는 이념체계가 정치권력집단인 국가와 연계되어 국제사회에 자리를 잡게 됨에 따라, 2차 세계대전 후의 세계는 동서 양대 진영으로 갈라져 냉전(冷戰)이라는 국제질서를 정착시켰고, 양대 진영의 접경 지역에 속한 국가들을 양측으로 분단시켜 이념대립을 격화시켰다. 두 이념체계로 무장한 정치집단들은 때로는 열전(熱戰), 때로

11) 육군사관학교 전사학과, *세계전쟁사*, pp. 95-136.

는 공존(共存), 때로는 화해(和解), 때로는 공동보조(共同步調)까지 취하면서 상대의 체제를 전복시키려는 전복전(顚覆戰)을 수행해 왔다. 이 과정에서 그들은 온갖 종류와 수준의 폭력(暴力)을 자의적(恣意的)으로 사용하기도 하고, 사용 가능한 모든 양상과 형태의 평화적(平和的) 몸짓도 취하면서 공동성명·공동보조는 물론 대외적인 위협에 대처하기 위해서 연합전선(聯合戰線)까지 형성했다. 그러다가도 여건이 유리하게 형성되면, 다시 군사력을 집중적으로 사용하여 상대 체제를 완전하게 전복시키는 혈전(血戰)도 서슴없이 자행해 왔다. 전복전(顚覆戰)은 상대의 체제를 완전하게 전복시킬 때까지 진행되는 전쟁으로, 결말이 난 전쟁인 월남전(1945~1975)과 남북 예멘 사이에 있었던 잠정적 배열과 전쟁 및 통일 그리고 동서독의 통합 등을 예로 들 수 있다. 또 어떠한 방식으로든지 결말이 나야 할 전복전은 중국과 대만, 남한과 북한 사이에서 아직도 알게 모르게 진행되고 있다. 이념체계가 다른 두 정치집단 간에 펼쳐진 이념전(理念戰)으로서의 전복전(顚覆戰)은 전면적, 제한적, 간헐적인 무력사용은 물론 잠정적인 평화나 외교적 화해조치 등도 망라하여 동원되는 것이 통상이다. 결말이 난 월남전은 전쟁 기간 동안 잠정적인 휴전은 물론 월남을 지원하고 있던 미국과의 외교 교섭과 평화, 미군의 철수 등의 배열을 포함하고 있었다. 결과를 기다리고 있는 중국의 국공(國共) 내전 역시 일본의 침공에 대해서 국공합작(國共合作)을 통한 연합전선의 구축까지를 내포하고 있었다. 남북 예멘 역시 한때나마 평화적 통합이라는 합의까지 도출할 수 있었다. 이와 같이 냉전적 국제질서 아래에서 지역적·국가적 열전으로 치러졌거나 치러질 수 있는 전복전은 실제 전투행위를 포함한 결코 적지 않은 외교적 배열을 포괄하고 있으며, 그 과정에서 현실화된 외교적 조치나 배열들의 개념 및 내용상 위치 선정을 어렵게 만들고 있다.

군사력의 전면적 혹은 제한적 사용을 방지시키거나 반대로 합리화시키기 위하여 채택한 외교적 협의와 합의, 전쟁 행위와 더불어 간헐적으로 구체화된 외교적 행위와 조치, 정치집단으로서의 국가나 이념체계를 달리한 국가 내의 정치집단들의 생존 보장이나 그들의 영향력·세력권의 확대 및 상대집단의 전복(顚覆)을 위한 전쟁 과정에서 구체화된 외교적 조치나 배열은 통상적인 의미의 외교 범주에 포함시키기에는 적합하지 않은 점이 많다. 외교를 국가로 대변되는 정치집단 간의 관계요소로 규정한다면, 군사력 사용까지 포함하는 외교 역시 외교라는 범주에 속하기 마련이다. 그러나 적대행위 없이 협의나 합의를 통하여 국가 간의 문제를 해결하는 것을 외교라고 정의한다면, 군사력 사용을 합리화하기 위하여 펼쳐진 외교와 군사력 사용을 수단으로 활용(活用)하여 결과를 빚어내는 외교는 통상적인 의미에서 정의된 외교와 개념상 구별되어야 한다. 이러한 외교는 합의나 협의라는 과정이나 수단뿐만 아니라 군사력의 전면적·제한적 사용까지 수단으로 동원했다. 국가의 실체 보존이나 확장 그리고 영향력의 확보나 확대를 위한 국가 간 관계에서, 흔히 현재화(顯在化)되어 왔기 때문이다. 물론 과거(1867. 3. 30) 러시아가 미국에게 알래스카를 매각했던 사례와 같이 영토의 변경이 국가 간 통상거래로 이루어질 수도 있으나, 아르헨티나가 포클랜드 섬을 점령하면서 촉발된 포클랜드 전쟁(1982. 4. 2~6. 14)과 같이 영토 변경의 시도는 대부분 무력의 전면 사용을 불러오기 마련이다.12) 지금도 북방 4개 도서를 둘러

---

12) "러시아 '금싸라기 땅 헐값에 매각' 침통", *인터넷 중앙일보*, 2007. 4. 2. 러시아 정부의 요청에 따라 덴마크 출신 러시아 탐험가에 의해서 1741년에 발견된 알래스카는, 오스만튀르크 제국과 벌인 크림전쟁(1853~1856)으로 재정상태가 궁핍하게 된 러시아가 720만 달러를 받고 미국에 팔았다(1867. 3. 30). 당시 알래스카 매입을 주도했던 미 국무장관(William H. Seward, 재임 1861~1869)은 "거액의 돈을 날려 보냈다"는 비난을 받았고, 알래스카는 '얼음 창고'니 '북극곰의 정원'이니 하는 말로 비하되었다. 그러나 알래스카가 지하자원의 보고라고 알려진 후부터는 미 국무장관과 당시의 대통령(Andrew Johnson, 재임 1865~1869)이 재평가되었다. 미국이 Km^2당 5달러에 매입한 알래스카는 153만Km^2(한반도의 7배)의 면적으로 62만 명의 인구가 거주하고 있으며, 45억 배럴의 원유(미국 전체의 50%)가 매장되어 있고 미국 전체 석탄 매장량의 50%, 주석 매장량의 80%, 니켈 매장량의 20%가 묻혀 있다. 1959년에 미국의 49번째 주로 지정되어 오늘에 이르고 있다. 포클랜드 전쟁에 관해서는, 육군사관학교 전사학과, *세계전쟁사*, pp. 487-504 참조.

싼 러시아와 일본 간의 알력, 독도의 소유권을 주장하고 있는 일본의 억지, 조어도(釣魚島; 일본 측: 센카쿠쇼토, 尖閣諸島)의 소유권을 주장하는 중국 · 대만 · 일본의 입장에서 군사력 사용을 배제할 수 없는 상황이 전개될 가능성이 있다. 체제 간 총체적인 대결로 정의되는 이상한 전쟁인 전복전(顚覆戰) 과정에서 구체화된 잠정적인 외교 조치 등(중국 내전의 국공합작, 월남전의 파리 평화회담, 한반도에서의 7 · 4 남북공동성명이나 수차례에 걸친 합의나 협의 등)은 회담(會談)이나 협의(協議)가 결렬되어 합의에 이르지 않더라도 군사력 사용으로 귀결되지 않는 통상이나 무역, 지적 · 물적 재산권 보호를 위해 펼쳐지는 외교와는 분명 다르다.

따라서 국가의 실체 보존이나 확대, 영향력 · 영향권의 보호나 확장을 목적으로 펼쳐지는 외교는 통상적인 개념으로 정의된 외교적 배열과 함께 전쟁까지도 수단으로 포괄하여 운용하면서 전개됨을 쉽게 알 수 있다. 이러한 성격과 범주의 국가 간 관계요소를 '안보외교(安保外交, security diplomacy)'라고 규정하여 이를 분석하는 이론적 · 실천적 노력은 매우 큰 의미가 있다. 통상적으로 정의된 외교적 조치나 배열도 형식상 포괄하면서 전면적 · 제한적 혹은 간헐적 · 지속적인 군사력의 사용을 배제하지 않는 안보외교는 정치집단인 국가의 존재 상태를 결정지어 주는 주요한 관계요소이기 때문이다.

2. 안보외교의 개념

2. 안보외교의 개념

국가 혹은 국가군(國家群) 간의 관계요소 중 하나를 외교라고 정의한다면 안보외교는 외교의 범주에 속한다고 볼 수 있으나, 군사력을 포함한 힘의 사용을 배제한 협의나 협상으로 그들 간의 관계를 유지하는 차원에서 통상적으로 정의된 외교와 안보외교는 분명 다른 개념이다. 국가라는 실체를 보존하거나 영향력이나 영향권을 증진・확대시키기 위하여 펼쳐지는 안보외교는 협의나 협상은 물론 군사력을 포함한 폭력의 사용도 양상과 내용 면에 포괄하고 있기 때문이다. 이러한 안보외교는 동서(東西)와 고금(古今)을 통하여 전개되어 기록으로 남아 있다.

제후국(諸侯國)들의 각축(角逐)과 흥망성쇠(興亡盛衰)를 확연하게 드러낸 중국 춘추・전국시대(春秋: 기원전 770~476, 戰國: 기원전 475~221)의 기록은 안보외교의 전형(典型)이 어떠한지를 보여 준다. 우후죽순(雨後竹筍) 격으로 등장한 제후국(諸侯國)들이 전국칠웅(戰國七雄: 秦, 楚, 燕, 齊, 韓, 魏, 趙)으로 압축되어 각축을 벌였다.[1] 7개국이 각축전을 벌이는 과정에서 상대적으로 강한 진(秦)나라에게 패망당하지 않기 위하여 나머지 6개국은 합종(合縱)을 통한 연합전선을 형성하였고, 이를 격파하기 위하여 진(秦)나라는 연횡(連橫)책을 구사했다. 소진(蘇秦, 洛陽人)이 주창한 합종책은 여섯 나라

1) 中國史學會, *中國通史, 第一册: 史前-秦*(鄭州, 中國: 海燕出版社, 2001), pp. 112-3.

가 일종의 공수동맹을 결성하여 진(秦)나라에 대항해야 한다는 외교정책이었고, 그 국가들을 각개격파 혹은 설득하여 그들의 외교적 배열을 와해시킨 연횡(連橫)책은 장의(張儀, 魏國人)가 내놓은 대책이었다. 동맹관계를 구축하여 상대적으로 강한 진이 개별적으로나 집단적으로 제후국들을 도모(圖謀)하지 못하도록 한 배열(伐謀)이 합종책이라면, 이들이 결성한 외교적 연합을 무력화시킨 방책(伐交)이 연횡책이다. 전국시대에 7개의 제후국들이 각자의 존망(存亡)을 걸고 펼친 외교는 안보외교의 장관(壯觀)을 이루었다.[2] 강자의 전횡을 막으려 한 합종(合縱)책이나 약자를 고립시켜 소멸해 나간 연횡(連衡)책 모두 정치집단인 제후국들이 그들의 존폐(存廢)를 걸고 펼친 안보외교의 진수(眞髓)가 무엇인가를 보여 준다.

서양의 고대 그리스 도시국가 간에도 전투의 수행과 동맹의 형성을 통해서 정치집단의 성멸(成滅)과 패권(覇權)의 쟁탈 및 전이(轉移)가 이루어졌다. 페르시아와의 전쟁(기원전 480~479)에서 승리한 아테네는 소아시아 지역의 페르시아 군마저 격퇴하기 위하여 다른 도시국가들과 동맹을 결성하고(the Delian League, 기원전 478~477) 페르시아 군을 축출했다(기원전 450). 그 과정에서 동맹을 주도하고 동맹군을 지휘한 아테네는 페리클레스(Pericles, 기원전 490?~429)의 정치적 지도력에 힘입어 동맹 내 패권국(覇權國)의 지위를 확보했다. 패권국의 위상에 걸맞는 위엄을 갖추기 위하여 아크로폴리스 신전도 구축하고 그 비용을 동맹의 공금으로 충당하기도 하면서 패자의 지위를 마음껏 활용했다. 이에 맞선 스파르타는 펠로폰네소스 동맹(the Peloponnesus League)을 결성하여 아테네와 전쟁(the Peloponnesian War, 기원전 431~404)을 치렀다. 이 전쟁에서 스파르타는 아테네를 패배시켜 승자가 되긴 했으나 전쟁으로 입은 피해와 손실을 극복하지 못한 채 그리스 중부 지역의 테베(the polis of Thebes)인들에게 패배하는(기원전 371) 수모를 당해야만 했다. 그 후부터 그리스 내 도시국가들의 패권쟁탈전

2) 中國史學會, *中國通史, 第一冊: 史前-秦*, pp. 120-3.

이 심화되었으나 패자의 위치를 차지한 도시국가가 출현하지 않았고, 그리스 북부에서 세력을 구축한 마케도니아(the Monarchs of Macedonia) 공국의 군주(King Philip II, 기원전 359~336)에게 패배를 당했다(기원전 338). 그가 암살된 후에는 알렉산더(Alexander III, 기원전 336~323)의 통치를 받아들일 수밖에 없었으며, 도시국가로서의 자치권을 포기해야만 했다.[3] 이처럼 정치집단으로 등장한 도시국가들의 각축과 패권쟁탈전으로 점철된 서양의 고대 그리스에서도 실체적 생사(生死)를 건 안보외교가 진행되었다.

고대 동서양에서 펼쳐진 안보외교의 실증적 사례는 모습과 방법 및 수단 정도만을 달리한 채, 그 후에도 지속되면서 보편화(普遍化)되어 오늘에 이르고 있다.

서양에서는 로마제국이 대변한 황권(皇權)과 이를 등에 업고 신장한 기독교의 교권(敎權)이 주관하는 질서가 유지되다가 와해되는 과정을 밟아 나갔다. 그리스의 뒤를 이어 강국으로 등장한 로마는 카르타고와의 전쟁에서 승자로 등장하여(기원전 202) 지중해 제해권과 주변 지역을 장악하고 유럽 전역과 소아시아 지역에 걸친 제국을 건설했다. 로마제국이라는 패권적 지위로 지탱된 국제질서(Pax Romana)는 각 지역에 파견된 로마 총독에 의해서 대변되었으며, 각 지역의 정치집단 지도자들은 로마 황제의 권위를 수용함으로써 그들 집단 자체를 존속시키면서 자신들의 세속적 정치권력을 유지시켜 나갔다. 로마와 로마 황제의 신적 권위를 수용하지 않은 종족들은 온갖 박해와 핍박을 견디어 내거나 팔레스타인 지역의 유태인과 같이 민족이나 종족으로서의 모습을 유지할 수 없게 되어 생존 가능한 다른 지역으로 분산되는 결과를 감수해야만 했다. 로마제국의 콘스탄틴 대제(Constantine the Great, 274?~337, 재위 324~337)가 312년에 기독교로 개종하고, 테오도시우스 대제(Theodosius the Great, 재위 379~395)가 381년에 이교(異敎)

3) Mortimer Chambers, et. al., *The Western Experience*(New York: Alfred A. Knopf, Inc., 1974), pp. 64-73.

를 불법으로 규정하고 391년에는 로마 신전을 폐쇄하면서 기독교를 국교로 지정함에 따라, 기독교의 교권(教權)은 당시 최고의 속권(俗權)과 결부되어 지고(至高)의 권위를 누리게 되었다. 이러던 중, 395년에 로마가 동서로 분리되어 지속되다가 476년에 서로마가 멸망하면서 기독교의 교권(教權)이 예하 군주 및 영주들의 속권(俗權)을 지배하는 중세의 특색을 갖게 되었고, 군주나 영주를 중심으로 형성된 정치집단들은 교권의 권위를 존중함으로써 그들의 권력이나 정치집단의 존속을 보장받았으며, 이러한 정치집단과 교권(教權)의 상호관계는 거의 1,000여 년간 지속되었다. 그러나 기독교 성지로 여겨진 팔레스타인 지역의 예루살렘을 회교도들이 점령하면서 전개된 십자군원정(1096~1270)의 실패로 기독교의 교권은 권위를 상실하게 되었고, 인본주의(Humanism)에 근거한 르네상스의 결과로 등장한 근대국가로 불린 정치집단은 민족이라는 단위로 구성되어 대내적으로는 부국강병(富國强兵)책을 채택하고 대외적으로는 팽창적인 제국주의(帝國主義) 정책을 구사했다. 이로써, 교권의 권위하에 지탱되어 온 중세의 질서는 민족 단위로 분화된 근대국가들 간의 각축(角逐)과 균형(均衡) 관계로 대치되었다.

특히, 분립된 공국(公國)이 민족국가로 통합되거나 제국(帝國)이 민족단위로 분해되는 과정에서 펼쳐진 정치집단 간의 관계는 안보외교의 개념 규정에 필요한 실증적 자료를 제공해 주고 있다. 일찍이 전제군주국가로서 국력을 결집한 프랑스가 혁명이라는 과정을 거쳐 자유・평등・박애라는 새로운 이념을 가진 국가로 등장하자, 이를 제거할 목적으로 유럽의 왕조국가들이 연합전선을 형성함에 따라 펼쳐진 나폴레옹 전쟁은 결과적으로, 신성로마제국의 후신으로서 다민족 국가로 구성된 오스트리아-헝가리 제국 내의 민족의식을 부추겨 와해시키는 역할과 수많은 공국으로 분립(分立)된 독일과 이탈리아의 민족의식을 강화시켜 통합시키는 이중적인 역할을 수행했다. 그리하여 독일과 이탈리아의 통일을 위한 전쟁의 직접적 원인과 1차 세계대전의 원인적 배경을 형성해 주었다. 나폴레옹이 이끄는 프랑스 군에게 패배를 당한 오스트리아–헝가리제국은 다민족 제국을 지탱하기 위한 결속 및 강압 능력을 상실하게 되었고, 전장에서 프랑스 군에게 각개격파를 당한 프러시아를 비롯한 독일 공국과 나폴레옹에게 각각 통치를 받은 이탈리아 공국들은 통합의 필요성을 절감하여 프러시아와 사르디니아 중심으로 통일국가를 형성하기에 이르렀다. 그 과정에서 프러시아의 재상 비스마르크(Otto Edward von Bismarck, 1815~1898)는 독일 공국들 내의 관세를 철폐하여 경제적인 통합을 먼저 이룩한 후에 독일 공국과 오스트리아 및 프랑스와의 연대를 차단하기 위한 보오전쟁(1866)과 보불전쟁(1870~1871)을 일으켜 승리로 마감함으로써 프러시아 중심의 독일제국을 건설했다. 또한 그는 새롭게 탄생한 독일제국의 안전을 도모하기 위하여 2중 보장외교를 펼쳤다. 러시아를 독일 측에 묶어 둠으로써 프랑스와 러시아의 대독일 연합전선의 형성을 차단하는 조치를 취하여 독일제국의 탄생을 위한 두 차례의 전쟁(戰爭)을 운용하면서 빚어진 변경 현상을 고착(固着)시키기 위하여 외교(外交)를 활용한 철혈(鐵血) 재상이 되었다. 독일제국의 생성을 위해서 전쟁이 수단으로 동원되었고 그렇게 생성된 제국을 보존하기 위하여 외교가 펼쳐진 셈이다. 이와 같이 근대 서양에서는 바람직하지 않은 국가의 모습을 바꾸기 위해서나 원하는 국가의 수립을 위해서 전쟁과 외교가 순차적 혹은 동시적으로 동원되거나 활용되는 안보외교가 전개되었다.

동양에서도 기교함이나 정교함에서 서양의 것을 능가하는 안보외교의 사례가 기록되어 있다. 중국 제후국이나 왕조국가들의 이합집산(離合集散)·흥망(興亡)과 연관된 사례는 물론 중국 국가들과 한반도의 국가들의 관계에서도 국가라는 정치집단의 생사를 건 안보외교가 전개되었다. 직접적인 무력사용은 물론, 조공(朝貢)이나 사신들의 제공과 왕래, 복제(服制)나 관제(官制)의 모방 등을 통하여 상대국과의 관계를 개선하면서 자국의 생존과 안전에 필요한 군사적 또는 군사 외적인 개입을 유인(誘引)하는 총체적 의미의 안보외교 활동이 기록으로 남겨져 있다. 중국에서 진(陳), 북제(北齊), 북주

(北周)와 각축을 벌였던 수(隋)나라가 삼국을 멸망시키자, 중국 내 국가들이 서로 적당하게 견제와 균형을 이루기를 바라는 의도와 정책으로 진나라를 도왔던 고구려(高句麗)는 수나라의 강요에 의해서 그 나라에 조공을 바치면서 우호관계를 유지하려 했다. 한편 고구려의 위세에 위협을 느꼈던 한반도 남쪽의 백제(百濟)와 신라(新羅)는 고구려의 약화를 도모할 목적으로 수나라에 조공을 바치면서 고구려 침공을 부추기는 걸사표(乞師表)를 곁들이기까지 했다. 그러나 수(隋)의 고구려 침공은 실패로 끝났고 그로 인한 피해를 극복하지 못한 채 당(唐)나라에게 왕조를 넘기고 말았으며, 고구려 역시 국력의 피폐를 면할 수 없었다. 이 틈을 이용하여 고구려와 맞서 싸우기 위해 형성된 백제와의 공조를 통하여 한강 유역과 죽령 이북 지역을 차지한 신라(新羅)가 독자적인 행동으로 그 지역을 독식(獨食)하였다. 그 후 신라는 백제의 계속적인 침공을 받아야만 했다. 신라는 고구려에 도움을 요청했으나 죽령 이북의 영토를 먼저 반환하라는 고구려의 요구를 들어 줄 수가 없어서, 결국 고구려의 도움을 확보하지 못했다. 신라는 고구려를 굴복시키려는 당과의 결속을 다지고 당의 복제(服制)와 관제(官制)까지 사용하면서 벌인 총력적인 외교 활동을 통하여, 당나라 군대의 도움을 받아 백제와 고구려를 멸망시켰다(백제: 660; 고구려: 668).[4] 그 후에 신라는 자신들까지 멸망시키려는 당을 상대로 백제 및 고구려 유민(遺民)들의 협조를 얻어 전쟁을 치렀다.[5] 중국의 수・당 그리고 한반도의 고구려・신라・백제의 사이와, 당의 도움을 확보하여 백제와 고구려를 멸망시킨 신라와 당의 관계에서 각 정치집단의 생존과 영향권의 확보・확대를 위해 펼쳐진 안보외교는 가히 일품이었다.

이와 같이 동서양을 망라하여 정치집단의 존폐와 영향력・영향권의 보존이나 확대를 위해서 펼쳐진 안보외교는 그 개념을 실천적 차원에서 규정하

4) 온창일, *韓民族戰爭史*(서울: 集文堂, 2001), pp. 57-135.

5) 國防軍史硏究所, *羅唐戰爭史*(1999), pp. 119-241.

는 데 필요한 실증 자료를 제공해 주었다. 합종연횡(合縱連橫)과 같은 벌모(伐謀)·벌교(伐交)책을 강구하여 강자로부터 자국을 보호하려 하든지, 약자를 흡수하는 방식(方式)이나, 자국의 영향력과 영향권의 유지나 확장을 위한 목적을 구체화하기 위하여 동맹체를 주도적으로 결성하거나, 패자와 동맹관계를 수립함으로써 자국의 안전을 도모하려는 계책(計策)이나, 동맹체를 결성하여 다른 동맹체에 대처하거나 대결하는 방책(方策)은 동서양의 고대에서 오늘에 이르기까지 안보외교의 전형적 배열이 되어 왔다. 이러한 배열에 현상적으로 교섭과 협의를 위주로 한 전통적인 의미의 외교적 배열이 점철되기도 했다. 어의(語義)상으로는 외교라는 범주에 속하면서도 내용상으로는 전쟁과 외교라는 전통적인 구분을 초월한 안보외교는 고래(古來)의 동서양에서 현실적으로 전개되어 기록된 사례를 바탕으로 그 개념을 정립할 수 있다.

오늘날 국가로 대변되는 정치집단들의 관계요소로 정치(定置)된 안보외교(安保外交)는 정치집단의 생성·존속 등과 그 영향력이나 영향권을 보존·확대하기 위해서 군사적·군사 외적인 수단과 방법을 동원하여 행해지는 국가 간 협의·교섭·회유·강제 행위로 정의할 수 있다. 이러한 안보외교는 통상적인 의미로 전쟁과 구분되어 회자(膾炙)되는 외교의 방식과 내용을 포함하면서도 군사적인 시위·압박·봉쇄는 물론 심지어 전쟁까지도 수단으로 동원되는 특수한 형식과 내용을 포괄하고, 시간적으로도 전시(戰時)와 평시(平時)의 구분을 두지 않는 특징을 지닌다. 따라서 안보외교는 군사력의 직접적인 사용을 위장하기 위하여 통상적인 의미의 외교 교섭과 협의를 수단으로 운용할 수 있으며, 의도한 외교적 배열이나 합의를 결과로 도출하기 위해서 제한적·전면적으로 군사력을 사용할 수도 있는 실천적 성격을 가지고 있다. 실로 안보외교(安保外交: security diplomacy)는 정치집단의 절대적 생존(生存)과 상대적 위상(位相)을 결정지어 주는 총체적 교섭활동인 셈이다.

3. 안보외교의 성격

3. 안보외교의 성격

국가로 대변되는 정치집단의 안보외교는 그 집단이 보유한 총력(總力)을 동원하는 외교로서 몇 가지 특징적 성격을 내포하고 있다. 이러한 성격들은 대상의 우적(友敵)성, 형식의 강온(强穩)성, 수단의 폭력(暴力)성, 시간의 간단(間斷)성 등에서 드러난다. 정치집단의 생사소멸(生死消滅)에 직간접적으로 영향을 미치는 안보외교는 항상(恒常)적인 우적(友敵)의 개념만을 고집하지 않고, 형식도 강압적이거나 온건하기도 하나 때로는 비굴하기도 한 양상을 취하며, 동원되는 수단 역시 가장 폭력적인 것에서부터 가장 비폭력적인 방식을 망라하고, 시간적으로도 전시와 평시와 위기시를 구별하지 않고 진행되는 것이 통상이다. 이와 같이 안보외교는 대상·형식·수단·시간 면에서 고도의 가변성(可變性)과 유연성(柔軟性)을 띤 특성을 지닌다.

첫째, 안보외교에서 우적(友敵)개념은 시간 및 공간과 인위적인 상황에 따라 가변적(可變的)이다. 이는 동서고금(東西古今)을 통하여 때마다 여기저기에 적나라하게 기록되어 있다. 어제의 적이 오늘의 우방이 되기도 하고 그 반대가 되기도 하며, 우호(友好)와 적대(敵對)의 수준과 정도도 시시때때로 다르게 표출된다. 인간이 구성한 정치집단은 집단적 차원의 유기체(有機體)적인 특성을 지니고 있기 때문에 그들의 존폐와 존재 양상을 결정지어 주는 안보외교도 본체와 같은 가변성을 지닌다.

가변적인 우적개념에 입각한 안보외교의 특성은 전통적인 영국의 세력균형(勢力均衡) 정책에 따른 유럽 대륙 국가들에 대한 외교에 잘 나타나 있다. 근대국가 체제를 갖춘 유럽 대륙 국가들이 각축을 벌이는 과정에서 영국은, 유럽 대륙을 통제하는 강국이 등장하여 유럽 대륙 밖에서 영국이 누리고자 하는 위치를 위협하는 상황이 전개되지 않게 하는 세력균형 정책(balance of power policy)을 유럽 대륙 국가들에게 적용했다. 영국은 프랑스 혁명 후에 치른 나폴레옹 전쟁(1796~1815)에서 프랑스와 대적한 오스트리아, 러시아, 프러시아, 스페인 등의 유럽 국가들과 연합전선을 형성하여 결국 나폴레옹을 유배시켜 프랑스의 국가적 · 정치적 모습을 원상태로 회복시키는 데 커다란 역할을 수행했으나, 전쟁 후에는 프러시아나 러시아 등 유럽 대륙 국가들의 견제를 위해서 프랑스의 지나친 약화를 원치 않는 정책과 외교를 구사했다. 이 점은 프러시아를 견제하기 위해서 약한 프랑스를 원치 않았던 오스트리아의 메테르니히(Prince Klemens von Metternich, 1773~1859)와 프랑스를 온전하게 보존하려던 프랑스의 외상 탈레랑(Charles-Maurice Talleyrand-Périgord, 1754~1838)과 같은 입장이었다. 프랑스의 실체 보존은 프랑스를 제대로 유지하여 유럽 대륙 내의 세력균형을 유지시키려는 영국과 프러시아를 견제하려는 오스트리아, 패전국이지만 프랑스 자체를 온전하게 보존하려는 프랑스의 외교가 빚어낸 결과였다. 프러시아가 독일 제국으로 변모하여 유럽 대륙 내 패권국으로 등장하려 하자, 영국은 프랑스 및 러시아 편에 가담하여 두 차례에 걸쳐서 세계대전을 치르기도 했다. 이와 같이 영국은 유럽 대륙이 어느 한 국가에 의해서 통제되는 것을 막고, 대륙 내의 적절한 세력균형 유지를 위한 현실적 필요에 근거하여 우적(友敵)을 임의로 택하는 안보외교를 전개했다.

동양의 중국 내외에서 생사소멸(生死消滅)을 기록한 정치집단들이 그들의 생존과 영향력의 보존을 위해서 전개한 안보외교의 사례(史例) 역시 실로 장관(壯觀)을 이룬다.

앞에서도 언급했듯이 춘추 · 전국시대의 제후국(諸侯國)들은 정치적 생존을 위하여 모든 수단과 방책을 동원했다. 전국시대(기원전 475~221)에 전국(戰國) 칠웅(七雄)으로 등장한 제후국 중 진(秦)나라를 제외한 나머지 여섯 나라(楚, 燕, 齊, 韓, 魏, 趙)들은 합종(合縱)을 통한 연합전선을 형성하여 진나라의 횡포와 전횡을 막아 진에 흡수되지 않으려 했고, 진(秦)은 이러한 배열을 회유·협박·공갈 등의 수단을 동원하여 와해시키려는 연횡(連橫)책을 구사했다. 그보다 앞선 춘추시대(기원전 770~476) 말기, 남부 지역의 제후국인 오(吳)나라와 월(越)나라는 상대에 대한 앙숙(怏宿)의 감정으로 오월동주(吳越同舟)라는 고사성어(故事成語)까지 등장시키는 대립관계를 유지하고 있었다. 중원의 초(楚)나라를 침공하여 위세를 떨친 바 있었던 오나라 왕 합려(闔閭, 기원전 514~496, 재위 기원전 ?~496)는, 월 왕 윤상(允常)의 뒤를 이어 왕으로 등극한 구천(句踐, 기원전 ?~465, 재위 기원전 497~465)이 선왕의 유언에 따라 오나라를 본격적으로 정벌하기에 앞서 변방을 침공하자, 월나라 침공을 결심했다. 이를 전해 들은 구천은 10만 대군을 이끌고 오나라 원정길에 올랐다. 범여(范蠡)의 기계(奇計)로 오(吳)군의 예기(銳氣)를 꺾은 구천은 오군을 기습하여 혼란에 빠뜨리고 그들을 유인하여 오나라의 태자를 사살했다. 그리고 그에 격분하여 무모하게 진격하는 오 왕까지 치명상을 입혀 죽게 함으로써 오군을 격퇴시켰다. 월나라를 패망시키라는 유언을 받은 오 왕 부차(夫差)는 장작더미 위에서 잠자는(와신: 臥薪) 고통을 감수하면서 부왕의 원수를 갚는 일을 잊지 않으려 했다. 그리하여 그가 이끈 오군은 월을 침공하여 구천이 지휘하는 월군을 회계산(會稽山)에 몰아넣고 포위했다. 이에 월 왕 구천은 오 왕 부차의 신하가 되기를 자청하고 삭발한 후에 부차의 부왕인 합려의 묘지기 역할을 감수함으로써 월나라를 정치집단으로 보존했다. 그리고 중원을 차지하여 만승천자(萬乘天子)가 되는 꿈을 가진 오 왕 부차를 자극하여 제(齊)나라를 침공하게 한 구천은 무방비 상태인 오나라를 손쉽게 차지하고 부차를 죽게 함으로써 오나라를 멸망시켜 버렸다. 이러한 과정에서 월 왕 구천은 오 왕의 신하로서 온갖 수모를 겪어

내고, 귀국을 허락받고 난 후에는 쓸개를 맛보면서(상담: 嘗膽) 복수의 의지를 다져 나갔다. 이러한 부차(夫差)와 구천(句踐)의 행위로 인하여 와신상담(臥薪嘗膽)이라는 고사성어(故事成語)가 자리를 잡기도 했다.[1] 이와 같이 합종연횡(合縱連橫)과 와신상담(臥薪嘗膽)으로 대변되는 춘추 · 전국시대의 안보외교는 동맹의 결성과 와해를 통한 벌모(伐謀) · 회유와 강압에 근거한 벌교(伐交)를 수반한 각개격파(各個擊破), 항복(降服)과 굴종(屈從)에 의한 정치집단의 보존, 계략(計略) 및 모략(謀略)에 의한 상대 집단의 소멸(消滅) 등 온갖 수단과 방법을 동원하여 전개되었으며, 그 과정에서 우적(友敵)개념은 가변적(可變的)으로 적용되었다.

패망(敗亡)을 면하기 위하여 항복은 물론 적대(敵對) 승전국 왕의 신하와 능(陵)지기를 자청하는 수모를 견디어 국가를 보존해야 하고, 공수(共守) 혹은 이간(離間) 책을 강구하여 제후국을 보존 혹은 소멸시키려 한 고대 중국 제후국들은 안보외교에서 항상(恒常)적인 우적(友敵)개념만을 고집할 수 없었기 때문이다.

위(魏), 오(吳), 촉(蜀)의 삼국이 정립(鼎立)한 시기(220~280)에도 기묘(奇妙)한 안보외교가 전개되었다. 백면서생(白面書生)으로서 유비(劉備)의 삼고초려(三顧草廬)를 거절하지 못해 촉한(蜀漢)의 책사(策士) 및 군사(軍師)의 임무와 직책을 수용한 제갈량(諸葛亮, 자는 孔明, 181~234)은 삼국정립(三國鼎立)을 통하여 상대적으로 약한 촉(蜀)의 존립을 보장하고 자강(自强)으로 국력을 증대시킨 후에 중원(中原)을 도모하려 했다. 먼저 촉의 존립을 위해서는 조조(曹操)의 위(魏) 세력을 약화시켜야 된다는 판단을 내리고, 위(魏)와 오(吳)를 싸우게 하고 촉(蜀)은 상대적으로 약한 오(吳)를 도와 적벽대전(赤壁大戰)을 치러서 조조(曹操) 군의 예봉(銳鋒)을 둔화시켰다. 그 과정에서 형주(荊州)의 소유권을 둘러싸고 소원한 관계를 유지하고 있었던 오(吳)와 위(魏)군과의 대적을 기피하던 오나라 장수들을 설득하고, 오히려 촉

1) 中國史學會, *中國通史, 第一冊*(鄭州, 中國: 海燕出版社, 2001), pp. 100-3.

(蜀)을 멸망시켜 위(魏)와 맞서기 위해서 자신을 살해하려는 오나라의 기도(企圖)를 무력화시킨 제갈공명(諸葛孔明)의 안보외교는 기민(機敏)하기 그지없었다. 이러한 노력의 결과로 촉(蜀)은 사천성(四川省) 성도(成都)에 자리를 잡아 형식적으로나마 삼국정립(三國鼎立)의 한 축을 이루게 되었다. 이후에 선제(先帝) 유비(劉備)와의 신의와 약속을 지키기 위하여 출사표(出師表)를 제출하고 중원(中原) 정벌에 나선 제갈량은 자신이 펼친 안보외교의 대미(大尾)를 위(魏)의 토벌(討伐)로 마무리 지으려 했다. 그러나 국력의 한계와 내치의 우둔(愚鈍)을 극복하지 못한 채 오히려 자신의 생애를 마무리 해야만 했고, 촉(蜀)도 정치집단으로서의 존재를 포기해야만 했다.[2] 이와 같이 중국의 삼국정립에 의한 분열시기(220～280)에 제갈공명이 펼친 안보외교는 그 개념상 기교(奇巧)함과 이의 보장을 위한 역량(力量)이 무엇인가를 보여 주고 있다.

중국의 통일 왕조인 수(隋, 581～618)와 당(唐, 618～907) 그리고 한반도의 삼국(高句麗, 기원전 37～668; 新羅, 기원전 57～935; 百濟, 기원전 18～660) 사이에 전개된 관계도 유동적(流動的)인 우적개념에 바탕을 둔 안보외교의 한 성격을 보여 준다. 한반도 삼국의 중국 왕조에 대한 교섭이나 중국 통일 왕조의 한반도 삼국에 대한 지원과 견제는 정치집단의 생존 및 영향력 보존이나 확장을 위해서 펼친 안보외교의 좋은 사례가 된다.

한반도 삼국의 관계는 실로 무상(無常)했다. 백제가 마한을 흡수하고 신라와 경계를 마주한 후부터 백제와 신라의 분쟁은 지속되었다. 신라는 백제와 왜(倭)와의 분쟁에서 고구려의 도움을 받는 등 고구려와 선린(善隣)관계를 유지했다. 그러나 고구려가 한사군(漢四郡)을 흡수하고 광개토왕(廣開土王, 재위 391～412)이 신라와 우호적인 관계를 유지하면서 백제를 공략하여 양국 간의 경계를 한강 선으로 삼고 요동과 부여 지역을 확보하여 위세를 떨친 후, 장수왕(長壽王, 재위 413～491)이 427년에 국도를 평양으로 옮기고

2) 中國史學會, *中國通史*, *第二冊*, pp. 70-83.

남진정책을 노골화하자, 적대관계를 유지해 오던 백제와 신라는 동맹관계(433~553)를 수립하여 공동으로 고구려의 위협에 대처했다. 하지만 신라가 강해지자 양국 간의 동맹관계는 위태로워졌다. 신라의 진흥왕(眞興王, 재위 540~576)은 백제의 성왕(聖王, 재위 523~554)과 합동작전을 전개하여 한강 상류인 죽령 북방의 고구려 10개 군을 점령하고 백제 군이 수복한 한강 유역 지역까지 탈취하여 신주(新州: 廣州)를 설치했다. 이에 배신감을 느낀 백제 성왕은 직접 군사를 이끌고 신라의 관산성(管山城: 沃川)을 공격하였으나 자신이 전사하는 사태가 벌어져 백제와 신라 사이에 유지되어 온 120년간의 동맹관계는 다시 적대관계로 환원되고 말았다. 그리하여 백제의 신라 공격 횟수는 잦아졌고 강도도 더해갔다. 신라는 결코 우호적이지 않은 고구려에 도움을 요청했으나, 죽령 이북의 영토 반환을 요구하는 고구려의 선결 요구를 받아들일 수는 없었다. 이로써 한반도의 삼국은 협조의 가능성이 거의 없는 분쟁관계에 돌입했다.3)

고구려, 신라, 백제는 서로 다른 목적에서 중국 세력과 호오(好惡)관계를 유지했다. 중국의 통일 왕조국가가 변방 국가들의 상호 각축을 부추겨 중국 대륙에 대한 위협으로 등장하지 않도록 하는 이이제이(以夷制夷) 방책을 가지고 있었던 것과 마찬가지로, 중국과 육지로 연결되어 있던 고구려도 중국의 세력이 결집되어 자국에 위협을 가하는 것을 원치 않았다. 그리하여 고구려는 양자강 북쪽에서 북제(北齊)와 북주(北周)가 대립하고 남쪽에는 진(陳)나라가 자리를 잡고 있었을 때 이 모든 국가들에게 사신과 공물을 보내면서 우호적인 관계를 유지했다. 그러나 수(隋)나라가 그들을 멸망시키고 통일 국가를 이룬 후 과거 진에 대한 고구려의 우호적인 태도를 비난하자, 고구려는 방어태세를 취하고 시설을 정비하고 식량을 비축하면서도 수에게 우호적인 몸짓을 취했다. 그러나 남북조(南北朝)시대의 고구려 대진(對陣) 우

3) 온창일, *韓民族戰爭史*(서울: 集文堂, 2001) pp. 58-71.

호정책으로 빚어진 불쾌함을 씻어 버릴 수 없었고, 특히 요동 지역의 요새를 강화하고 요서 지역까지 진출하려던 고구려에 대한 적대감을 해소시킬 수 없었다. 더구나 고구려의 약화를 도모하기 위하여 백제와 신라가 벌인 대수(對隋) 접근 및 고구려 침공 권유(勸誘) 정책으로 고구려는 남북에서 압박당했다. 이러한 고립무원(孤立無援)의 위치를 탈피하기 위하여 고구려는 돌궐(突闕)과의 친선을 유지하여 수(隋)를 견제하려 했으나 오히려 수의 고구려 침공의지를 굳히는 결과를 빚어냈다. 고구려는, 대운하를 완성하여 군량미를 조달하고 북쪽 대장성을 쌓아 북방전선을 안정시킨 수 양제(煬帝)의 침공은 막아냈으나 수의 뒤를 이은 당(唐)의 침공 위협에 직면하게 되었다. 결국 백제의 계속되는 침공을 막기 위하여 고구려의 도움을 받을 수 없었던 신라(新羅)가 당나라의 도움을 받아 백제와 고구려를 멸망시킴으로써 한반도의 삼국이 신라로 통일되는 결과를 빚어냈다.[4] 고구려와 백제를 멸망시킨 신라는 그들의 유민(遺民)들과 신라까지 복속시키려 했던 당(唐)군과 싸워 이겼지만 옛 삼국의 영토를 전부 수복하지는 못한 채, 북쪽의 발해(渤海, 699~926)와 더불어 남북국(南北國)시대를 열었다.[5] 이러한 과정에서 중국의 수·당과 한반도의 삼국 그리고 당과 신라 등이 빚어낸 외교는 이이제이(以夷制夷)와 원교근공(遠交近攻)의 개념하에 펼쳐진 안보외교의 진수(眞髓)를 보여 주기에 손색이 없었다.

근대와 현대에서 중국이 행한 안보외교도 우적(友敵)에 대한 가변성(可變性)의 한 단면을 보여 준다. 장개석의 국부군과 치른 내전(1927~1949)에서 회피(回避)와 도주(逃走)로 일관된 전투 아닌 전투를 수행하며 전쟁을 끌어간 중공군(中共軍)은 중일전쟁(1937~1945) 때 일본의 침공을 받자, 서안(西安) 사건(1936. 12. 12)을 계기로 국공합작(國共合作)을 통한 연합전선을 형성하여 침공군과 싸우면서 자강(自彊)을 도모했다. 그리하여 중공군은 태평양

4) 온창일, *韓民族戰爭史*, pp. 58-135.

5) 國防軍史研究所, *羅唐戰爭史*(1999), 특히 pp. 218-27.

전쟁(1941~1945)이 일본의 항복으로 종결될 즈음에는 국부군에 맞먹는 전력을 유지할 수 있었고, 이후에 전개된 내전에서 장개석 군을 대만으로 축출하여 중국 대륙에 공산정부를 수립할 수 있었다(1949. 10. 1). 타도해야 할 적과 일시적 동침(同寢)을 하여 직접적인 외부의 적인 일본군과 싸우면서 자강(自强)을 획책하고 궁극적인 적을 내부에서 와해(瓦解)시켜 축출함으로써 중국 대륙을 차지한 셈이다. 이렇게 수립된 중국정부는 베트남 전쟁(1945~1975)에서 월남 및 미국과 싸우던 월맹과 베트콩을 물심양면(物心兩面)으로 지원하면서도 월남이나 월맹이 영유권을 주장하는 서사군도(西沙群島)를 점령했고(1974. 1. 15~2. 4), 월남을 패망시킨 월맹과 일전(1979)을 감행하기도 했으며, 남사군도(南沙群島)의 베트남군을 축출하여 그 곳을 점령하기도 했다(1988).[6] 특히 중국은, 월남 전쟁에서 승리한 월맹이 친소련 정책을 노골화하고 베트남에 거주하고 있던 화교(華僑)들의 재산을 몰수하고 축출하는 등의 조치를 취하자, 응징(膺懲)할 목적으로 베트남을 침공하여 중월전쟁(1979. 2. 17~3. 4)을 일으키기도 했다.[7] 어제의 우방(友邦)이 오늘의 적(敵)으로 변한 것이다. 이와 같이 중국은 일시적인 필요(必要)를 위해서나 현실적인 실리(實利)를 확보하기 위해서 우적(友敵)개념을 잠정적으로 유보하거나 무시하는 안보외교를 전개했다.

전쟁을 통하여 식민지 상태를 청산하고 독립을 쟁취한 미국(美國)도 가변적이거나 미묘한 우적개념에 입각한 안보외교를 전개해 오고 있다. 독립전쟁의 승리로 탄생한 미국은 부분적 · 전면적 무력사용을 수단으로 활용한 군사외교가 어떠한 성격인지를 그 행적으로 보여 주었다.

독립전쟁을 수행하는 동안 미국은 영국과 적대적인 관계를 유지하고 있던 프랑스의 지원을 확보하고 이를 십분 활용했다. 영국에 해로운 것은 어떤 것이든 자국에 이롭다는 개념을 지닌 프랑스 역시 미국의 독립을 위한 지원

6) 온창일, *전쟁론*(서울: 집문당, 2007), pp. 96-7.
7) 위의 책, pp. 138-9.

을 사양하지 않았다. 7년 전쟁(1756~1763)에서 영국에 패배하여 북아메리카 대륙의 식민지를 상실한 프랑스는, 영국 식민지인 미국의 대륙회의(the Continental Congress)가 독립선언서(Thomas Jefferson이 작성한 the Declaration of Independence)를 채택하자(1776. 7. 4) 영국에 대한 복수를 위해서 이보다 더 좋은 호재(好材)가 있을 수 없다고 판단했다. 이에 프랑스는 미국 독립을 은근하면서도 노골적으로 부추긴 작가이면서 정치인인 보마르셰(Pierre Caron de Beaumarchais, 1732~1799, The Barber of Seville, The Marriage of Figaro의 코메디 작가)가 설립한 가짜 회사(Roderique Hortalez et Compagnie)를 통하여 무기와 장비를 미국에 지원했으며, 프랑스의 군인이며 정치가인 라파예트(Marquis de La Fayette, 1757~1834)는 당시 미군 최고 계급인 소장(少將)으로 워싱턴(George Washington, 1732~1799, 1·2대 미국 대통령, 재임 1789~1797) 장군을 도와 미국 독립전쟁을 직접 치르기도 했다. 이러한 프랑스의 지원과 후원은 영국에 일격을 가하려는 루이 16세(Louis XVI) 치하 프랑스 외무상(Charles Gravier, the Comte de Vergennes, 1719~1787)의 결단에서 이루어진 조직적인 국가행위였다. 프랑스의 조직적인 지원으로 미국은 독립전쟁을 승리로 마감하면서 다재다능한 벤자민 프랭클린(Benjamin Franklin, 1706~1790)을 수반으로 하는 사절단을 파리 평화회의에 파견하고(1782. 4~9) 유럽 국가들의 각축(角逐)관계를 활용하여 독립을 기정사실로 만들고 국제적으로 확인시켰다.[8] 이렇듯 미국은 자신들을 지배하던 영국과 적대적 관계인 프랑스의 도움을 받아 독립을 쟁취했다. 독립전쟁에서 영국은 분명 미국의 적이었다.

그러나 이러한 우적개념은 시간과 공간적인 여건이 변화됨에 따라 변해 왔다. 미국도 항상(恒常)적인 우적개념을 고집하지 않았다. 미국은 영국과 북

8) Samuel Flagg Bemis, *The Diplomacy of the American Revolution*(Bloomington & London: Indiana University Press), 특히 pp. 243-56; Thomas A. Bailey, *A Diplomatic History of the American People, op. cit.*, pp. 26-51; Thomas G. Patterson, et al., *American Foreign Policy: A History*(Lexington, Mass.: D. C. Heath and Co., 1977), pp. 3-37.

대서양 해역의 조업이나 캐나다와의 국경 확정 과정에서 불협화음을 내기도 했고, 영국은 텍사스 주의 독립을 인정하거나 미국 남북전쟁(1861~1865) 등에서 미국 연방군의 작전 수행을 어렵게 만들기도 했다. 그러나 영국은 결국 강국으로 성장한 미국의 위상과 미국이 천명한 몬로 닥트린(the Monroe Doctrine, 1823)을 받아들이고 남북 아메리카 대륙 지역에서 우월한 미국의 위치를 인정하였으며, 미국 역시 베네주엘라 위기(the Venezuelan crisis, 1895) 이후에 "20세기는 영어를 사용하는 양국이 주도하는 세기가 될 것이다"는 입장을 표명했다.[9] 그 이후로 미국은 영국을 가장 신뢰할 수 있는 우방국으로 간주해 오고 있다. 그리하여 미국은 양차 세계대전에서 영국과 같이 싸웠고 전후에 펼쳐진 동서 양대 진영의 냉전적 대립에서도 영국을 항상 확고한 동맹국으로 간주했으며, 영국 역시 미국의 기대를 저버리지 않고 현재에 이르고 있다. 냉전적 국제질서하에서 치러진 한국전쟁(1950~1953), 월남전쟁(1954~1973)은 물론, 탈냉전적 구조 아래에서 치러진 걸프전쟁(1991)과 대테러전쟁의 일환으로 미국이 수행한 아프간전쟁(2001~2002)과 이라크전쟁(2003~2011)에서도 미국과 영국은 동맹국으로서 확고한 유대를 드러냈다. 이와 같이 미국은 독립전쟁에서는 적으로 간주했던 영국을, 가장 신뢰할 수 있는 동맹국으로 가지면서 오늘에 이르고 있다.

또한 미국은 시간과 장소적 상황 변화에 맞게 유연한 우적개념을 적용·활용하거나 때로는 강요당해 왔다. 미국은 과거 텍사스의 합병과 카리브 연안 지역의 패권 및 필리핀의 소유권을 다투면서 스페인과 전쟁(1898)을 치르기도 했으나 지금은 NATO(the North Atlantic Treaty Organization, 1949)의 회원국으로서 동맹관계를 유지하고 있으며, 2차 세계대전에서 적으로 싸웠던 독일과 일본은 오늘날 미국의 신뢰할 수 있는 우방국이 되었다. 그러나 미국은 2차 세계대전에서 독일의 나치를 상대로 연합국으로서 연합

9) Thomas G. Patterson, et al., *American Foreign Policy: A History*, pp. 244-8.

전선을 형성했던 구소련을 계승한 러시아나, 한국전쟁에서 직접 총칼을 마주 겨누었던 중국과는 호혜적인 관계는 유지하면서도 우방이나 동맹국의 관계는 유지하지는 않고 있다. 특히 미국은 1972년에 소련과 같이 공산권에 속한 중공(中共)과 관계를 정상화하면서 그것을 소련에 대한 압력수단으로 활용하여 미국의 주적으로 간주된 소련의 대(對)미국 입지(立地)를 약화시키려는 국제정치의 강권정치(power politics)적 속성을 드러낸 국가적 행위를 마다하지 않았다. 또한 미국의 우방인 대만(臺灣)이 차지하고 있던 유엔의 회원국과 상임이사국 위치까지 중공에 넘기는 것을 망설이지 않았다.[10] 미국이 그렇게 적대시하지 않았던 이라크의 후세인이 이란-이라크 전쟁(1980~1988)에서 추락된 자신의 정치적 입지와 경제적 손실을 보상할 목적으로 쿠웨이트를 침공하여 병합해 버리자, 미국은 이라크를 공격하였고(1991), 결국 후세인을 제거하여(2003) 새로운 이라크 정부를 탄생시켰다. 소련의 월남전인 아프가니스탄 전쟁(1979~1989)에서 미국이 파키스탄을 통하여 지원한 탈레반은, 소련이 아프가니스탄에서 철수한 다음 탈레반 정부를 수립했으나 9·11 테러를 자행한 빈 라덴 추종세력을 지원한 이유로 미국에게 전복당했고 새로운 아프간 정부가 구성되기도 했다. 미국은 현재 미국에 대한 테러 조직을 지원하거나 테러 집단에게 훈련장이나 은신처를 제공하는 모든 국가나 정치집단을 미국에 대한 위협으로 간주하여 선제타격(preemptive strike)의 대상으로 삼고 있다. 이와 같이 미국은 자국의 안보와 자국민의 안전을 위협하는 정도에 따라 유연한 우적개념을 설정하여 거의 자의적(恣意的)으로 적용하고 필요시에는 각종 수단으로 이를 뒷받침해 오고 있다.

동서양을 대변한 영국, 중국, 미국이 역사상 보여 준 가변적인 우적개념은 그들만의 전유물은 아니다. 역사상 존재해 온 모든 정치집단은 자체의 역량이나 시간 및 공간을 포함한 상황의 요구에 따라 유연한 우적개념을 적용하

10) Henry Kissinger, *White House Years*(Boston, Toronto: Little, Brown and Company, 1979), pp. 763-842.

면서 생존을 보장하거나 이익을 증진해 오고 있다. 공수동맹을 결성하여 강국(强國)에 맞서거나 패권국(霸權國)이 주도하는 동맹체에 가담하여 자존(自存)을 유지하기도 하고, 때로는 중립(中立)을 견지하여 피해를 최소화하면서 정치집단의 명맥(命脈)을 이어가기도 한다. 이를 위해서 군사력을 사용하거나 공여 및 차용하기도 했으며, 강자가 제시한 굴욕적인 요구를 수용한 동맹을 강요당하기도 했다. 실로, 국가(國家)라는 실체로 정착된 정치집단은 자신의 존립(存立)을 위해서 가변적인 우적개념을 적용하거나 강요당하면서 오늘날의 모습과 상대적 위상을 유지하고 있다.

두 번째로, 안보외교는 모든 양태(樣態)의 내용과 형식을 취한다. 안보외교는 은유적(隱喩的)인 암시(暗示)나 억압적(抑壓的)인 선언(宣言)에서부터 명분적인 엄포나 실질적인 제재, 군사 및 군사 외적인 수단을 활용한 봉쇄 그리고 실제 군사력의 부분적·전면적 사용까지 포괄하여 동원한다. 이러한 내용의 수단을 활용한 정치적 입지와 정책표명 방식이나 집행도 일방적이거나, 합의가 있든 없든 간에 쌍방적으로도 실시되며, 특정 상대나 불특정 다수를 대상으로 행해진다. 이와 같이 안보외교는 동원하는 수단의 내용과 이를 활용하는 형식면에서 거의 제한을 두지 않는다.

먼저 국가라는 정치집단은 집단의 생존을 보장하거나 상대 집단과의 관계를 설정 혹은 재설정하기 위하여 정치적 의지를 표명(表明)하며, 그를 위해서 국력에 맞는 다양한 수준과 강도의 표현 형식을 취한다. 어느 한 국가나 정치집단이 행하고 있거나 행한 행위가 우호적인 국가 간의 관계 유지를 저해한다거나 불가능하게 한다는 등의 성명서의 발표 수준부터, 그러한 행동의 진행은 양국의 관계를 심하게 훼손시킨다거나 악화시킨다는 등의 의사전달 또는 그것의 진행을 결코 좌시(坐視)할 수 없다는 등 공갈조(恐喝調)의 의사 표명이 그 형식으로 등장한다. 이러한 정치적 의지는 군사적 대결의 결과에서 비롯된 항복(무조건 혹은 조건부)이나 승자로서 패자에게 강요한 조건에서부터 최종적으로 군사력의 사용을 상정하고 정당화시키기 위하여 점진적으로 강화된 조건을 부과하는 조치 등에 이르기까지 매우 다양한 형식으로 표명된다. 또한 군사력을 사용하여 승리한 집단이 획득한 전리품(戰利品)을 양보함으로써 실질적으로 평화적인 관계를 복원시키는 회담이 진행되기도 한다. 그와는 대조적으로 합의된 발표든 일방적인 선언이든 두 정치집단이 평화를 구축하겠다고 선언했음에도 불구하고, 그 표명이 궁극적으로 군사적인 역량을 증대시키기 위한 방편에 불과하여 결국 군사력이 집중적으로 사용되어 정치집단의 존망(存亡)이 판가름 나는 경우도 있었다. 6일전쟁(1967)에서 확보한 시나이 반도를 이집트에 반환함으로써 이집트와 평화관계를 구축한 이스라엘의 경우가 전자에 해당된다면, 파리 평화회담으로 미군을 철수시키고(1973) 대규모 군사작전을 통하여 월남을 패망시킨(1975) 월맹은 후자의 사례를 빚어냈다. 이와 같이 국가를 포함한 정치집단은 다양한 국력요소를 활용하여 여러 가지 방식으로 정치적 의지를 표명한다.

국가라는 정치집단이 활용해 온 강력한 의지 표현 방식은 군사적·군사외적 봉쇄와 군사력의 직접 사용이다. 동양의 춘추·전국시대의 제후국이나 서양의 고대 그리스의 도시국가로부터 왕조국가와 절대군주국가 등을 거쳐 오늘날의 현대 국가로 정착된 정치집단의, 자국 안전보장이나 영향력 및 영향권의 보유·확보·확대와 연관되어 나타난 정치적 의지 표현 방식은 군사적·군사 외적 봉쇄와 군사력의 직접적 사용으로 집약되고 구체화되었다. 정치집단의 정책적 의지 구현방식으로 현재화된 군사 내외적 봉쇄와 군사력의 사용은 동서고금을 망라하여 기록으로 남겨졌다. 정치집단의 생존 보장이나 영향권의 확보 및 확대를 위한 궁극적 수단이 평화적인 것에만 국한될 수 없다는 이론적 논리가 현실화된 사례들이다.

먼저, 군사 외적 봉쇄로서 상대국을 외교적으로 고립시키거나 교역을 중단시키는 경제적 봉쇄망을 구축하거나 봉쇄 방책을 구사(驅使)할 수 있다. 그러나 외교적인 고립은 그 자체만으로는 효용성이 보장되는 경우가 많지 않아서 경제적이거나 군사적인 봉쇄를 위한 전 단계로 간주되거나, 아니면 외교적 타협이나 협상을 이끌어 내기 위한 포석으로 사용되며, 외교적 유화 정책을 결과로 빚어내기도 했다. 예를 들면, 군국주의화되어 가는 독일을 고립시키기 위하여 구축된 동맹(The Little Entente: an alliance of Czechoslovakia, Yugoslavia, Rumania with France, later, Greece and Turkey joined to this French sphere by the Balkan Pact of 1934)과 국제평화유지를 위하여 설립된 국제연맹(The League of Nations)이 거의 무력화되자, 영국과 프랑스는 히틀러의 영토적 야욕을 어느 정도 충족시켜 줌으로써 유럽의 평화를 구축하는, 이른바 유화정책(宥和政策: an appeasement policy)을 채택하기에 이르렀다.[11] 이와 같이 외교적 고립을 통한 상대국의 견제는 그것을 채택한 국가 혹은 국가들의 정책의지와 그것을 집행할 군사 내외적 역량에 따라 오히려 외교적 유화책을 빚어내는 결과가 되기도 해 왔다.

따라서 효과적인 군사 외적인 봉쇄로는 경제적 봉쇄를 들 수 있다. 청일전쟁과 러일전쟁에서 승자로 등장한 일본에 대한 강자의 몫(lion's share)을 인정했던 미국과 영국 등의 서방 국가들은 일본이 만주(1933)에 이어 중국까지 장악하려(1937) 군사력을 계속 사용하자, ABCD Line(American-British-Chinese-Dutch Line)이라는 이름의 경제봉쇄망을 구축하여 석유 · 고무 · 주석 · 철광 등 전쟁소요 물자의 대일본 수출을 차단했다. 그러한 상황에 봉착한 일본은 미 태평양 함대를 일정 기간 무력화시켜 일본이 원하는 절대 방어선을 확보한 다음에 전쟁 물자를 확보하고 그곳에 침투하는 미국에게 적극적인 소모전을 강요함으로써 유리하게 전개될 전쟁 결과를 바탕으로 협상하여, 이른바 대동아공영권(大東亞共榮圈)을 형성하겠다는 목표를 수립하고 태평양전쟁(1941~1945)을 일으켰다. 결국, 미국 · 영국 · 중국 · 화란이 구축한 경제봉쇄망은 일본이 수행해 온 중일전쟁을 중지시키기보다는 오히려 태평양

11) Mortimer Chambers, et. al., *The Western Experience*(New York: Alfred A. Knopf, Inc., 1974), pp. 1026-33.

전쟁으로 확대시킨 원인을 빚어내어 중국에서 일본의 전쟁 행위를 자제시키지는 못했으나, 국가 간 안보외교의 한 단면적 성격은 여실히 보여 주었다. 이와 같이 안보외교는 군사 외적 봉쇄를 한 형식으로 택한다.

그러나 안보외교는 군사적 봉쇄나 군사력의 부분적·전면적 사용을 핵심적 내용과 형식으로 취한다.

군사적 봉쇄의 대표적 사례로는 1962년 10월에 일어난 미국의 쿠바 해상봉쇄를 들 수 있다. 소련이 쿠바에 미사일 기지를 구축한다는 사실을 미국이 인지함으로써 촉발된 쿠바 미사일 위기는 1962년 10월 16일에서 28일까지 13일 동안 벌어졌다. 상대를 거의 전멸시키거나 치명적 타격을 가할 수 있는 재래식 및 핵 군사력을 보유한 미국과 소련이 직접 대결(eyeball to eyeball)한 경우로 가히 세계의 이목을 집중시키고 세계인의 마음을 조이게 한 사건이 아닐 수 없었다. 중미에 위치한 소련의 우방인 쿠바의 카스트로 정권이 미국에 의해서 붕괴될 수 있다는 가능성(쿠바 침공사건: the Bay of Pigs episode, 1961. 4. 17)과 쿠바를 보호해야 된다는 필요성과 더불어 소련의 턱밑에 있는 터키에 배치된 미국 미사일에 대한 대응 수단으로서 쿠바에 미사일을 배치함으로써 대미 전략상 균형을 확보할 수 있다는 판단을 내렸을 소련은 1962년에 쿠바에 미사일 기지를 건설하기 시작했다. 이러한 사실을 파악한 미국 케네디 행정부는 소련 정부에 강력한 경고 메시지를 전하면서 대응책을 강구하기 시작했다. 그 과정에서 케네디 행정부는 이를 방치하거나 외교적인 압력을 가하자는 미적지근한 대안부터, 쿠바를 침공하거나 건설되고 있던 미사일 기지를 공중에서 공격하자는 등 과격한 대응책도 고려했으나, 직접적인 무력사용의 가능성을 배제하지 않는 상태에서 쿠바에 드나드는 선박을 해상에서 검문·검색하는 해상봉쇄를 실시하여 미사일 기지 건설을 위한 무기와 장비의 쿠바 반입을 차단하는 조치를 취했다. 그러면서 미국은 200,000명에 이르는 병력을 플로리다에 집결시키면서 이를 은닉하려 들지 않았고, 14,000여 명의 공군 수송기 예비 병력에게 현역소집령을 내리고 쿠바로 항해하는 선박을 검색하여 비군사물자의 수송선만을 통과시키는 등의 군사행동을 마다하지 않았다. 그와 더불어 교체하기로 계획되어 있던 터키의 낡은 미사일을 철수시킨다는 사실과 미국의 해상봉쇄가 그것만으로 종결되지 않는다는 점도 소련 정부에 통보했다. 결국 소련 정부는 쿠바에서 미사일을 철수시켰다. 이로써 쿠바위기는 확대되지 않았고 위기로 기록되었다.[12] 미사일 기지에 대한 공중 공격이나 쿠바의 전면 침공 위협으로 강화된 해상봉쇄 조치와 교체하기로 계획되어 있던 터키의 미사일을 철수시킨다는 미국이 제시한 면자행위(face-saving measure)가 쿠바위기를 안정시킨 셈이다.

안보외교는 군사력을 부분적 · 전면적으로 사용한 예들도 많다. 고대 중국 제후국들의 생사소멸(生死消滅) 과정에서 군사력은 안보외교의 자연스런 하나의 수단이 되었고, 고대 그리스의 도시국가들 간의 주도권이 아테네에서 스파르타를 거쳐 그리스 중부의 테베인 그리고 결국 북부 지역의 마케도니아로 전이되는 과정에서도 군사력의 사용으로 인한 정면대결이 안보외교의 수단으로 동원되었다. 중국이 통일왕조국가가 되었다가 다시 분열되는 과정이나 근대에 중국 공산당 군과 국민당 군이 치른 내전(1927~1949)에서도 그렇고, 그 뒤에 공산 정권이 들어선 중국 대륙과 국민당이 장악한 대만 사이에도 군사력 사용에 의한 상태 변화의 가능성을 배제하지 못한 채 오늘에 이르고 있다. 전국시대를 마감하고 일본을 통일한 도요토미 히데요시는 지방 다이묘(大名)들의 예봉을 꺾기 위한 방편으로 조선 정벌을 실시하여 이른바 임진왜란(壬辰倭亂, 1592~1593)과 정유왜란(丁酉倭亂, 1597~1598)으로 일컬어지는 전쟁을 일으키기도 했다. 이러한 현상은 국내 정치집단들 간에도 나타나 미국의 남북전쟁(1861~1865), 러시아 내전(1917~1922), 스페인 내전(1936~1939) 등이나, 월맹과 월남 그리고 월남과 베트콩 간에

12) Graham T. Allison, *Essence of Decision: Explaining the Cuban Missile Crisis*(Boston: Little, Brown and Company, 1971), pp. 39-66.

치러진 월남전(1954~1975)에서도 군사력 사용 결과에 따라 정치집단의 운명이 갈라졌다. 특히 포클랜드의 점유를 목적으로 군사력을 사용한 아르헨티나 군사정부는 그곳을 포기하지 않는 영국과 군사적 대결을 감수해야만 했으며, 여기서 패배해 섬들의 영유권을 포기하고 자신들의 국내 정치권력도 내놓아야만 했다. 이와 같이 국가의 형태로 대변된 정치집단이나 한 국가 내에서 생성된 두 개의 정치집단은 자신들의 생존이나 영향력의 보존 및 확대를 위한 안보외교 수단으로 군사력을 임의적으로 사용해 왔다.

특히, 주위 아랍 국가들의 연합 공격을 독립 선물로 받은 이스라엘은 자국의 생존을 위한 안보외교 수단으로 군사력을 지속적으로 사용하면서 오늘에 이르고 있다. 그 과정에서 이스라엘은 1954년에 수에즈 운하를 국유화함으로써 조성된 위기에서 영국이나 프랑스보다 먼저 군사력을 사용하여 시나이 반도를 점령하는 작전을 수행하기도 했고, 이집트가 소련으로부터 무기를 다량 구입하여 군사력을 강화해 가고 있을 때 예방전쟁(豫防戰爭: a preventive war)으로서 6일전쟁(1967)을 감행하여 반환했던 시나이 반도를 다시 점령하고 요르단 강의 서안을 점령하기도 했다. 그 결과 이스라엘은 1973년에 이집트의 공격(10월 전쟁, 1973. 10)을 받기도 했으나, 미국의 중재로 점령했던 시나이 반도를 이집트에 반환하고 이집트와 평화적 관계를 구축하는 외교적 성과를 거두기도 했으며, 요르단과도 공존관계를 유지할 수 있게 되었다. 이로써 이스라엘은 주변 아랍 국가들의 연합공격 가능성을 배제시켜 국가적 생존을 보장하기에 이르렀다. 이러는 동안 이스라엘은 팔레스타인들이나 기타 아랍인들이 자행하는 테러행위에 응징과 보복으로 일관하여 그것을 근절하려는 노력을 기울였고, 이라크나 시리아의 핵개발 의혹 시설에 대한 선제 폭격도 마다하지 않았다.[13] 무력사용을 통하여 외교적

13) "Israel Silent on Reports of Bombing Within Syria", *The New York Times*, October 15, 2007. 예루살렘을 방문한 미 국무장관과 이스라엘 수상의 면담 기사의 일부를 인용하면 다음과 같다. "Jerusalem, Oct. 14. Secretary of State Condoleezza Rice and

성과를 거두기도 한 이스라엘은 항공 납치된 자국민들을 구출하기 위하여 외교적 협상을 벌여, 그들을 구출하는 군사작전을 준비하고 위장하기 위한 수단으로 활용하기도 했다.[14] 이처럼 이스라엘은 자국의 생존 보장을 위하여 무력사용을 통한 외교적 성과를 바탕으로 평화를 구축하거나, 테러에 대한 보복 및 응징과 더불어 납치된 이스라엘 국민들을 구출하는 군사작전을 준비·위장하기 위하여 외교적 협상 몸짓을 활용하기도 하면서 오늘에 이르고 있다.

이와 같이 안보외교는 군사력의 부분적·전면적 사용을 그 내용과 수단으로 활용해 오고 있다.

세 번째로, 안보외교는 모든 비폭력적 성질의 내용과 수단을 택하기는 하나, 궁극적으로는 군사력을 포함한 폭력을 사용하여 설정된 목적을 달성한다. 정치집단의 실체 보존이나 영향력 및 영향권의 확대를 목적으로 한 정치집단의 안보외교에는 손자병법(孫子兵法)에서 분류한 바 있듯이, 벌모(伐謀)·벌교(伐交)·벌병(伐兵) 등의 모든 책략(策略)과 술책(術策)이 동원된

Israeli officials declined Sunday to confirm or deny a report that an Israeli Air Force strike against Syria last month had bombed a partly constructed nuclear reactor apparently of North Korean design." 이스라엘은 1981년 6월 27일에 이라크 바그다드 동남쪽 25km 지점에 위치한 오시락(Osiraq) 원자로를 14대의 전투기를 동원하여 폭격한 바 있다. 이번에는 2007년 9월 6일에 시리아 동쪽에서 남북으로 흐르는 유프라테스 강변의 '티브나'에서 북쪽으로 10km 떨어진 사막의 핵개발 의혹 시설을 폭격한 것으로 알려졌다. 바샤르 알 아사드(al-Assad) 시리아 대통령도 최근 BBC 방송과의 인터뷰에서 "이스라엘 전투기가 텅 빈 군 건물을 겨냥했다"고 말해 폭격 사실은 인정했으나, 시리아는 마치 아무 것도 없던 것처럼 그곳을 깨끗이 치워 버렸다. "때린 나라도 맞은 나라도 말이 없다: 이스라엘의 시리아 핵의혹시설 공습 미스터리, 양국 모두 '모르쇠'로 의혹 증폭, 부시 등 10여 명만 확실히 알아, WP. 시리아 핵시설 북과 닮아", *인터넷 조선일보*, 2007. 11. 3. 참조

14) 1976년 6월 27일, 아테네 공항을 이륙한 후 우간다 엔테베 공항으로 납치된 항공기(Air France Flight 139)에 탑승한 이스라엘인들을 구출한 작전(Operation Thunderbolt, 1976. 7. 4). William Stevenson, *90 Minutes at Entebbe*(New York: A Bantam Book, 1976) 참조

다. 상대 집단이 위협적 대상으로 등장하지 않도록 하는 벌모(伐謀)는, 상대 집단의 능력을 약화시키거나 강화된 능력을 다른 곳으로 전향하게 유도하여 소모시키거나 내부 분열을 일으켜 능력을 결집시킬 수 없도록 하는 모든 계책(計策)을 포괄한다. 벌교(伐交) 역시 상대를 고립시키는 소극적인 대책에서부터 상대 집단의 현재적·잠재적 우호 집단과의 관계를 자신에게 우호 내지 우호적 중립으로 바꾸도록 하는 모든 외교적 노력을 내포한다. 벌병(伐兵)은 무력(武力)을 부분 혹은 전면적으로 사용하여 상대의 군사 능력을 약화시키거나 제거하는 계책과 전략으로서, 기습·타격·국지적 전쟁·전면적 전쟁까지 상정하여 포괄한다. 안보외교는 이와 같이 모든 비폭력적·폭력적 수단과 내용을 활용하나, 궁극적으로는 군사적 폭력을 사용하거나 사용하겠다고 위협하여 주어진 목적을 달성하는 특성을 지닌다.

모든 비폭력적 방법과 수단, 심지어 굴욕적인 평화까지 감수하여 정치집단의 목적을 달성한 사례는 앞에서 살펴본 바 있는 고대 중국 제후국들 간의 이합집산(離合集散)이나 고대 한반도의 삼국 정립(鼎立)이 와해되는 과정에서 구체화되어 나타났다. 여기에서 이를 다시 한 번 자세히 분석해 봄직하다.

오월동주(吳越同舟)와 와신상담(臥薪嘗膽)이라는 고사성어(故事成語)의 근원이 된 오국과 월나라와의 각축(角逐)은 군사외교 내용과 수단의 진수(眞髓)가 어떠한가를 보여 주는 사례가 아닐 수 없다. 춘추시대(春秋時代, 기원전 770~476) 말기, 오(吳)나라 부차(夫差)는 월(越)나라를 침공하여, 월 왕 구천(句踐)과의 전쟁에서 전상(戰傷)을 입고 사망한 부왕(父王) 합려(闔閭)와 전사한 형의 원수를 갚기 위하여 장작더미 위에서 잠을 자다시피 하면서(臥薪) 군사를 조련했다. 이를 위험스럽다고 판단한 구천은 오나라를 선제공격하다가 회계산(會稽山)에서 포위를 당하였고, 부차(夫差)의 신하가 되겠다고 자청하면서 자신의 생명과 자국의 실체를 보존하려 항복을 청했다. 구천을 없애 버릴 것을 오자서(伍子胥)가 주장하자, 구천은 사리사욕(私利私慾)에

눈이 어두운 백비에게 막대한 재물과 미녀를 보내 중재를 부탁하여 오 왕 부차로 하여금 자신의 항복을 받아들이도록 했다. 그리고 부차의 만심(慢心)을 자아내기 위하여 합려(闔閭)의 능지기를 자처하고 승리의 쾌감에 젖어 있는 부차에게 서시(西施)를 비롯한 미녀들을 상납하여 개인적인 방탕(放蕩)이 극에 달하도록 했으며, 서시와 기거하기 위한 고소대(姑蘇臺) 축성을 비롯한 토목사업에 국력을 소모하도록 유도했다. 결국 백비의 간언으로 부차가 오자서를 자진(自盡)하도록 한 구천은 그의 명예욕을 더욱 자극하여, 그가 중원에 진출하여 패자(霸者)로서 회맹(會盟)을 주관하는 동안 오(吳)나라를 침공하고 허겁지겁 회군하는 부차를 고소성(姑蘇城)에 가두어 놓았다. 구천은 항복하는 부차를 살려 줄 생각이 없지 않았으나, 재사(才士) 범려(范蠡)의 강력한 주장에 따라 부차가 자결하도록 하여 그를 없애 버렸다.[15] 회계산(會稽山)의 패배에도 불구하고, 치욕적인 항복을 통하여 자신의 생명과 월나라의 국체를 보존하고 곰 쓸개를 맛보면서까지(嘗膽) 복수의 결의를 다졌던 구천은 그로부터 22년 후에(기원전 473) 오나라와 부차를 멸망시켜 와신상담(臥薪嘗膽)의 한 주인공이 되었고 안보외교에서 동원될 수 있는 수단과 내용의 폭과 깊이가 얼마나 넓고 깊은가를 보여 주었다.

고구려(高句麗), 신라(新羅), 백제(百濟)가 한반도에서 펼친 군사외교 역시 내용과 수단 면에서 독특한 행적을 남겼다.

문화·종교적인 동질감보다는 상호 대립적인 관계의 산물로 빚어진 삼국 간 전쟁은 약탈·습격·공격 등의 공세작전과 단독 혹은 연합전선을 형성하여 수행한 방어 및 공격 작전을 포괄하고 있다. 그러한 상황에서 삼국은 이합집산을 통한 관계를 수립했고, 한반도 밖의 세력까지 끌어들여 세력 균형과 확장을 도모했다. 백제가 마한을 흡수하고 신라와 국경을 마주하면서부터 두 나라 간의 갈등관계는 계속되었다. 한사군(漢四郡)을 제거한 고구려가

---

15) 中國史學會, *中國通史, 第一册*, pp. 102-3.

택한 남진정책으로 백제와 신라는 상호 협조 및 동맹 관계로 탈바꿈하여(433~553) 고구려의 남진에 공동 대처했으나, 국력이 강해진 신라가 양국 공동작전으로 수복한 한강 하류 지역을 독식(獨食)하자, 양국 관계는 다시 견원지간(犬猿之間)으로 돌아갔다. 백제의 신라 영토 침공과 약탈, 그리고 신라의 보복행위는 이러한 관계의 일상적인 현상으로 정착되었으며, 이에 신라는 과거에 왜구(倭寇)의 공격과 가야(伽倻)국과의 대립에서 원조를 제공한 바 있던 고구려에 도움을 요청하게 되었다. 그러나 고구려는 신라가 점령한 죽령(竹嶺) 이북 땅의 반환을 조건으로 제시하면서 거절했다. 그러자 신라는, 수(隋)나라의 뒤를 이어 고구려와 적대적인 관계를 유지하면서 대규모 침공의 실패로 소규모 작전으로 고구려의 국력을 마모시키려는 당(唐)나라에 원조를 요청하기에 이르렀다. 한반도에서 고립무원의 위치에 처해 있던 신라는 당나라의 환심을 사기 위하여 그 나라의 복제(服制)와 관제(官制)를 답습하는 파격적인 몸짓을 취하면서까지 백제와 고구려의 위협을 제거하려 했다. 결국 신라는 주변을 복속시키려는 당나라와 연합군을 형성하여 먼저 백제를 멸망시켰고(660년, 31왕 678년 만에 멸망), 뒤이어 고구려까지 역사 속으로 넘겨 버렸다(668년, 28왕 705년 만에 멸망).[16]

신라의 삼국통일로 귀착된 삼국 간의 정립 과정에서 그들이 펼친 안보외교는 안보외교의 특징적 성격을 거의 포괄하고 있다. 삼국은 가변적인 우적개념에 근거한 외교를 펼쳤다. 고구려의 남진으로 위협을 느낀 백제와 신라의 동맹관계가 종결된 후에도 백제는 수나라에 조공을 바치면서 고구려 침공을 요청했고(607), 신라도 원광(圓光)법사가 걸사표(乞師表)를 작성하도록 하여 수나라의 고구려 정벌을 간청했고(611) 수나라가 고구려를 침공했을 때에는 고구려의 변성(邊城)을 공격하여 탈취하기도 했다. 그리하여 수나라가 고구려를 침공하는 명분을 제공하기도 했다.[17] 계속되는 백제의 침공을

16) 온창일, *韓民族戰爭史*, pp. 57-135.
17) *三國史記*, 百濟, 新羅, 高句麗 本紀; 위의 책, p. 59.

받은 신라가 그들에게 과히 우호적이지도 않은 고구려에 도움을 요청한다든지, 그렇게 호의적이지 않은 관계를 유지하고 있던 백제와 고구려가 강해지는 신라를 상대로 협조하여 공격을 감행했던 사례 역시 자국의 실체 보존을 위해서는 대상을 가리지 않고 공동보조를 취하려 했거나 택했다는 점을 말해 준다. 한반도 내에서 우호적인 협력대상국을 발견할 수 없었던 신라는 관제(官制)와 복제(服制)는 물론 예식(禮式)이나 의식(儀式)절차까지도 당나라의 것을 채택하는 외교적 '아양'을 떨면서 당나라의 군사원조를 얻어 백제와 고구려를 멸망시키는 선택을 마다하지 않았으며, 그 과정에서 원정군으로 출정한 당 군 지휘관의 모멸적인 언행까지도 씹어 삼켜야 하는 '수모'를 감수해야만 했다.

삼국 간의 이러한 안보외교는 다음에 지적하려는 안보외교의 성격, 즉 시간 면에서의 지속성(持續性)까지 갖추어 간단(間斷)없이 펼쳐졌다. 실로 한반도에서 고구려, 신라, 백제로 정립된 삼국 간에 전개된 안보외교는 그것이 지닐 수 있는 거의 모든 특징을 실제로 보여 주면서 구체화되었다.

그러나 한반도에서 펼쳐진 삼국 간의 안보외교에서도 폭력이 적나라하게 사용되었다. 신라의 변경을 계속 침공하여 얻은 조그마한 승리의 쾌감을 만끽하면서 국력(國力)과 전력(戰力)을 소진시킨 백제의 의자왕(義慈王, 재위 641~660)은 의롭지도, 자비롭지도 그리고 슬기롭지도 못했다. 백제의 국력과 전력을 소진시켰을 뿐만 아니라 허랑방탕한 생활을 위한 가렴주구(苛斂誅求)로 민심(民心)까지도 등을 돌리게 한 결과를 자초하고 말았다. 그 결과, 당 및 신라 연합군과 싸워야 하는 백제군은 굴욕적인 삶이 주어질 것이 명약관화(明若觀火)한 가솔(家率)들을 자기 손으로 죽이고 전장에 나선 장군 계백(階伯)과 그가 지휘하던 5,000여 명의 결사대(決死隊)가 전부였다. 잘못된 군사력 사용의 당연한 결과였다. 당 태종의 대규모 침공 실패(645)로, 당나라는 빈번한 고구려 침공작전을 통하여 고구려 국력과 전력의 마모시키고 내부 분열을 획책하려 했다. 그러자 고구려는 농번기에 제대로 농사를 지을 수 없게 되어 식량이 부족해져 민심이 흉흉하게 되었다. 또한 연개소문(淵蓋蘇文)의 철권(鐵拳)통치의 폐해와 그것의 종식으로 조성된 혼란 상태는 고구려 지도층의 분열을 초래했다. 결국 고구려 역시 신라와 당나라의 연합군과 전투다운 전투를 제대로 수행하지 못하게 되었다. 대규모 침공에서 소규모 침공으로 고구려의 국력과 전력(戰力)을 마모시키면서 내분을 획책하려는 당나라 마모(磨耗)전략에 입각한 군사력 운용의 결과였다. 그 후에 신라와 당나라는 연합전력을 형성하여 먼저 상대적으로 약한 백제를 멸망시키고, 나중에 고구려를 멸망시키는 신중한 전략을 구사하여 폭력의 효과를 극대화했다. 그리고 당나라의 원조를 받아 백제와 고구려를 멸망시킨 신라는 한반도를 속방(屬邦)으로 만들려는 당나라와 협상이 아닌 폭력으로 맞서 '축소된 상태에서나마' 삼국을 통일할 수 있었다. 이와 같이 한반도에서 삼국 및 당나라 간에 펼쳐진 안보외교는 군사력을 사용하면서 마무리되었으며, 그 과정에서 현명한 폭력 운용이 어떠해야 된다는 점을 부수적으로 드러낸 사례가 되었다.

정치집단의 생사출멸(生死出滅)을 좌우하는 안보외교의 궁극적 수단이 폭력이라는 사실은 한 국가 내에서 두 정치집단 간에 치른 내전(內戰)에서 더 명확하게 드러난다. 미국의 남북전쟁(1861~1865), 러시아 내전(1917~1922), 스페인 내전(1936~1939), 중국 대륙에서의 중국 내전(1927~1949), 월남에서의 내전(1945~1975) 등이 이를 대변한다. 특히, 300여 년 동안 분할된 상태 속에서 냉전적 이념 대립까지 겪은 예멘의 경우는 정치집단의 통합과정에서의 대화와 합의의 실천적 한계성을 보여 준다. 서방 진영과 가까운 북 예멘과 동쪽 진영에 속했던 남 예멘은 1990년 5월 22일에 통일 국가를 형성하기로 합의하여 300여 년간의 분할을 종식시켰다. 그러나 양측은 정치권력의 공유(power-sharing)에 대한 합의를 도출하지 못하고 1994년에 다시 내전에 돌입했다. 이 대결에서 1994년 6월 초에 승리한 북 예멘은 일반사면을 선포하고, 1997년 4월에 선거로 통일정부를 구성하여 오늘에 이르고 있다.[18] 분단을 해소하기로 합의한 후에도 두 정치집단 간에 정치권력을 배분(配分)하는 과정에서의 협의는 사실상 불가능했고, 결국에는 폭력을 동원해야만 결론이 났던 것이다. 정치집단의 생사(生死)는 신사적인 합의나 협의만으로 결정될 수 있는 성질의 사안(事案)이 아니기 때문이다.

네 번째로, 안보외교는 평시(平時)·위기시(危機時)·전시(戰時) 등 시간의 구분 없이 진행되는 성격을 가진다. 군사력까지 수단으로 활용하는 안보외교는, 필요시 군사력 사용의 효용성을 극대화하는 평시의 노력을 결코 소홀하게 취급하지 않는다. 그리하여 국가로 대변되는 정치집단은 평시에도 직접적인 위협이 되는 대상을 제압할 수 있을 정도의 군사력을 유지하면서 관리하고, 자신의 역량으로 대처할 수 없는 위협을 무력화시키기 위하여 동맹관계를 수립하여 다른 국가 혹은 국가군(國家群)의 군사력을 차용할 수 있는 배열을 구축한다. 그리고 위협을 가하는 국가의 잠재적인 우방국들과의 관계를 자국에 우호적인 것으로 전환시키려는 노력을 기울인다. 그들이 위기시나 전시에 최소한 중립을 지키거나, 가능하다면, 우호적인 중립을 지키도록 하는 군사 외적 노력을 기울여 직접적인 위협이 되는 국가가 용이하게 폭력을 수단으로 택하지 못하는 여건(與件)을 조성하는 것이다. 위기가 발생할 경우에도 자신에 유리하게 안정시키는 군사 내외적 노력을 기울여 위기의 확대로 전쟁이 발발(勃發)되지 않도록 하면서 전쟁 상황에 대비하는 군사적 준비를 진행시킨다. 전쟁이 진행되는 기간 중에도 전장(戰場)에서는 승패(勝敗)로, 전장 밖에서는 직간접적인 정책의지를 전달하며 대화를 진행시키면서 전투를 계속한다. 전쟁이 지속되거나 종결된 후에는 전장에서의 전투수행 결과를 바탕으로 전후의 평화 성격을 규정하면서 새로운 질서를 모색하며, 전쟁의 호불호(好不好) 결과에 따라 정치집단인 국가의 이해(利害) 정도나 존폐(存廢) 자체가 결정되기도 한다. 이처럼, 안보외교는 시간이

18) "The Republic of Yemen: History", *Internet Google.*

나 기간의 간단(間斷)없이 진행된다.

제2차 세계대전은 전쟁 전 · 중 · 후의 기간이나 시간적인 구분 없이 진행된 안보외교의 한 전형(典型)을 머금고 있다. 근원(根源), 양상(樣相) 그리고 지역 면에서 구별되는 두 전쟁(유럽전쟁과 태평양전쟁)으로 구성된 2차 세계대전은 그것을 일으킨 독일과 일본을 상대해야 하는 측에서 볼 때는 상호 긴밀한 연관을 맺고 있는 하나의 전쟁이기도 했다. 전쟁의 결과를 좌지우지(左之右之)한 주역 국가인 미국과 소련이 지전략적(地戰略的)으로 유럽과 아시아 대륙에 걸쳐 있었으며, 유라시아 대륙에 걸쳐 있는 소련과 대서양(大西洋)과 태평양(太平洋)으로 양 대륙과 연결되어 있는 미국이 이념과 가치 및 정치 · 경제 · 사회 체제의 이질성(異質性)에도 불구하고 독일의 국가 사회주의나 일본의 군국주의가 내세운 이념적 기치(旗幟)와 전쟁 목적을 용납할 수 없었기 때문이다. 여러 가지 면과 차원에서 이질적인 요소를 머금고 치러진 2차 세계대전은 전투행위가 시작되기 전 · 중 · 후에 전개된 안보외교의 여러 가지 특징적 성격을 실증적으로 보여 주면서 안보외교가 시간이나 기간의 단절(斷切) 없이 전개된다는 사실도 입증해 주었다.

유럽에서의 2차 세계대전은 나름대로의 배경과 원인으로 시작되어 그 결과와 영향이 기록되면서 거기에 기반을 두고 지속적으로 전개된 안보외교(安保外交)의 족적(足跡)을 남겼다.

양차에 걸친 세계대전의 원인을 제공한 독일의 안보외교는 지속적인 팽창에 기반을 둔 제국주의 정책을 뒷받침하면서 진행되었다. 뒤늦게 통일된 근대국가 체제를 갖춘 독일은 팽창적 제국주의 정책을 감추지 않았고, 그를 위해서 범게르만족의 종주국 행세를 자처하고 나섰다. 프랑스의 나폴레옹이 유럽 대륙을 휘젓고 다닐 때 독일의 전신인 프러시아와 러시아 등을 도와서 유럽 대륙의 세력균형을 유지하려 했던 영국은 새로 등장한 독일의 팽창을 저지하기 위하여 프랑스 · 러시아 등과 공동전선을 형성하기에 이르렀는데, 이것이 제1차 세계대전의 주요 원인이 되었다. 미국의 참전에 힘입어 1차 세계대전을 승리로 마감한 프랑스와 영국, 특히 프랑스는 독일이 다시는 전쟁을 일으키지 못하도록 하기 위하여 독일인의 자존심을 한없이 짓밟고 복수심을 자극하는 가혹한 조건을 바탕으로 한 새로운 질서를 강요하였고, 독일의 군비해제와 60억 파운드의 전쟁배상금을 부과하였다. 여기에 대전 후에 들이닥친 세계경제공황은 국제적인 협력보다는 국가 단위의 배타적인 경제권에 바탕을 둔 경제정책의 실현을 강요하여, 독일에서 국가사회주의(Nazism: 국가사회주의 독일 노동당의 정치 이념)에 이념적 기반을 둔 나치당의 등장과 당수인 히틀러(Adolf Hitler, 1889~1945)가 수상으로서 정치권력을 장악하도록 만들었다. 민주적인 헌법을 기반으로 수립된 바이마르 공화국이 가장 민주적인 선거 절차를 거쳐 20세기의 가장 험악한 독재자를 탄생시킨 셈이다.

정상적인 선거로 1933년에 독일 연방의 수상이 된 히틀러는 1934년에 힌덴부르크(Paul von Hindenburg, 1847~1934, 1차 세계대전 시 Tannenberg 전투를 승리로 마감한 독일군 원수) 대통령이 죽자 자신이 총통이 되어 독재자로서 위치를 굳혔다. 그 후 히틀러는, 폴란드 회랑이 폴란드에 주어져 동서 프러시아로 갈라지고 보불전쟁(1871)의 승리 대가로 주어진 알사스-로렌 지방은 프랑스에 쉴레스비히-홀슈타인 지방은 덴마크에 반환되고 자르 지방은 국제화되고 라인랜드는 중립화로 떨어져 나가고 벨기에와의 국경 지역의 일부는 빼앗기고 군비는 거의 해제된 채로, '쭈그러진' 독일을 복원·확장하고 독일인의 손상된 자존심을 다시 세우고 복수심을 충족시키기에 충분한 생활권(lebensraum) 이론과 국가와 재벌의 협조를 바탕으로 한 경제개발 이론을 앞세워 독일을 무장시켜 나갔다. 세계에서 가장 우수한 아리안 족의 생활권(生活圈)이 좁다는 정치이론과 아리안 족을 순수하게 유지해야 한다는 혈통주의 이론은 대외적 영토 확장을 위한 독일의 무장과 유태인 학살(final solution)이라는 내부적 '광기(狂氣)'로 구체화되었다. 국토의 분할, 영토의 축소, 무장해제와 더불어 막대한 전쟁배상금의 지불을 강요받은 독일 국민들은 증오심과 복수심으로 히틀러 정권의 대내외 정책을 전폭적으로 지지했고 특히 독일 젊은이들은 '오리걸음' 행진과 손끝을 하늘로 빗겨 쳐들고 "히틀러"를 외치면서 인사하는 경례방식을 대대적으로 환영했다. 이와 같이, 독일 대내외의 적(敵)을 지정(指定)하고 목표를 설정(設定)하여 독일인을 선동하면서 진행된 히틀러의 '광적인' 안보외교는 1차 세계대전의 결과로 강요된 현상을 거부하고 독일과 독일인 중심의 새로운 내외질서를 구축하고자 하는 방향으로 지향(指向)되었다.

독일 내부 결속(結束)을 다진 히틀러는 지능적이고도 과감한 안보외교를 펼쳤다. 히틀러는 1933년에 군축회의(the disarmament conference, opened in 1932)와 국제연맹(the League of Nations)에서 탈퇴했고, 1935년에 독일의 군비를 거의 해제하다시피 규정한 베르사유 조약의 군비제한 조항을 폐기하고 국민투표를 거쳐 독일에 귀속된 자르(Saar) 지방을 인수했으며, 1936년에는 중립 지역으로 선포된 라인랜드로 독일군을 진주시켜 그 지역도 합병해 버렸다. 또한 히틀러는 스페인 내전(1936~1939)에서 스페인 반란군을 지휘한 파시스트인 프랑코 장군(Francisco Franco, 1892~1975)을 도와 프랑코 정권 수립(1939)의 출현을 가능하게 하면서, 전차를 비롯한 독일이 개발한 신무기를 바탕으로 한 전술 등의 효용성을 실전(實戰)에서 시험하기도 했다. 대독일주의에 입각하여 1938년에 오스트리아를 병합한 히틀러는 체코의 수데텐 지역(Sudeten-land of Czechoslovakia)에 거주하는 독일인의 자치를 요구하기에 이르렀다. 당시 체코슬로바키아는 유고슬라비아 · 루마니아와 더불어 독일의 팽창에 공동 대처하기 위하여 프랑스와 동맹관계(the Little Entente)를 유지하고 있었으나, 독일과 단독으로 맞설 수 없다고 판단한 프랑스와 평화 지상주의에 빠져 있던 영국은 체코를 설득시켜 독일의 요구를 받아들임으로써 전쟁을 막으려 했다(the Munich Pact of 1938). 프랑스와 영국 수상(Édouard Daladier, 1884~1970; Arthur Neville Chamberlain, 1869~1940)은 자국민들의 환영을 받았으며, 특히 영국 수상은 노벨 평화상 후보에까지 올랐으나, 거짓 약속으로(paper agreement) 체코의 1/3을 획득한 히틀러는 이듬해에 체코의 나머지 부분도 단숨에 점령해 버리고 말았다.[19] 또한 히틀러는 뮌헨협정을 서방 국가들이 독일의 예봉을 동부로 전환시키려는 고도한 음모(陰謀)라고 판단한 소련의 스탈린을 자극하여 독소불가침 조약을 체결하고(1939. 8. 23), 폴란드의 분할에 합의함으로써 동부 지역을 안정시킬 차비를 갖춘 후 1939년 9월 1일에 폴란드 침공을 단행하여 서부 지역에서의 대규모 군사작전을 실제로 연습하면서 소련과 함께 폴란드를 분할하여 소련과의 사이에 완충 지역까지 확보했다. 이로써 유럽 지역에서 2차 세계대전이 시작되었으나 이렇게 사태가 진전되기까지, 다시 말하여 독일이 전쟁준비를 마칠 때까지, 히틀러는 프랑스·영국·미국 등 서방 국가들을 지나치게 자극하지 않는 수준에서의 협의·협정·군사력의 직간접적 사용을 수단으로 활용하여 지능적이고도 과감한 안보외교를 펼쳐 1차 세계대전의 결과로 독일에게 강요된 현상들을 변경시켜 나갔다.

잠식(蠶食: piecemeal)을 통한 간접전략(indirect strategy) 개념 아래 모든 가용 수단을 동원하여 현상을 변경시켜 나가면서 전쟁준비를 진행시켰던 독일의 안보외교에 대해 서방 연합국들은 무력사용을 제외한 모든 수단을 동원한 안보외교로 평화를 유지하려 했다. 엄청난 피해를 감수하면서 1차 세계대전을 치르고 난 후에 정착된 프랑스의 패배주의(defeatism), 영국의 평화주의(pacifism), 미국의 고립주의(isolationism)가 평화를 지키기 위한 무력사용 자체를 거부했기 때문이다. 미국은 스스로 제창하여 설립된 국제연맹(the League of Nations)에 미 상원의 인준 거부로 자국도 가입을 하지 못한 채 이탈리아의 에티오피아 침공·일본의 만주 침공·독일의 재무장을 막지 못했고, 독일에게 충분히 복수했다고 판단한 프랑스도 자국 방어를 위한 소극적인 전략을 택하여 직접적인 무력사용이나 단독 무력개입 가능성을 스스로 포기했으며, 영국 역시 또 다른 전쟁을 무조건적으로 반대하는 분위기

19) Mortimer Chambers, et. al., *The Western Experience*, op. cit., pp. 1026-33.

에 젖어 히틀러의 요구를 어느 정도 받아들여 평화를 유지하자는 유화정책(宥和政策: an appeasement policy)을 현실화시키기 위하여 체코슬로바키아의 분할이나 포기 정도는 큰 문제로 생각하지 않았다. 그리하여 독일이 폴란드를 공격하자 영국과 프랑스는 독일에게 선전포고(宣戰布告)를 하긴 했으나, 철근과 콘크리트로 구축된 마지노선(the Maginot Line) 안에서 이동 및 포사격 연습을 하고 있던 프랑스 군이 취했던 군사행동은 단지 독일군의 공격을 기다리는 것뿐이었다. 실로, 연합국의 안보외교나 전략 개념은 2차 세계대전의 시작을 이상하게 만들었다.

이와 같이 제1차 세계대전의 패배로 강요된 현상을 변경시키기 위해서 펼친 독일의 안보외교는 서방 국가들의 전면적 무력사용을 자극하지 않는 수준에서 모든 가용 수단을 동원하여 지속적으로 진행되었으나, 이에 대한 프랑스와 영국 등 서방 국가들이나 소련 등의 안보외교는 약간의 현상 변경을 수용하더라도 전쟁을 회피해야 한다는 개념과, 이왕에 전쟁이 불가피하다면 독일의 예봉을 무력화 혹은 둔화시키거나 다른 방면으로 지향시킨다는 의도(意圖)로 '거짓 협약이나 조약(paper agreement or pact) 체결'도 마다하지 않았다. 그리하여 2차 세계대전이 발발했을 당시, 무력사용의 주도권(主導權)은 '전격전(電擊戰: Blitzkrieg)' 개념에 바탕을 둔 전략·전술과 그것들을 전장에서 실천적으로 보장할 무기와 장비를 갖춘 독일군이 보유하고 있었으며, 연합국, 특히 프랑스의 전략은 앉아서 독일군의 공격만을 기다리는 '전좌전(專座戰: Sitzkrieg)'으로 희화(戲畫)되기도 했다. 유럽 지역에서 2차 세계대전 전에 양측이 펼친 안보외교의 결과적 산물(産物)이 극명하게 표출된 셈이었다.

독일의 폴란드 침공(1939. 9. 1)으로 유럽에서의 2차 세계대전은 시작되었고, 폴란드를 분할한 독일과 소련은 차후 작전을 대비하기 위한 지역이나 기지 확보작전을 실시했다. 9월 1일에 공격을 개시한 독일은 폴란드를 분할하기로 합의한 소련에게 9월 3일에 군사행동 개시를 요구했다. 초기에 폴란드군을 격파한 독일군은 9월 6일부터 14일까지 전과 확대, 19일까지 잔병 소탕작전을 실시하여 폴란드군을 거의 전멸시켰다. 폴란드군이 거의 와해되는 것을 지켜본 소련도 9월 17일에 공격을 개시하여 독일과 합의한 대로 브레스트 동쪽의 폴란드를 점령했다. 이로써 폴란드 침공작전은 9월 말에 사실상 종료되었고, 10월 6일에는 폴란드 전역의 저항도 종식되었다.[20)]

독일과의 불가침 조약이 잠정적인 미봉책에 불과하다는 사실을 누구보다도 잘 알고 있던 스탈린은 독일의 침공에 대비하여 발틱 3국(Estonia, Latvia, Lithuania)을 병합하고, 핀란드에게 핀란드 만 입구의 항구(Hango)를 소련에게 30년간 빌려 줄 것과, 핀란드 만에 위치한 4개의 섬과 북해 연안의 반도(Rybachi 반도)와 레닌그라드 북쪽 지역(Karelia 지협)의 할양을 요구했다. 핀란드가 이를 거부하자 소련이 핀란드를 공격하여(1939. 11. 30) 전쟁이 시작되었고, 핀란드군은 산악 지형의 특징을 활용하여 소련군을 '조각내어 격파하는 전술(motti tactics)'로 수많은 소련군을 사살했다. 이에 소련군은 1940년 1월에 공세를 중지했으나, 2월 1일에 다시 공세를 취하였고, 중과부적(衆寡不敵)의 현실을 극복할 수 없었던 핀란드는 1940년 3월 6일에 모스크바로 대표단을 파견하여 조건부 항복의사를 전하고 소련의 요구를 수용하여 전투를 종식시킴으로써(1940. 3. 12) 핀란드의 국가적 존립만은 유지할 수 있었다.

독일 역시 안정적인 철광석 수입 선을 확보하고 영국의 해상봉쇄를 막기 위하여 덴마크와 노르웨이를 장악했다(1940. 4. 9~5. 5, 노르웨이 북부에서 저항하던 연합군 6월 초 철수).[21)] 그 과정에서 독일은 폴란드 바르샤바 폭격 및 파괴 장면을 담은 필름을 양국의 파시스트들이 상영하도록 하여 그의 정부와 국민들의 전의(戰意)와 사기(士氣)를 꺾으려 했다. 특히, 노르웨이 나치 신봉자인 퀴슬링(Vidkun Quisling, 1887~1945)을 매수하여 내부에

20) 육군사관학교 전사학과, *세계전쟁사*(서울: 황금알, 2005) pp. 275-81.
21) 위의 책, pp. 284-8.

서 반정부 활동을 획책하게 함으로써 자신들의 작전 수행을 용이하게 하는 간접전략을 구사했다.

이와 같이 독일은 프랑스에 대한 대규모 공격작전에 앞서 북유럽 지역을 장악했고, 소련은 독일 침공에 대비하여 핀란드 만(灣) 연안의 기지와 완충지대를 확보했다. 프랑스와 영국이 선전포고만 해 놓고 아무런 군사행동을 취하지 못하고 있는 동안(a “Phony War” period), 독일과 소련은 차후 작전에 필요한 조그마한 전쟁을 자의적(恣意的)으로 수행한 셈이다.

독일은 프랑스를 먼저 공격하고(1940. 5. 10), 영국·소련 등을 차례로 공격했다. 1차 세계대전 방식으로 싸우는 전쟁을 준비하고 마지노선에 전 병력을 배치한 프랑스는, 마지노선을 우회하고 영국군을 분리·축출(Dunkirk 철수, 1940. 6. 4)한 후에 프랑스군의 후방으로 진격하는 개념의 전격전을 수행한 독일군을 당해낼 수가 없었다. 마지노선 후방으로 진군한 독일군은 6월 13일에 파리(Paris)를 점령하고, 이틀 후에는 베르당(Verdun)까지 점령했다. 제1차 세계대전의 영웅 뻬땡(Pétain) 원수를 수반으로 새로운 내각을 구성한 프랑스 정부(Vichy France)는 1940년 6월 22일에 항복하고 나치 독일이 구축한 새로운 유럽질서에서 독일과 협조함으로써 프랑스의 위치를 확립하려 했다.[22] 독일은 소련 침공에 전념할 목적으로 영국에 화해를 요청했으나, 영국이 거절하자 제공권 확보를 위해서 먼저 영국 공군을 제거하려 했다. 그러나 전략임무 수행을 목적으로 개발된 영국 공군기와 전술지원임무 위주로 개발된 독일 공군기의 성능, 양국 조종사들의 조종술 차이 및 공중전 수행 지역의 이점, 그로 인한 조종사들의 손실 비율 격차로 독일의 영국 공격은 중도에 도시폭격으로 전환된 후에 중지되고 말았다. 소련의 공격에 앞서 그리스와 북아프리카 지역에서 고전을 면치 못하고 있었던 이탈리아군 지원을 위한 작전을 수행한 독일은 유고·그리스·크레테 섬을 점령하

22) 육군사관학교 전사학과, *세계전쟁사*, pp. 288-300; R. R. Palmer, et al., *History of the Modern World*(New York: Alfred A. Knopf, 1978), pp. 800-1.

고 북아프리카 지역에서 영국군을 몰아붙이는 전과를 거두었다.

남부전선을 안정시킨 독일은 드디어 소련에 대한 대대적인 공격을 감행했다(Op. Barbarossa, 1941. 6. 22). 그러나 동부전선은 프랑스, 영국과 싸운 서부전선과 달랐다. 소련은 광활한 영토, 엄청난 인적 자원 그리고 변하지 않는 우방(友邦)인 '동장군(General Winter)과 진흙장군(General Mud)'을 가지고 있었기 때문이다. 1차 세계대전의 양면전(兩面戰)을 피하려 프랑스를 먼저 제거하고 동부전선에 전 병력을 집중시켰으나, 19세기의 군사이론가인 조미니(Antoine-Henri Jomini, 1779~1869)가 "러시아는 들어가기는 쉬우나 나오기는 힘든 나라"라고 말한 대로, 소련을 공격하는 것은 쉬웠으나 모스크바의 점령 자체는 불가능했다.[23] 소련군 포로는 많이 획득했으나 소련군 전력은 감소되지 않았고, 진격은 쉬웠으나 소련의 혹한(酷寒)을 극복하기는 어려웠다. 결국 독일은 그들이 설정한 생활권(生活圈: Lebensraum: 우랄산맥 서쪽 유럽・러시아 지역)을 확보하지 못한 채 반격해 오는 소련군과 싸워야만 했다.[24]

이와 같이 독일은 프랑스를 굴복시킬 수 있었지만, 영국이나 소련은 굴복시킬 수 없었다. 총력전(總力戰)이었던 2차 세계대전에서 재치 있고 야무진 독일군의 군사전략과 전술의 실용적 한계가 드러나고, 군사력의 무한(無限) 사용이 가장 효율적인 정치수단이라는 프러시아 군사이론가 클라우제비츠(Carl von Clausewitz, 1780~1831) 이론의 실천적 효용성에 의문이 제기된 셈이다.

한편 아시아에서는 당시 군국주의 국가였던 일본이 히틀러 치하의 독일보다 먼저, 나름대로의 구상(構想)을 가지고 '야금야금' 현상을 변경시켜 갔으며, 태평양국가로 자처하고 있던 미국을 유럽의 프랑스나 영국과 같은 처지로 몰아넣고 있었다. 청일전쟁(1894~1895)과 러일전쟁(1904~1905)에서 승리한 일본은 영국과 미국 등 서방 국가들로부터 강자의 지위를 인정받고

23) 육군사관학교 전사학과, *세계전쟁사*, pp. 312-28.
24) 위의 책, pp. 328-45.

그 몫(lion's share)으로 한반도를 차지하고 조선(朝鮮)을 합병(1910)했다. 한반도에서 일본의 배타독점적(排他獨占的) 지위를 인정한(the Taft-Katsura "agreed memorandum of conversation", 1905) 대신 미국은 필리핀에 대한 일본의 촉수(觸手)를 엄금하고 중국에서의 기회균등 정책(open-door policy)을 보장할 것을 기대했다. 그러나 중국 대륙으로 진출하기 위한 발판으로 한반도를 차지한 일본은 1931년에 만주사변(滿洲事變: 柳條橋 사건)을 일으켜 1933년에 괴뢰정권(傀儡政權)인 만주국을 세웠으며, 이를 항의한 국제연맹에서 탈퇴해 버렸다. 미국은 이러한 사태진전을 인정할 수 없다는 정책(non-recognition policy)을 발표하였으나, 그것을 강요할 수단을 보유하지 못했다. 더 나아가 일본은 1937년에 지나사변(支那事變: China Incident: 盧構橋 사건)을 조작하고 중국에 대한 무력침공을 단행하여 중일전쟁(1937~1945)을 일으켰다. 이에 미국은 1940년 초에 대일 수출금지조치를 내리고, 영국·네덜란드·중국과 더불어 경제봉쇄(經濟封鎖)조치로 ABCD(American-British-Chinese-Dutch) Line을 구축하여 일본을 압박했다. 그러나 일본은 독일·이탈리아 등과 동맹관계를 맺고(1940. 9), 1941년 4월에는 소련과 5년간의 불가침 조약을 체결하여 북방의 위협을 제거했으며, 7월에는 프랑스 비시 정부를 압박하여 프랑스령 인도지나(印度支那)에 병력을 진주시켜 대중국 봉쇄망을 강화했다. 독일과 마찬가지로, 일본 역시 자신들의 주도하에 대동아공영권(大東亞共榮圈)을 구축해야 한다는 이론을 앞세워 과감한 계획을 세워 놓고 미국과 협상을 진행시키고 있었다.[25)]

대서양(大西洋) 너머 유럽에서 독일의 난동(亂動)과 태평양(太平洋) 건너 일본의 준동(蠢動)을 동시에 대처해야 하는 미국의 입장은 그저 곤혹스럽기만 했다.

"여러분의 아들은 어떤 외국 전쟁에도 보내지지 않을 것입니다(Your boys are not going to be sent into any foreign wars)"라고 다짐하면서 세 번째

25) 육군사관학교 전사학과, *세계전쟁사*, pp. 395-8.

로 대통령에 당선된 미국의 루즈벨트(Franklin Delano Roosevelt, 1882~1945) 대통령은 연합국이 승리하기를 바라면서 미국의 참전은 반대하는 자국민의 여론을 동시에 만족시키는 정책(政策)과 방책(方策)을 찾아내야만 했다. 무기와 탄약 및 보급품이 절실하게 필요하니 시급하게 보내 달라면서도 그에 대해서 지불할 돈도 없다는 영국 처칠(Winston Churchill, 1874~1965) 수상으로부터 절실한 통보를 받은 루즈벨트 대통령은 그 요구 역시 만족시켜야만 했다. 루즈벨트 대통령은 미국인들이 친근감을 가지고 있는 '벽난로 옆에서의 담화방식(a fireside chat, December 29, 1940)'을 통하여 불이 난 옆집에서 불을 끄기 위하여 소방(消防) 호스를 빌려 달라고 하는데 이를 거절할 수 있겠는가라는 서두(序頭)로부터 시작하여, 영국에 무기를 보내는 것이 미국을 전쟁에 휘말리게 할 위험성은 있으나 "우리의 국가정책은 전쟁을 지향하는 것이 아니며, 정책의 유일한 목적은 전쟁으로부터 우리 국가와 국민을 보호하는 것(Our national policy is not directed toward war. Its sole purpose is to keep war away from our country and our people)"이라는 점을 밝히면서 미국이 "민주주의의 위대한 무기고(the great arsenal of democracy)"가 되어야 한다고 강조했다. 약칭 대여법안(貸與法案: the Lend-Lease Bill)으로 명명된 이 법은 '미국의 방위를 증진시키기 위한 법(An Act to Promote the Defense of the United States)'이라는 공식명칭으로 미국의 상하원(상원, 60:31; 하원, 317:71)을 통과하여, 1941년 3월 11일에 대통령 서명을 거쳐 법으로 확정됐다. 미국인 56%가 찬성하고 27%가 반대한 가운데 미 국회를 통과한 이 법에 의해서 영국은 최초로 300,000m의 소방 호스를 비롯하여 전쟁 기간 동안 316억 달러 어치의 무기와 탄약 및 보급품을 받았으며, 11월부터는 소련에게도 이 법이 적용되어 전쟁이 끝날 때까지 110억 달러 상당의 보급품이 보내졌다.[26] 유럽전쟁에

26) Thomas A. Bailey, *A Diplomatic History of the American People*, pp. 721-3; Thomas G. Patterson, et. al., *American Foreign Policy: A History*, pp. 380-2.

미국의 아들 대신 무기와 보급물자가 보내진 셈이다.

미국을 전쟁에 끌어들이면서 유럽의 전쟁과 태평양전쟁을 하나로 묶어 제2차 세계대전을 명실상부(名實相符)하게 만든 역할은 일본이 수행했다. 태평양 지역 현지에서 즉시 사용 가능한 병력이 우세하다고 판단한 일본은 단기간 내(약 6개월)에 필요한 지역을 점령하여 절대방위권(버마–말라야–수마트라–자바–북부 뉴기니–길버트 군도–쿠릴 열도로 연결되는 지역)을 형성하고, 주변 방어선을 강화하여 미국을 비롯한 연합국들에게 적극적인 소모전을 강요함으로써 유리한 입장에서 협상을 진행시켜 변경된 현상을 기정사실화한다는 목표를 수립하고, 이 기간 동안 미국 태평양 함대를 무력화시키기 위하여 그 기지인 진주만(Pearl Harbor, Hawaii)을 기습공격했다(1941. 12, 7). 일본 해군은 기습 달성을 위하여 기상이 험악한 북방항로를 택하고, 항해 도중 무전을 침묵시켰으며, 인도차이나에서 양동작전을 실시하여 시선이 그곳으로 쏠리게 했다. 또한 현지 공격 시간도 일요일 아침 식사시간 전후로 정했고, 이러한 도양(渡洋) 기습작전을 은폐하기 위하여 미국과의 협상을 계속 진행시켰다. 그리하여 일본은 대단한 전술적 기습을 달성했으나, 미국과 미국 국민을 전쟁에 끌어들인 전략적 과오를 저지르고 말았다. 루즈벨트 대통령이 기습당한 날을 '치욕의 날(the day of infamy)'로 지칭하면서 선전포고(宣戰布告: a declaration of war)를 미국 국회에 요청했을 때 상원은 만장일치, 하원은 거의 만장일치(반대: 1)로 화답하기에 이르렀다(1941. 12. 8).[27] 이로부터 유럽의 전쟁과 태평양전쟁은 하나로 엮이게 되었다.

일본의 진주만 기습공격으로 전쟁에 뛰어든 미국은 영국 및 소련과 더불어 전시(戰時) 안보외교의 정수(精髓)를 보여 주었다. 전쟁 수행에 관한 우

27) 육군사관학교 전사학과, *세계전쟁사*, pp. 395-401; Thomas G. Patterson, et. al., *American Foreign Policy: A History*, pp. 383-8; Thomas A. Baily, *A Diplomatic History of the American People*, pp. 720-42.

선순위, 작전의 규모와 수행 시기, 전쟁 종결 방식, 그리고 전후의 질서와 평화 등에 관한 주요 사항이 국가 민군 수뇌회의나 회담을 통해서 결정되었다. 일본의 진주만 기습으로 전쟁 당사국이 된 미국과 영국은 '선독후일본(先獨後日本: Germany First, Japan Next)'이라는 전쟁 수행 방침을 정하고, 양국 간 원활한 작전 수행을 위해서 연합참모본부(CCS: Combined Chiefs of Staff)를 구성하기로 합의하였으며, 전쟁 방지와 세계적인 평화정착을 위해서 유엔(United Nations)을 조직하기로 선언하였다(United Nations Declaration).[28] 또한 미국은 영국 등 연합국과의 원활한 전쟁 수행을 위한 협조기구로 설립된 연합참모본부에 참여할 미 합동참모본부(US JCS: US Joint Chiefs of Staff)를 각 군 참모총장을 주축으로 구성했다. 이후부터 미국과 영국은 소련 및 중국(蔣介石 정부)과 정상회담을 개최하여 대규모 군사작전을 언제・어디서・어떠한 방식으로 전개할 것인가를 결정하고, 전쟁 종결 방식 및 전후 질서의 구축에 대해서도 논의하고, 합의된 사항을 공동선언 형식으로 공포(公布)하여 추축국(樞軸國: The Axis Powers)들에게 알리기도 했다. 단독으로 독일과 싸우던 소련은 미국과 영국에게 하루빨리 대규모 제2전선을 펼쳐 자국에 가해지는 군사적 압력을 경감시키고 희생을 감소시키라는 요구를 했다. 그러나 미국과 영국은 대대적인 준비가 필요한 해협 횡단 상륙작전을 연기하고 우선 대독 작전의 선제를 유지하고 있던 북아프리카 상륙작전을 먼저 시행하기로 하고 이를 스탈린에게 알렸다(Roosevelt, Churchill, Washington, D.C., 1942. 6. 19~25: North Afri- can campaign strategy; Churchill, Stalin, Harriman, Moscow, USSR, 1942. 8.

28) Washington Conference, Roosevelt, Churchill(Washington, D.C., 1941. 12. 22~1942. 1. 14). 진주만 기습공격 소식을 듣고 제일 기뻐한 지도자는 영국의 처칠 수상이었다. 미국을 참전국으로 만든 '기가 막힌' 공격이었기 때문이다. 루즈벨트 대통령도 1940년 12월 7일을 치욕의 날(a "date which will live in infamy")로 선포하고 미국 국회에 선전포고(宣戰布告)를 요구했다. Thomas G. Patterson, et. al., *American Foreign Policy: A History*, pp. 383-90.

12~15: Postponement of Second Front). 미국의 루즈벨트 대통령과 영국의 처칠 수상은 시실리와 이탈리아 작전 방침을 정하면서 전쟁 종결 방식으로 '무조건 항복(Unconditional surrender)'을 조건으로 정하고 이를 공포하였다(Casablanca, Morocco, January 14~24, 1943). 또한 이들은 해협 횡단 상륙작전 일을 1944년 5월 1일로 정하고(Washington, D.C., 1943. 5. 12~25), 이를 다시 확인했다(Quebec, Canada, 1943. 8. 14~24). 미국과 영국 최고 지도자들은 이집트 카이로에서 중국의 장개석(蔣介石, 1887~1975) 총통과 회의를 개최하여(1943. 11. 22~26) 중국의 영토회복과 태평양 지역의 일본 식민지 박탈 및 한국의 독립을 결정한 후 스탈린(Roosevelt, Churchill, Stalin, Teheran, Iran, 1943. 11. 27~12. 1)에게 알리고 동의를 받았으며, 유럽 대륙에 대한 상륙작전도 확인했다. 그러자 스탈린은 태평양전쟁에 소련도 참가할 것이라고 밝혔다. 이들 3개국 지도자들은 소련의 얄타에서 다시 회담을 가지고(1945. 2. 4~11) 폴란드의 국경과 선거를 통한 폴란드 정부 구성 원칙에 합의하고, 중국 장개석 정부의 인정과 소련의 대일본 전쟁 참가를 재확인했다. 유럽에서 독일과의 전쟁을 마감한(VE Day: 1945. 5. 9) 미국, 영국, 소련의 최고지도자들(Truman, Churchill/Attlee, Stalin)은 포츠담 회담(the Potsdam Conference, 1945. 7. 16~8. 2)을 열어 독일 재건과 보상 문제를 논의하고, 일본의 무조건 항복을 요구하면서, 3개국 외상회의를 설립하기로 합의했다.[29] 미국과 영국 및 소련 정상들의 회담에서 결정된 사항에 기초하여 세 국가의 군 수뇌부들도 동시 및 별도 회의를 개최하였고 작전의 수행 시기와 방법 등을 논의하여 집행했다. 이와 같이 독일 및 일본 등의 구축국(歐軸國)들과 싸우던 연합국(聯合國)들은 전쟁 중에도 연합작전 수행에 관한 사안(事案)과 상대에게 요구하는 사항(事項)들을 결정하여 실행에 옮기거나, 공포하여 싸우던 상대국들에게 알리는

29) Thomas G. Patterson, et. al., *American Foreign Policy: A History*, pp. 390-423, 특히 p. 393.

안보외교를 전개했다.

독일과 일본에 대항하는 연합국으로서 공동전선을 형성하긴 했지만, 미국과 소련은 이념(理念)과 가치(價値) 그리고 이를 바탕으로 한 정치 · 경제체제 등 모든 분야에서의 이질성(異質性)과, 국가 간(國家 間) 특히 강대국 간 정치가 갖는 속성에서 비롯된 강권정치(强權政治)적 패권주의(霸權主義)를 극복할 수 없었다. 특히 양국의 패권주의는 세력권이나 영향력의 확대만을 목적으로 삼기보다는 일종의 구세주적(救世主的: Messianic) 성격을 띠고 있었기 때문에 대립의 정도와 양상이 치열할 수밖에 없었다. 양국은 연합국으로서 독일과의 전쟁에서 공동전선을 형성했음에도 불구하고 이러한 이질성(異質性)과 대립성(對立性)은 지워질 수 없었으며, 오히려 어떠한 계기가 주어질 경우에는 그 정도가 더욱 심해지기 마련이었다. 특히 독일과 단독으로 싸우던 소련의 스탈린은 미국과 영국이 대규모 제2전선을 신속하게 형성하지 않고 있는 저의(底意)에 강한 의구심을 감추지 않았고, 그 의구심은 자본주의 국가들에 대한 기본적인 '적개심'과 결합되어 완충지대(緩衝地帶)로서 동구권(東歐圈)을 공산진영에 포함시켜 소련을 보호해야 한다는 강한 정책 의지를 더욱 다지게 하였다. 그리하여 스탈린은 독일과 독일의 수도 베를린을 동서로 분할하였다. 또한 소련은 자신들의 군대가 곧 폴란드에 진격할 것이라는 자체 판단으로 봉기(蜂起)한 폴란드의 민족주의 세력이 자국군의 진격속도를 지연시키는 조치를 취하여 이 폴란드 민족주의자들을 드러내게 하여 독일군이 제거하도록 하였으며, 이로써 폴란드에 안정적인 공산정권을 수립했다. 그리고 체코, 헝가리, 유고슬라비아, 루마니아, 불가리아 등도 소련의 영향권 안에 묶어 두었다. 연합국이 공동으로 점령한 오스트리아도 소련의 세력권에 포함시키려 했으나, 민족주의 성향이 강한 오스트리아인들의 반발(反撥)로 중립국가 체제를 받아들였고 최소한 일방적으로 서방진영에 속하는 것은 방지했다. 유럽 전후 처리과정에서 소련의 이러한 태도를 경험한 미국은 일본에서의 군정(軍政)에 소련의 참여를 막기 위하여 소련의 개입이 현실화되기 전에 태평양전쟁을 신속하게 마무리 지으려 했다. 태평양을 내해(內海)처럼 간주해 오던 미국으로서 일본의 전후 처리에 적대국인 소련의 정치적 입김을 제거하려는 것은 극히 당연한 노력이었다.

이러한 미국 정부의 정치적 고민은 그들이 개발한 원자탄(1945. 7. 16. 뉴멕시코주 사막에서 실험 성공)이 해결해 주었다. 1945년 8월 6일과 9일에 일본의 히로시마와 나가사키에 투하한 원자탄은 일본의 전쟁지속 의지를 박탈하기에 충분했다. 그것은 일본의 진주만 기습에 대한 감정적 보복(報復)이었고, 상정(想定)한 일본 상륙작전 수행으로 빚어질 수 있는 막심한 인명피해를 줄일 수 있는 신약(神藥)이었으며, 소련의 일본군정 참여를 차단할 수 있는 묘약(妙藥)이었다. 일석삼조(一石三鳥)의 효과가 아닐 수 없었다.

그러나 소련도 가만히 있지 않았다. 약속한 대로, 유럽전쟁이 마무리된 지 3개월만인 1945년 8월 9일에 소련은 일본에 선전포고를 하고 소련군을 한반도에 진주시키기 시작했다. 오키나와에서 동굴 소탕작전을 하고 있던 미군보다 일본 본토에 먼저 들이닥칠지도 모를 소련군의 진격을 어느 선에서 멈추도록 할 정치적 조치가 필요하다고 절감(切感)한 미국 정부는, 민군 정책협의를 거쳐 한반도의 38도 선을 극동에서의 군사작전 경계선으로 설정하고 이를 소련 정부에 통보하는 조치를 취했다. 소련은 제안을 받아들였고, 미국은 소련군의 진격을 일본에서 이격(離隔)된 한반도 중간 지역에서 멈추게 할 수 있었다. 소련이 가만히 있지 않은 결과, 일본이 아닌 한반도(韓半島)가 북위 38도선에서 분할된 셈이다.

이와 같이 2차 세계대전 전·중·후에 연합국(聯合國)과 추축국(樞軸國) 간 혹은 연합국 간에 전개된 안보외교는 전쟁의 원인, 경과, 결과 및 전후의 국제질서에까지 영향을 미치면서 간단(間斷)없이 전개되었다. 전쟁 전의 평시나 위기, 전쟁 수행과 전쟁 종결의 방법과 방식을 결정한 전쟁 중의 각종 회담 그리고 전후 질서를 상정하고 전개된 회담과 군사작전과 전후 전쟁 방지를 위하여 설립된 국제연합(國際聯合), 소련의 주도하에 구축된 공산권의 팽창을 저지하기 위하여 형성된 집단 안보체제(NATO, CENTO, SEATO 등)와 지역 내에서의 다자(多者) 혹은 양자(兩者) 동맹체제(ANZUS, US-Philippine 등)는 안보외교가 시간이나 기간의 간단(間斷)없이 진행된다는 점을 입증해 주고 있다.[30)]

이러한 현상은 단지 제2차 세계대전 전 · 중 · 후에만 행해지지 않았다. 전쟁이 치러지건 아니건, 위기가 조성되건 아니건, 평시이건 아니건 간에 부단(不斷)히 행해져 왔으며, 그 과정이나 결과가 기록으로 남겨져 안보외교의 한 특징적 성격을 구성해 왔다.

안보외교는 이와 같이 가변적인 우적개념의 바탕 위에 모든 형식과 양태를 띤 수단의 동원과 접촉을 통해서 전개되며, 군사력을 포함한 모든 형태의 폭력을 궁극적인 수단으로 활용(活用)하여 평시 · 위기 · 전시의 구분 없이 부단(不斷)히 펼쳐지는 성격을 지닌 정치집단, 즉 국가(國家) 및 국가군(國家群) 간의 관계행위(關係行爲)로 자리를 잡아 왔다.

양자 간, 다자 간 그리고 집단 간에 펼쳐진 교섭이나 협의 행위를 바탕으로 한 안보외교에서 우적(友敵)개념은 시기와 장소를 달리하거나 주제(主題)들의 성질에 따라서 가변적(可變的)으로 적용됨을 쉽게 알 수 있다. 과거 중국의 합종연횡(合縱連橫)이나 유럽 대륙에 대한 영국의 세력균형(勢力均衡) 정책에 기인한 외교가 그러했고, 2차 세계대전 수행 중에 연합국으로서 독일과 일본의 전체주의의 확산을 저지시켰던 미국과 소련은 지역적 열전(熱戰)을 마다하지 않은 냉전(冷戰) 질서를 전 세계적으로 확산 · 정착시키면서 적대적인 관계를 유지했으며, 맹방으로서 월남전에서 미국 등과 싸운 중국은 응징(膺懲)할 목적으로 월맹(越盟)을 공격하기도 했다. 이란–이라크 전쟁(1980~1988)에서 이스라엘은 '가까운 적과 싸우는 또 다른 적'은 우방으로

30) Thomas G. Patterson, et. al., *American Foreign Policy: A History*, pp. 429-69.

간주할 수 있다는 판단 아래 이란이 보유한 미국제 무기의 수리 부속품과 탄약 등을 이란에 은밀하게 지원하여, 이른바 '이란 스캔들'의 숨은 주역이 되기도 했다. 아프가니스탄 전쟁(1979~1989)에서 소련과 싸우면서 파키스탄을 통해서 미국의 지원을 받은 탈레반은 9 · 11 테러(2001) 후에는 미국의 타도 대상이 되기도 했다. 이와 같이, 정치집단의 존폐와 영향력의 보존 및 확산을 목적으로 전개되는 안보외교는 가변적인 우적개념을 바탕으로 전개된다.

안보외교는 또한 모든 형식(形式)과 양태(樣態)의 수단을 동원한다. 점잖은 언어적 수사(修辭)에서부터 공갈조(恐喝調)의 선언, 군사 외적인 몸짓이나 제재(制裁), 군사력의 시위(示威)나 사용 위협, 무력을 동원한 봉쇄(封鎖)나 부분적인 무력사용 그리고 전면적인 무력사용이나 거기에서 비롯된 전쟁(戰爭)까지도 수단으로 동원한다. 이러한 수단들을 운용하면서도 고도의 융통성을 유지한다. 외교적 결실을 획득하기 위해서 무력을 사용하기도, 무력사용을 은폐하기 위해서 협상을 진행시키기도 하며, 대규모의 무력사용의 명분을 얻기 위해서 위장(僞裝)하거나 상대의 무력사용을 유발시킬 수 있는 소규모의 무력을 사용하기도 한다. 결과적인 현상일 수 있으나, 이집트가 군사력을 강화하여 장차 불리한 전쟁을 치르기보다는 이를 사전에 예방하기 위한 예방전쟁(6일전쟁, 1967)을 일으킨 이스라엘은, 오히려 이집트와 정상적인 외교관계를 수립할 수 있었다. 그와는 대조적으로, 러일전쟁(1904~1905)과 태평양전쟁(1941~1945)을 일으킨 일본은 초전(初戰)의 기습을 달성하기 위한 방편으로 형식적으로 회담을 진행시키기도 했다. 1962년의 쿠바위기 시에 미국은 쿠바의 미사일 기지에 대한 직접적인 폭격이나 침공 대신 해상봉쇄를 택하여 소련을 덜 자극하면서 쿠바 내 소련의 미사일 기지 건설을 중단하도록 하여, 소련의 모험을 무력화시킴으로써 소련과의 전면적인 무력충돌을 피하기도 했다. 보오전쟁(1866)과 보불전쟁(1870~1871)을 통하여 분립된 공국(公國)을 통일한 바 있어서 전쟁이 국제정치의 주요한 수단이라는 인식을 지울 수 없었던 독일은, 대전(大戰)을 두 번씩이나 일으키면서 세력권이나 생활권을 확대하려는 국가적 노력을 마다하지 않았다. 이와 같이, 안보외교는 모든 형식과 형태의 군사적 · 군사 외적 노력을 수단으로 활용한다.

국가 혹은 국가군으로 대변되는 정치집단은 궁극적으로 적나라한 폭력사용을 상정하고 그에 맞는 조치와 행위를 취하거나 채택하며, 이러한 정치집단의 대외적 행위는 지속적으로 간단(間斷)없이 이루어지는 성격을 지닌다. 국가로 대변되는 정치집단의 안보외교는 평시에 현재적(現在的) · 잠재적(潛在的) 위협(威脅)을 제압하기 위하여 필요한 자위(自衛) 능력의 보유를 지향하며, 자력(自力)으로 감당할 수 없는 종류와 수준의 위협에 대비하기 위해서 양자 · 다자 · 집단 동맹체의 일원이 되어 다른 정치집단의 군사력을 차용할 수 있는 배열을 구축한다. 그렇게 함으로써 그들은 평시 대외 협상이나 협의에서 자신들의 위상을 강화하고, 전시에는 동맹체의 다른 집단들과 연합전선을 형성하여 실제로 군사작전을 수행한다. 따라서 국가, 국가군 또는 국제연합 등의 정치집단은 평시나 위기시 그리고 전시를 막론하고 양상과 수단만을 달리한 안보외교를 지속적으로 전개한다. 그러한 이유로, 인류가 엮어 놓은 전쟁사와 외교사에서 수많은 전쟁과 이합집산을 통한 동맹체 및 국제기구가 출몰(出沒)해 왔다.

실로, 안보외교는 형식적으로 협상이나 협의로 상정되는 외교 교섭의 모든 형식과 내용을 포괄하고, 부분적이든 전면적이든, 명분적이든 실질적이든 군사력을 포함한 모든 폭력을 수단으로 활용하면서 평시 · 위기시 · 전시를 망라하여 지속적(持續的)으로 전개되어 온 점을 성격으로 가진다.

4. 안보외교의 유형

가. 기간별 안보외교

나. 기타 주체, 주제, 대상 및
수준별 안보외교

4. 안보외교의 유형

기본적으로 안보외교는 모든 형식이나 내용 그리고 수단을 거의 전부 포괄하면서 전개된다. 하나의 정치집단은 안보외교를 통해 모든 역량과 수단을 동원하여 자신의 생존과 영향력의 확대를 도모한다. 따라서 개괄적으로 관찰해 보면, 안보외교는 시간이나 기간상의 특징에 관계없이 총체적인 성격을 띤 외교인 셈이다. 그러나 안보외교가 펼쳐지는 기간·대상·수준이나 안보외교를 수행하는 주체와 다루는 주제에 따라서 펼쳐지는 안보외교의 외양(外樣)이나 내용(內容)이 달라지는 것이 통상이다. 여기에 시간 및 공간의 상황적 여건이나 대상·주체·주제 및 수준에 따라 다르게 전개되는 안보외교의 유형(類型: pattern)을 분류해 볼 수 있으며, 이를 통해서 현재화(顯在化)된 안보외교의 구체적인 실제(實際)를 분석할 수 있다.

가. 기간별 안보외교

안보외교상 기간의 구분은 평시(平時), 위기시(危機時), 전시(戰時)로 구분할 수 있다. 직간접적 군사력의 운용여부를 기준으로 구분될 수 있는 기간별 안보외교는 형식과 내용 면에서 다르게 구체화된다. 평시의 안보외교는 군사력의 운용보다는 일상적인 외교 절차나 형식에 따라 정치집단의 생존이나 영향력의 보존 및 확대를 도모하려는 성격을 지니고 있으며, 위기시의 안보외교는 군사력의 사용 자체를 위협하거나 군사력의 부분적인 운용을 통하여 위기를 평시로 환원시키면서 평시에 추구해 온 목적을 달성하려 하며, 전시의 안보외교는 군사력의 운용 효과를 극대화시키면서 군사력의 사용방향과 지침을 정하고 전후에 펼쳐질 새로운 평시에 대한 기본 성격을 규정하려는 내용과 특징을 지니게 된다. 이와 같이, 평시・위기시・전시로 구분되는 개별 기간에 펼쳐지는 안보외교는 나름대로의 독특한 외양과 성격을 드러내고 있다.

1) 평시 안보외교

평시 안보외교는 당시의 평화가 어떠한 촉발사건에 의해서 위기로 치닫거나 그것이 악화되어 전쟁을 빚어내는 상황으로 전개되는 것을 예방하는 데 중점을 주고 전개된다. 개별 국가나 국가들의 집단으로 구성된 정치집단은 평시에 그들이 추구하는 생존 보장과 영향력의 보존 및 확대를 위해서 부단한 노력을 경주하며 안보외교는 그러한 노력의 하나로 수행된다. 그러한 노력은 정치집단의 개별적・집단적 차원에서 수행되며 직접적인 혹은 잠재적인 위협에 대처하거나 자신들의 안전보장을 더욱 공고하게 다지기 위하여 전개되며, 위협을 제거하거나 제압하기 위한 소극적 성격에서부터 자신들에게 보다 호의적인 전략 및 안보 상황을 조성하기 위한 적극적인 배열까지 포괄한다.

먼저, 개별 정치집단으로서 한 국가는 자국에게 직접적인 위협을 가하는 다른 국가의 공격적 기도(企圖)를 좌절시키기 위한 대책을 강구하고 이를 위한 안보외교를 전개한다. 상대가 현상을 변경하거나 파괴하려는 의도(意圖)나 도모(圖謀)를 획책하지 못하도록 하는 것(伐謀)이 그 첫 번째 노력이다.

이를 위해서 국가는 먼저 자강(自强) 노력을 기울인다. 자국(自國)의 역량을 강화하여 가시적이거나 가시화된 위협에 대처하는 방식이다. 아편전쟁(1840~1862) 이후에 서구 열강의 침공을 저지하기 위하여 펼친 중국의 자강 노력처럼, 이러한 자구(自救) 노력이 항상 성공적인 결과를 빚어내지 못할 수도 있으나, 유럽의 스위스와 같이 한정적인 국력에 기반을 둔 자위력을 효율적으로 활용하여 어떠한 강대국도 '손쉽게' 자국 영토를 점령하지 못하도록 하는 태세와 역량을 구비함으로써 정치집단의 안전을 보장해 온 경우도 있다. 밀림의 왕자인 사자에게 자신이 바람직한 먹잇감이 아니라는 사실을 일찍부터 터득시킨 고슴도치의 생존 보장과 같은 논리에 근거를 둔 자위책(自衛策)이 바람직한 결과를 거둔 셈이다.

위협에 대처하는 국가적 노력의 다른 하나로는 정치적으로 중립(中立)을 표방하거나 아예 강대국 중심으로 조성된 안전보장 조직에 가입하는 방책(方策)을 들 수 있다. 자신의 역량에 맞는 자위책과 더불어 대외적으로 정치 중립을 표방한 스위스나 2차 세계대전 후 소련의 위협에 직면한 서구 유럽 국가들이 미국을 중심으로 조직된 NATO에 가입한 경우가 그 예이다. 스위스와 같이 대외적인 중립을 표방한 국가는 잠재적인 대립국가들이나 직접적인 위협을 가할 수 있는 국가나 현재적·잠재적 우방국들과 호혜적인 중재(仲裁) 혹은 거간(居間)의 역할을 자임하여 수행하고, 인본주의에 입각한 국제기구 등을 유치하거나, 신뢰할 수 있는 국제거래 금융기관을 설립하여 운영함으로써 국가의 존립 자체를 국제적으로 보장받으려 한다. 지정학적인 위치나 정치, 경제, 이념적 현실 여건상 중립 표방과 같은 위상 설정이 불가능한 국가들은 강대국 중심으로 형성된 집단방위조약기구에 가입하거나 강대국과 쌍무적 방위조약 등을 체결함으로써 자신들의 국가적 생존을 보장하려 한다. 2차 세계대전 후, 미국과 소련을 주축으로 형성된 동서진영 간 냉전질서 속에서 NATO와 Warsaw Pact를 결성한 국가들과 미국이나 소련을 포함한 다자 간 혹은 양자 간 조약관계를 구축한 국가들이 이러한 범주에 속한다. 이와 같이 국가 혹은 국가군은 중립을 표방하면서 비 동맹노선을 유지하거나, 아예 어느 한 진영의 방위조직에 직접 가담하여 가상 적대국이나 적대진영의 공격 기도나 현상변경 의도를 제거하여 정치적 실체를 보존하려 한다.

상대의 악의적인 현상파괴나 변경 의도를 무력화시키기 위하여 국가가 펼치는 세 번째 안보외교는 위협 대상인 상대의 현재적 혹은 잠재적 우방국들과 호혜적(互惠的)인 관계를 회복하거나 유지하여 현상유지가 바람직하다는 인식을 가지도록 하는 대책이다. 그러나 그 국가들과 우호적인 관계를 성립시키는 적극적인 대책은, 충분한 대가를 지불할 능력과 수단의 보유를 요구하기 때문에 실제로 그렇게 쉬운 방책만은 아닌 경우가 많다. 춘추 · 전국시대에 제후국들의 이합집산으로 구체화된 합종연횡(合縱連橫) 등 안전보장책의 효용성의 한계가 이를 대변하고 있다. 가상 적국의 우방국들과 우호적인 관계를 복원 혹은 유지하기 위해서는 그들의 손익계산서의 요구를 충족시켜줄 만한 유인책과 수단을 보유해야 하기 때문이다. 그리하여 과거에는 영토의 일부 할양, 조공(朝貢)이나 입조(入朝)의 수용, 인질의 자청 등을 유인수단으로 활용하기도 했다. 그러나 이러한 유인(誘引) 방책과 수단에도 불구하고, 이 외교적 배열은 객관적 상황 및 주관적인 판단 기준의 변화에 따라서 다분히 가변적(可變的)인 특성을 지니고 있다. 안보외교상 항상(恒常)적인 우적(友敵)개념은 존재하지 않고 그 개념에 기반을 둔 관계만을 기대할 수도 없기 때문이다.

벌모(伐謀)를 위한 안보외교의 네 번째 유형은 현상을 변경시키고자 하는 상대의 요구를 어느 정도 수용하거나 국제연맹이나 국제연합 등과 같이 현상유지를 통한 국제평화 질서를 유지하려는 기구에 가입하는 방책이다. 1차 세계대전 후에 서구 열강이 나치 독일을 상대하면서 펼친 유화정책(宥和政策)이나 국제연맹의 후신으로서 오늘까지 존재하고 있는 국제연합의 회원국이 되는 경우가 이러한 범주에 속할 수 있다. 그러나 이러한 방책은 실제의 사례(事例)에서 살펴볼 수 있듯이, 한계가 이미 노출되어 있다. 국가 간에 펼쳐지는 주요한 안보외교 사안(事案)은 순진한 유화(宥和)책이나 평화유지 기구 밖에서 폭력적인 수단과 방법으로 결판(決判)이 나는 경우가 대부분이었기 때문이다. 2차 세계대전(1941~1945)이나 베트남 전쟁(1945~1975)

그리고 소련의 아프가니스탄 전쟁(1979~1989) 등이 그러한 사례(史例)로 기록되어 있다. 이러한 현실적 실효성의 한계에도 불구하고, 전후 냉전질서 아래에서 동서 양대 진영의 대리전 성격을 띤 한국전쟁(1950~1953)은, 유엔이 합법적으로 수립하여 승인한 대한민국을 공산진영이 북한군을 앞세워 침공했다는 이유로 자유진영의 맹주격인 미국을 주축으로 구성된 유엔군이 개입하여 한반도의 공산화를 저지한 사례로 기록되었다. 그러나 이러한 배열 역시 실천적인 한계를 벗어날 수 없다. 한반도에서 또 다른 공산 침공이 자행될 경우에 유엔군의 개입은 물론 전장(戰場)도 한반도에 국한하지 않겠다는 성명으로 또 다른 한국전쟁을 억제하겠다는 미국의 구상을 받아들이지 않고 미국과 한미상호방위조약 체결을 고집하여 성사시킨 이승만 대통령의 판단이 이를 대변한다.[1] 제재 수단의 뒷받침을 받지 못한 대외정책이나 행위 주체가 명확하지 않은 합의체 성격인 국제기구의 제재 행위에 대한 신속성과 신뢰성의 한계가 드러나 있기 때문이다.

이와 같이 평시 개별 국가들의 안보외교는 위협을 무력화시키기 위한 벌모(伐謀)에 중점을 둔 자강(自强)의 도모, 적절한 정치적 태세와 동맹, 국제적 기구 가입을 통한 협력의 모색 등 여러 가지 양상과 수준으로 행해져 왔다.

안보외교가 수행한 두 번째 노력은 위협 대상을 고립시켜 더 이상 위협이 되지 않게 하는 적극적인 벌교(伐交) 형태를 들 수 있다. 이러한 노력은 위협 대상의 외교관계를 단절시켜 고립시키거나, 외교관계를 변환시켜 우적(友敵)관계를 바꾸거나, 주(主) 가상 적국(敵國)에 의존적인 대외관계를 수립하고 있는 부(副) 가상 적국과 외교관계를 정상화하고 가능하면 이를 우호관계로 바꾸어 주 가상 적국을 상하로부터 압박하는 등으로 구체화된다. 직접적이든 잠재적이든, 위협 대상국을 고립시키거나, 위협을 받는 다른 대상국의 편을 들어 위협의 정도를 완화 혹은 무력화시키거나, 두 개의 위협 당사국 중에서 부차적인 위치에 있는 국가와의 관계를 정상화시키는 등의 벌교(伐

---

1) 온창일, *韓民族戰爭史*(서울: 集文堂, 2001), pp. 1011-9.

交)는 안보외교가 채택하는 두 번째 형태의 노력이라는 뜻이다.

고대 중국의 전국시대(기원전 403~221)의 7개 제후국 가운데에서 패자적인 지위를 차지한 진(秦)을 고립시켜 자국의 안전을 보장하려 한 여섯 제후국들의 합종(合縱)책이나 그것을 분쇄한 진의 연횡(連橫)책은 상대를 고립시키거나 연합 세력을 형성한 제후국들을 강압과 회유를 통하여 하나씩 고립·분리시켜 연합 자체를 분쇄시킨 안보외교 계책(計策)의 전형으로 볼 수 있다. 유럽 대륙 국가들을 상호 견제시켜 이들을 대륙 내의 각축전(角逐戰)에 묶어 둠으로써 유럽 대륙 밖에서 국가적 행동의 자유를 확보하려 한 의도에서 고안된 영국의 세력균형(勢力均衡)정책은, 유럽 대륙에서 패자(覇者)의 위치를 차지하려는 국가의 반대편 국가들의 편을 들어 주기 위하여 필요에 따라 우적(友敵)관계를 적절하게 바꾼 안보외교의 하나로 기록되었다. 2차 세계대전 후에 전개된 냉전적 국제질서에서 공산권의 2인자로서 소련과 어깨를 나란히 한 중국과의 국교관계를 정상화시켜 방대한 시장을 개방함으로써 대미 의존도를 증가시켜 소련을 견제하려 했던 미국의 대중국 정책 역시 안보외교상 변형된 상태의 벌교(伐交)책이라고 볼 수 있다. 이와 같이, 안보외교는 광범위한 범주에서 규정할 수 있는 다양한 벌교(伐交)를 그 형태로 택한다.

평시 안보외교가 택한 세 번째 노력은 군사력의 운용인 용병(用兵)으로 규정할 수 있다. 위기시나 전시와 달리, 평시의 군사력 운용은 은유적이거나 간접적 방식을 택한다. 무언(無言) 혹은 언어적 수사로서 "묵과(黙過)할 수만은 없다. 좌시(坐視)할 수 없다. 무슨 조치(措置)를 취할 수밖에 없지 않겠느냐"는 등의 의지표명과, 그것과 더불어 벌이는 무력(武力)시위를 들 수 있다. 그리고 어떠한 우발사태나 불특정 사태에 대비하여 한 국가가 단독으로 혹은 국가들이 연합하여 군사훈련을 수행하는 경우도 있다. 해안 초계를 비롯한 공중 정찰 활동 등과 같은 제한적인 군사행동도 평시에 택할 수 있는 안보외교 수단이다. 이러한 방식의 군사력 운용은 한미동맹과 같이 쌍무적 동맹관계를 기반으로 양국이 시행하는 경우도 있고, NATO나 Warsaw Pact 같은 동맹체가 연합해서 실시하는 경우도 있다. 평시의 군사력 운용은 잠재적 위협(威脅)이 현재화(顯在化)되는 것을 사전에 막자는 의도를 군사행동으로 표현하면서 위기시나 전시의 군사력 운용 효율을 높이기 위한 목적으로 수행되는 것이 통상이다.

이와 같이 평시 안보외교는 벌모(伐謀), 벌교(伐交), 용병(用兵) 차원에서 군사력의 운용까지 포괄한 다양한 수단을 동원하여 평시(平時)가 위기시(危機時)나 전시(戰時)로 발전되는 것을 방지하는 목적으로 전개된다.

2) 위기시 안보외교

위기시(危機時)는 전투력을 전면적으로 사용하는 전시(戰時)는 아니지만 군사력을 은유적으로나 간접적으로 운용하는 정도에 머물고 있는 평시(平時)와는 분명 다르다. 전투력을 직접 사용하지는 않지만 사용을 위협한다거나 사용하기 위해서 전면 혹은 부분적인 동원령(動員令)을 발동한 조치를 포함하며, 필요시 전투력을 사용할 수 있다는 의지의 표명(表明)으로 상대국과의 직접적인 충돌을 회피하면서 극히 제한적인 무력을 사용하는 것까지 포괄한다. 의도적으로 위기를 조성하고 확대함으로써 설정된 목적을 달성하려는 측에서는 이를 악화(惡化)시키는 방향으로의 진행을 마다하지 않는 예외적인 경우도 있으나, 일반적으로는 능동적이든 수동적이든 조성된 위기와 연관을 맺고 있는 당사국들은 위기를 안정시켜 전시(戰時)로 돌입하는 사태의 진전을 막으려 하는 것이 통상이다. 이와 같이 위기시는 평시와 전시 사이에 존재하는 기간과 단계로, 이것이 악화되어 전시가 전개되거나 혹은 안정되어 평시로 환원되는 과도적 성격을 띠고 있다.

위기는 우발적인 사건이나 사태의 악화로 전개되거나 아니면 의도적으로 조성되는 두 가지 성격의 것으로 구분된다.

의도적으로 조성된 위기는 이를 악화시켜 전면적인 무력충돌의 구실로 삼기 위하여 현실화되기도 하고, 설정된 목적을 달성하기 위한 수단으로 구체화되기도 한다. 2차 세계대전에 이르는 기간 동안 히틀러의 나치 독일은 프랑스와 영국 등 서방 국가들의 전면적인 군사대응을 불러오지 않을 정도의 위기를 의도적으로 계속 조성해 가면서 라인란트를 점령하고(1936) 오스트리아를 병합했으며(1938), 1차 세계대전에서 패배한 뒤 동프러시아의 독일인들이 이주되어 살고 있던 체코의 수데텐랜드 지역의 할양까지 요구(1938)하기에 이르렀다. 뮌헨협정(the Munich Agreement, 1938. 9. 29~30)으로 이를 보장받은 독일은 체코까지 점령하고(1939. 3. 10), 독소불가침 조약(1939. 8. 23)을 체결하면서 폴란드를 분할하기로 소련과 약속하여 동부전선의 안정을 보장받은 다음에 먼저 폴란드 분할을 위한 군사작전을 실시함으로써 2차 세계대전에 돌입했다.[2] 이 과정에서 나치 독일은 위기를 조성하여 점진적으로 중간 목표를 달성해 가는 단계를 거치면서, 궁극적으로는 군사력을 전면적으로 사용함으로써 의도적으로 조성된 위기의 두 가지 성격, 즉 위기를 통하여 정해진 목적을 달성하거나 위기를 악화시켜 무력사용의 여건을 조성할 구실로 삼는 성격을 동시에 드러내 준 사례(事例)로 기록되었다.

우발적인 사태가 악화되어 위기가 조성되고, 그것이 더욱 악화되어 전쟁에까지 이른 사례들도 있다. 중미(中美) 온두라스와 엘살바도르가 치른 '축구전쟁(the Soccer War, 1968. 7. 14~19)'이 대표적이다. 국경선 확정을 놓고 분쟁과 갈등을 겪어 온 두 나라는 월드컵 축구 예선전을 치르는 과정에서 양국 국민 간의 격화된 감정으로 위기로 치달았고, 결국 전쟁까지 치르게 되어 전쟁사에서 '축구전쟁'이라는 단어를 낯설지 않게 만들었다.[3]

이와 같이 위기는 우발적인 사건이나 사태의 악화로 촉발되거나, 의도적으로 조성되기도 한다.

위기시에 전개되는 안보외교는 크게 네 가지 범주로 구분할 수 있다. 먼

---

2) 육군사관학교 전사학과, *세계전쟁사*(서울: 황금알, 2005) pp. 268-72.

3) 온창일, *전쟁론*(서울: 집문당, 2007), pp. 102-4.

저, 어떠한 목적을 달성하기 위하여 의도적으로 위기를 조성한 측의 요구를 수용함으로써 위기를 안정시키는 소극적인 안보외교를 들 수 있다. 두 번째는 조성된 위기를 강압적으로 진정시키는 방향의 적극적인 안보외교이고, 세 번째로 호혜적 양보나 합의를 통해서 위기를 안정시키는 성질의 것을 지적할 수 있다. 네 번째로는 위기의 해소나 진정 혹은 안정보다는 위기를 악화시켜 전쟁으로 치닫게 하거나 이르게 되는 특성을 지닌 안보외교를 들 수 있다. 따라서 위기시에 전개되는 안보외교는 유화적(宥和的: appeasing), 강압적(强壓的: coercive), 호혜적(互惠的: reciprocal) 그리고 확대적(擴大的: escalating) 성격을 지닌 것들로 대별할 수 있다.

먼저, 위기를 진정시키기 위하여 이를 조성한 측의 요구를 일부 혹은 대부분을 수용하는 식의 유화적 안보외교를 들 수 있다. 위기를 조성한 측이 조성된 위기를 통해서 얻고자 하는 요구를 수용해 줌으로써 위기를 안정시키려 했던 안보외교는 2차 세계대전 전에 독일이 조성한 위기에 대응했던 프랑스 및 영국과 소련의 무모한 요구로 빚어진 국가적 위기를 해소한 핀란드의 안보외교에서 그 사례(事例)를 찾아볼 수 있다. 나치 독일이 1차 세계대전에서의 패전으로 부과된 군비제한조항을 폐지(1935)하고, 라인란트에 진주(1936)한 후에 1938년에는 오스트리아까지 병합하고 독일인이 거주하는 체코의 수데텐랜드의 할양을 요구하면서 위기를 조성해 나갔으나, 나치 독일의 노골적인 팽창을 저지해야 할 프랑스와 영국은 절망적인 패배주의와 감상적인 평화주의 속에서 독일의 요구를 수용해 줌으로써 전쟁만은 막으려 했다. 그리하여 양국은 뮌헨협정을 체결하여 독일의 요구를 수용하는, 이른바 유화적인 안보외교를 전개했다. 그와는 약간 대조적으로 독일과 체결한 불가침 조약(1939)이 잠정적인 배열일 뿐이라는 사실을 간파하고 있던 소련은 독일과의 일전을 상정하여 발틱 3국(라트비아, 리투아니아, 에스토니아)을 병합하고, 핀란드에 항고(Hango) 항구의 30년 조차와 핀란드 만 4개 도서·북해 연안의 리바키(Rybachi) 반도·레닌그라드 북쪽의 카렐리아(Karelia) 지협(地峽)의 할양을 요구했다. 핀란드가 이를 거부하자 소련은 1,000대의 탱크와 800대 항공기의 지원을 받는 100만의 소련군을 투입하여 핀란드를 침공했다. 30만의 병력으로 소련군과 싸운 핀란드군은 지형적인 이점을 활용하여 '조각내어 소멸시키는 전술(Motti 전술)'로 소련군의 막대한 희생을 노렸으나, 소련군을 이길 수는 없었다. 상대적으로 더 많은 손실을 감당하면서까지 전투를 지속하여 핀란드를 점령할 수는 없었던 소련은 핀란드의 조건부 항복(소련의 요구조건 수용)을 받아들여 전투를 마감해야만 했다. 이로써 핀란드는 소련의 요구를 수용하기는 했으나, 더 이상 소련의 침공을 받지 않았고, 국가의 실체도 유지할 수 있었다. 이와 같이 2차 세계대전 전에 프랑스와 영국은 독일에, 핀란드는 소련에 대해서, 성격과 내용이 다르긴 하지만 유화적(宥和的) 안보외교를 펼쳤다.

순수한 의미에서의 유화적 안보외교는 위기를 안정시키지는 못한다. 위기를 조성한 측의 요구 조건이 더욱 고조(高調)되어 또 다른 위기를 불러올 수도 있으며, 위기를 전면적 군사력 사용, 즉 전쟁의 과도적 단계로 작정(作定)한 측의 전투준비와 전투태세(戰鬪態勢)만을 강화시켜 줄 수 있기 때문이다. 뮌헨협정에서의 양보가 독일군의 프랑스 침공이나 2차 세계대전을 막을 수 없었고, 독일군의 전투준비 기간만을 연장시켜 독일군의 준비태세(準備態勢)만을 완벽하게 해 주었으며, 독일과 소련의 불가침 조약 체결을 부추기는 결과를 빚어낸 사례가 이를 입증해 주고 있다. 오히려 소련의 요구를 거부하여 침공을 받은 핀란드는 그 나라의 입장을 곤혹스럽게 만든 성공적인 군사작전을 수행하여, 결국 소련의 요구를 수용하기는 했어도 위기를 자국에 유리한 방향으로 안정시켜 국가적 실체를 보존할 수 있었다. 다시 말하면, 전쟁과 같은 전면적 저항을 수반한 조건부(條件附) 유화적 안보외교가 위기를 안정시킨 셈이다. 조건이 붙지 않은 유화적 안보외교는 위기를 안정시키는 효과에서는 한계가 있다.

두 번째로 위기를 강압적(强壓的)으로 진정(鎭定)시키는 안보외교는, 통상 상대적으로 더 강한 국가나 집단이 택하는 위기 안정책으로서 약한 측이 위기를 악화시킬 가능성이 적은 경우에 운용된다. 한반도에서의 위기는 1976년 8월 18일에 한반도의 비무장지대 내 판문점 공동경비구역(the Joint Security Area of the Korean De-Militarized Zone)에서 포플러 나뭇가지를 치던 두 명의 미군장교가 북한군들에게 도끼로 살해당하면서 발생하였다. 미국은 북한군의 비인도적인 살인행위로 빚어진 위기를 맞아 오키나와 및 미국 본토기지(Idaho)에서 B-52 폭격기는 물론 F-111 및 F-4 편대를 한국에 파견하여 위협적인 시위 비행을 실시하면서 항공모함(Midway)을 한국에 파견했으며 포플러 나무를 제거했고, 김일성의 유감표명을 접수한 후에 공동경비구역을 군사분계선 남북으로 분할하여 북한군과의 접촉을 차단하는 선에서 위기를 안정시켰다. 이 과정에서 미국군과 한국군은 공중에서의 폭격기와 전폭기의 위협 비행은 물론 지상군의 전투준비태세를 강화함으로써 김일성에게 사과와 재발방지의 약속까지 받아 냈고, 북한군과 유엔군 사이의 충돌 가능성을 제거하기 위하여 경비구역을 구분하는 조치를 취한 것이다(signed on September 6, effective on September 16, 1976).[4] 위기를 안정시키는 과정에서 미국은 육지 · 해상 · 공중에서의 강력한 무력시위를 통하여, 최초에 의도했던 작업은 완료하면서도 직접적인 무력사용을 통한 보복은 삼가는 방식으로 위기를 안정시켰다. 강압적이긴 하지만 위기 자체를 확대시켜 전면적인 무력충돌로 치닫지 않게 하는 위기시 안보외교의 한 사례인 셈이다.

위기 해소를 위해서 펼쳐진 안보외교의 세 번째 범주는 위기를 조성한 측과 이를 상대해야 하는 측이 상호 호혜적(互惠的)으로 위기를 극복하는 자세로 전개하는 경우를 들 수 있다. 이러한 안보외교는 위기를 맞은 양측이

4) Richard G. Head, Frisco W. Short, and Robert C. McFarlane, *Crisis Resolution: Presidential Decision Making in the Mayaguez and Korean Confrontations*(Boulder, Colorado: Westview Press, 1978), pp. 149-215; 277-82.

위기의 악화로 전면적인 대결로 접어들 경우에 상호 이익보다는 손해만을 입을 수 있다는 정책적 판단을 내릴 경우에 전개되며, 이것은 전통적인 의미의 현실적 이해관계 차원에서도 현실화될 수 있다. 예를 들어, 미국과 구소련의 전면적 대결은 양국의 상호 파멸은 물론 전 지구적인 재앙(災殃)으로 귀착(歸着)될 것이 불을 보듯 뻔한 결과였기 때문에, 이를 막아야 한다는 절대적인 필요성의 인식이 구체화될 수 있다. 1962년 10월, 소련이 쿠바에 미사일 기지를 건설하고 있다는 사실이 확인되면서 전개된 미사일 위기가 바로 이러한 경우에 해당된다. 소련으로서는 미국의 바로 턱밑에 미국은 물론 아메리카 전역의 표적을 겨냥할 수 있는 미사일 기지를 갖는다는 것은 전략적인 차원에서 매우 유익한 입지의 확보가 아닐 수 없었다. 그렇기 때문에 미국은 이러한 소련의 행동을 결코 용납할 수 없었다. 그리하여 만약 소련이 최초 의도대로 쿠바에 미사일 기지 건설을 강행하고 미국이 이를 용납하지 않을 경우에, 미국과 소련의 전면적인 대결 가능성은 매우 높아 보였다. 핵무기로 무장한 초강대국인 미국과 소련의 전면적인 대결은 핵무기를 사용하는 전쟁으로 확대될 가능성이 있기 때문에, 양국의 정면충돌은 양국에게는 물론 지구상의 전 인류에게 파멸적(破滅的)일 것이 뻔한 이치였다. 이를 인식한 미국 케네디 행정부는 지상과 공중작전을 통하여 소련이 건설 중인 쿠바 내 미사일을 물리적으로 제거할 준비와 의사를 내비치면서 비교적 덜 직접적인 해상봉쇄를 단행했다. 미국의 단호한 정책 및 전략 의지를 읽은 소련 역시 양국 간의 전면적인 대결의 결과가 어떠하리라는 것을 알 수 있었기 때문에, 미국의 해상봉쇄망을 존중하고 미사일 건설에 필요한 자재 수송을 자제하면서 이미 교체하기로 계획되어 있던 터키 배치 미국 미사일을 철수한다는 미국의 조치를 받아들이면서 쿠바의 미사일을 철수시켜 위기를 해소시켰다.[5] 이와 같이 쿠바 미사일 위기 때에 미국과 소련은 양국의 국가

5) Graham T. Allison, *Essence of Decision: Explaining the Cuban Missile Crisis*(Boston: Little, Brown and Company, 1971), pp. 1-66.

적 체면을 유지하는 선에서 위기를 호혜적(互惠的)으로 안정시켰다.

네 번째 범주로 위기를 의도적으로 악화시켜 전면적인 군사대결로 귀착시키는 안보외교를 들 수 있다. 2차 세계대전을 일으킨 독일의 히틀러는 물론, 동아시아의 현상을 변경시켜 나가다가 결국 태평양전쟁(1941~1945)을 치른 군국주의 일본의 안보외교가 대표적이다. 현상을 조금씩 변화시켜 이를 기정사실화해 나가면서 군비를 증강하고 전투태세를 가다듬어 나갔던 독일의 히틀러와 더불어, 일본은 동양에서 소규모의 침략전쟁을 치르면서 현상을 변경시켜 나갔다. 앞에서도 설명했듯이 대륙으로 진출하기 위한 발판인 한반도를 차지하기 위하여 청일전쟁(1894~1895)과 러일전쟁(1904~1905)을 도발하고 승리로 마감함으로써 한반도를 식민지로 확보한(1910) 일본은 만주도 점령했고(1931~1933), 1937년에는 중국까지 침공하기에 이르렀다. 일본의 한반도 소유를 받아들인 미국도 일본의 만주 점령은 인정할 수 없다는 정책(non-recognition policy)을 발표하고 중국에 대해서도 기회균등정책(open-door policy)을 표명했으나, 이를 군사력으로 뒷받침할 수는 없었다. 이러한 미국의 입장을 간파한 일본은 중국에 대한 침공행위를 멈추지 않았고, 이에 대응하여 미국을 비롯한 영국·중국·화란은 경제봉쇄망(ABCD Line)을 구축하여 전투수행에 필요한 자원의 일본 수출을 금지시키는 조치를 취했다. 이에 일본은 현지에서 사용 가능한 병력이 우세하다는 이점을 활용하여 그들이 구상한 대동아공영권(大東亞共榮圈)을 신속하게 점령·방어하고 그것을 기정사실화하려는 의도하에 미국의 태평양 함대를 기습공격함으로써 태평양전쟁을 일으켰다. 생활권(生活圈: Lebensraum)의 확보를 주장한 히틀러와 마찬가지로, 대동아공영권(大東亞共榮圈) 구축을 주장한 일본은 신속한 군사작전을 성공적으로 수행하여 기정사실화함으로써 전쟁의 목적을 달성할 수 있다는 기대와 판단 아래 그들이 조성한 크고 작은 위기를 악화시켜 결국 전쟁으로 치닫게 한 적극적인 안보외교를 전개했다.

이와 같이 위기시의 안보외교는 유화적인 양보를 통하여 위기를 해소하거나 강압적으로 진정시키거나 호혜적인 합의를 통해서 안정시키거나, 아니면 위기를 점진적으로 활용하여 변경된 상황을 기정사실화시켜 주어진 목적을 달성하려는 과정을 거쳐 전쟁까지도 불사하는 방향으로 전개된다. 그리하여 위기시의 안보외교는 위기가 해소되거나 안정되어 성격이 달라진 평화를 회복하거나, 위기가 전쟁으로 비화되어 명실(名實)공히 다른 성질이나 형태의 평화가 전개되는 결과를 빚어내기도 한다.

3) 전시 안보외교

전시(戰時)의 안보외교는 연합국 또는 동맹국의 확보와 협조, 작전 형태와 우선순위 결정, 그리고 무기·장비의 구입 및 동원 등을 결정하는 방향으로 설정된다. 연합 및 공동작전 수행을 위한 연합국 혹은 동맹국은 평시 동맹관계를 유지해 온 국가들과, 전시 작전 진행과정에서 작전 승패의 결과와 그에 따른 상황 변화 그리고 이해득실(利害得失)의 자체 판단에 따라 중립 또는 적대적인 입장을 취한 국가들을 포괄한다. 연합국들과는 어떠한 작전을 어디에서 어떻게 수행하고, 각자 어떠한 역할을 수행할 것이며, 지원을 어떻게 담당할 것인가를 협의하기 위한 안보외교를 전개한다. 전쟁 수행에 필요한 무기와 장비의 구입 및 조달은 국가 관계의 호오(好惡) 상태와 정도에 상관없이 전 국가 혹은 국가군들을 대상으로 펼친 협상을 통하여 이루어지며, 심지어 싸우고 있는 국가들을 지원하고 있는 적성국들과의 거래를 통해서도 현실화된다. 이와 같이, 전시의 안보외교는 전쟁을 승리로 마감하는 데 필요한 모든 조치와 수단을 강구하는 방향으로 진행된다.

세계 주요 국가들이 거의 참여하여 치른 양차 세계대전은 전시의 안보외교가 지닌 거의 모든 면면(面面)들을 보여 준 실증적 사례가 되었다. 양차 세계대전에 참여한 국가들은 연합 혹은 동맹국의 이름으로 편을 갈라서 싸웠다. 그러나 양차 세계대전은 연합 혹은 동맹국의 이합집산(離合集散)이 무상(無常)하며, 그 이유도 다양하다는 사실도 드러내 주었다. 다른 말로 표현하여, 안보외교의 결과적 산물(産物)로 정착된 배열이나 조치는 항상 잠정적(暫定的)인 성격을 지닌다는 점이 드러났다는 뜻이다.

착각(錯覺)과 환상(幻想)을 바탕에 깔고 치러진 1차 세계대전은 수단으로서 전쟁의 효용성의 한계는 물론 이를 수행하는 과정에서 정치집단(政治集團)의 이합집산으로 정착된 배열의 결속(結束) 정도가 얼마나 가변적(可變的)이고 유동적(流動的)인가를 보여 주었다.

1차 세계대전이 현실로 구체화되기 전 유럽사회와 국가들은 민족, 이념, 정치, 사회 및 군사적인 측면을 포함한 거의 전 분야에서 매우 복합적이고 복잡한 내부 구조를 머금은 채 서로 얽혀 있었다. 유럽에서 과거부터 존재해 온 제국 형태의 국가에서는 많은 민족들이 불협화음을 내면서 공존하고 있었다. 또한 19세기의 급속한 산업화 과정을 거치면서 빈부의 축적 정도에 따라 분화된 계층 간 갈등과 그것을 해결한다는 의도를 가지고 정리된 이념적인 이질성도 스며들어 있었고, 다양한 모양과 내용의 왕정이나 제정·미성숙 단계의 공화정 등 정치체제 역시 매우 다양한 상태로 혼재되어 있었다. 과거 신분을 기준으로 할당된 정치적 권력의 배분에 불만을 품은 신흥 자본세력은 물론 그 자본가들과 자신들의 노동력이 거의 유일한 자산인 노동자들 사이에 깃들어 있는 알력 등은 사회적인 불만과 불안의 정도를 더해 주고 있었으며, 이러한 갈등관계를 해결하겠다고 등장한 사회주의 이론은 갈등의 정도를 더욱 심화시키고 있었다. 국가들 간에도 안전보장에 대한 불안의 정도가 매우 높아 비밀 조약으로 상호의존적 동맹관계를 구축하여 자국의 안전을 보장하려 했으며, 이를 군사력의 건설과 작전계획의 수립으로 현실화하려 했다. 게다가 기술의 발달에 힘입어 개발된 무기체계의 효용성을 과신한 나머지 전쟁 수행 자체를 겁내지 않고 있었으며, 닥칠지도 모를 미래의 전쟁에서 자국이나 자국 편이 승리할 수 있다는 '환상적 자신감'에 젖어 있었다. 현재의 처지에 불만을 품고 변화를 갈망한 일반인이나 다민족으로 구성된 유럽사회, 서로 불안하여 동맹관계를 유지하고 있으면서도 '대책

없이' 낙관적인 유럽 국가들, 정치 · 사회 · 군사적인 문제를 능동적으로 해결할 의사와 능력을 갖추지 못한 유럽 지도자들에게 획기적인 변화와 얽히고설킨 복합적인 문제를 단번에 해결해 줄 수 있는 묘책이 전쟁으로 비쳐졌는지도 모를 일이었다. 실로, 1차 세계대전 전의 유럽은 통상적인 정책이나 전략으로 해결할 수 없는 수많은 난제(難題)를 안고 있었다.

특히, 보오전쟁(1866)과 보불전쟁(1870~1871)으로 독일 공국들을 통일하고 뒤늦게 강국 대열에 들어선 프러시아 중심의 독일은, 두 차례에 걸친 전쟁에서의 승리와 그에서 비롯된 자신감을 바탕으로 영국 · 프랑스 · 러시아 등 기존 열강과의 대립도 불사하였으며, 이러한 독일의 정책 및 전략 태세는 유럽의 정치질서를 타협보다는 대립 구조로 정착시키기에 충분한 강도를 지니고 있었다. 전쟁이라는 수단까지 동원하여 오스트리아와 프랑스의 독일 공국에 대한 영향력을 제거하면서 독일을 통일한 비스마르크(Bismarck, Otto Edward von, 1815~1898) 독일 수상은 독일에 대한 복수의 칼을 갈고 있는 프랑스를 고립시키는 외교적인 장치를 구축했다. 비스마르크의 2중 보장 외교로 알려진 정책적 노력은 독일 · 오스트리아 · 러시아의 3제 동맹과 독일 · 오스트리아 · 이탈리아의 3국 동맹의 구축으로 구체화되어 러시아를 프랑스로부터 분리시킨 외교적 배열이었다. 그러나 1888년에 황제로 즉위한 빌헬름 2세(Wilhelm II, 1859~1941, 재위 1888~1918)는 비스마르크의 조심스런 대외정책을 배척하고(비스마르크 수상 사임, 1890) 자신이 직접 국가 정책을 지도하여 대외적으로 범게르만주의를 내세우면서 군비를 증강했고, 식민지의 확보와 시장의 확대를 도모하는 제국주의 정책을 펴나갔다. 이러한 독일의 대외정책은 프랑스와 러시아의 대독 견제 연합을 성립시켰고 중부 유럽에서 범슬라브주의를 부추겼으며, 전통적으로 유럽 대륙에서 세력균형 정책을 펼쳐 온 영국이 프랑스와 러시아 측에 가담하도록 촉진시켰다. 결국 유럽은 영국 · 프랑스 · 러시아의 3국 협상과 독일 · 오스트리아 · 이탈리아 사이에 구축된 3국 동맹으로 양분된 대립구조로 분할되기에 이르렀다.[6] 이와 같이 유럽의 국가 간 관계는 타협보다는 비타협, 협조보다는 상충적인 성격과 형태로 정착되어 불안한 폭발성을 지니게 되었다.

독일의 공격적인 대외정책은 독일 군부의 구체적인 전쟁계획으로 구체화되고 뒷받침되었다. 오스트리아 및 프랑스와의 전쟁에서 승리를 쟁취하고 독일 통일의 주역이 된 독일 군부는 프랑스와 러시아와의 양면전(兩面戰)을 상정한 전쟁계획을 작성해 놓고 있었다. 1891년에 독일군 참모총장에 취임한 슐리펜(Alfred G. von Shlieffen, 1833~1913, 재임 1891~1905)은 전쟁의 불가피성을 인식하고, 불리한 양면전을 수행할 수밖에 없는 독일의 지전략적(地戰略的)인 입장을 감안하면서도 내선상의 이점을 최대한 활용하기로 했다. 그는 우선 독일군의 주력을 집중 투입하여 서부전선의 프랑스군을 섬멸함으로써 프랑스를 전쟁에서 먼저 이탈시킨 후에 러시아군을 격멸하여 영국군의 개입 자체를 무의미하게 만들어 전쟁을 승리로 마감한다는, 이른바 '슐리펜 계획(Schlieffen Plan, the first one－1894, 1905)'을 완성했다. 이 계획은 보불전쟁으로 독일에게 빼앗긴 알사스－로레인(Alsace-Lorraine) 지역의 수복에 중점을 두고 작성된 프랑스군의 전쟁계획을 활용한 것으로서, 프랑스군이 알사스－로레인 지역을 공격하면 그 지역의 독일군을 후퇴시키면서 그들을 유인하여 끌어들여 고착시키고, 독일군 주력은 프랑스 북부 벨지움을 통한 광정면(廣正面) 우회작전을 통하여 후방에서 그들을 섬멸시켜 프랑스를 전쟁에서 먼저 이탈시킨다는 작전계획이었다. 이러한 개념 아래 독일군의 기동계획은 메츠(Metz)를 중간 회전축으로 삼아 북쪽에 5개 군(35개 군단)과 예비 6개 군단, 메츠 남쪽에 2개 군(5개 군단)을 배치하여 회전축 북쪽과 남쪽의 병력 비율을 7:1로 배치하고, 메츠 북쪽 주력이 우회기동을 하면 할수록 남쪽의 병력은 후퇴를 실시하여 프랑스 군을 더욱 유인하는데 초점을 맞추어 수립되었다. 프랑스가 수복하고자 하는 알사스－로레인 지

6) 김용구, *세계외교사*(서울대학교 출판부, 2008), pp. 117-89.

역을 양보함으로써 독일군 병참선이 위협받을 수 있다는 '계산된 위험(calculated risk)'을 감수함으로써 프랑스군을 섬멸하겠다는 슐리펜 계획은 '내가 요구하는 장소에서 적을 격파한다'는 개념하에 수립되었다. 그러나 슐리펜 후임으로 참모총장에 취임한 몰트케(Helmuth J. L. von Moltke, 1848~1916)는 '적을 발견한 곳에서 격파한다'는 개념 아래 슐리펜 계획에서 구체화된 메츠 남북의 병력 비율을 3:1로 조정하고 슐리펜이 계획한 함정과 그에서 비롯될 수 있는 위험을 감수하지 않으려 함으로써 독일군 우익 주력의 충격력을 감소시키는 방향으로 기동계획을 수정했다.[7] 어찌됐든, 독일군은 내선상의 이점을 활용하여 병력을 집중함으로써 프랑스를 먼저 전쟁에서 이탈시키고 다음에 러시아를 격멸한다는 전쟁계획을 수립하여 독일의 공격적인 제국주의 정책을 뒷받침했다.

유럽의 다른 국가들도 나름대로의 전쟁계획을 수립해 놓고 있었다. 보불전쟁 이후 프랑스는 대독 작전계획에 번호를 붙여 왔으며 주로 독일에게 빼앗긴 알사스-로레인 지방의 수복이 제일 목표가 되었다. 최초 1~7번까지의 계획은 방어계획이었으나, 8번 이후부터는 실지의 회복을 위한 공격계획이었다. 특히, 프랑스가 독일의 공격을 받을 당시의 계획은 17번 계획으로서 실지 회복을 목표로 한 공격계획으로 5개 군의 집결지를 명시해 놓고 있었다. 오스트리아는 세르비아와 단독으로 전쟁을 수행할 경우를 대비한 B계획, 러시아 및 세르비아와 동시에 교전할 경우를 가상한 R계획을 수립하여 6개 군의 위치를 선정해 놓았다. 러시아 역시 A, G 두 계획을 작성했는데 독일군이 서부에 주공을 둘 때 동프러시아와 오스트리아에 대한 공격계획 A계획과, 독일군이 동부에 주공을 지향할 때를 대비한 방어계획 G계획을 가지고 있었다. 그러나 이들의 전쟁계획은 독일의 계획보다 덜 다듬어져 있었

---

7) Hajo Holborn, "Moltke and Schlieffen: The Prussian-German School", Edward Mead Earle, ed., *Makers of Modern Strategy: Military Thought from Machiavelli to Hitler*, pp. 172-205; 육군사관학교 전사학과, *세계전쟁사*, pp. 195-7.

고, 경우에 따라서 군의 위치 정도가 달라지는 개략적인 계획이었다.[8)]

이와 같이 유럽 국가들은 전쟁 발발 가능성을 인정하고 나름대로의 작전 계획을 수립하여 대비하고 있었다. 전쟁을 정치적 목적 달성을 위한 수단으로 간주한 독일이나 전쟁이 실지의 회복이나 다른 정치·사회 문제의 해결책이 될 수 있다는 다른 나라들의 막연한 기대는 전쟁 발발 가능성의 확률을 높였으며, 전쟁이 자신들에게 참혹한 결과를 안겨 주리라는 점을 고려할 여지를 남기지 않았다. 총력전인 1차 세계대전은 이러한 배경하에서 비교적 손쉽게 일어났다.

전쟁을 치르는 기간 중에도 유럽 국가들은 정치·이념적인 가치보다는 자국의 개별적 이해관계에 따라 이합집산을 자행하는 외교적 행위를 마다하지 않았다. 비스마르크가 프랑스와 러시아의 반독일 연합전선 형성을 방지하기 위하여 구축해 놓은 2중 보장외교(독일, 오스트리아, 러시아 3제 동맹과 독일, 오스트리아, 이탈리아 3국 동맹)를 무시하고 팽창 정책을 계속 추구했던 독일은, 프랑스와 러시아의 동맹 결성은 물론 유럽 대륙에 세력균형정책을 펴 온 영국을 프랑스·러시아 측에 가담시켜 3제 협상을 성립시켰으며, 독일·오스트리아·이탈리아 사이에 구축된 3국 동맹과 대치했다. 그러나 이탈리아는 사라예보 사건(1914. 6. 28. 세르비아 청년 가브릴로 프린치프(G. Princip)가 오스트리아 페르디난트(Ferdinand) 황태자와 그 부인 조피 호테크(Sophie Chotek)를 저격하여 사망시킴)으로 위기가 고조되어 독일이 프랑스에 선전포고하고 벨기에를 침공한 1914년 8월 3일에 중립을 선포했다. 이탈리아는 동맹이나 협상 중 어느 편이 더 많은 보상을 해줄 것인가를 저울질한 후에 참전을 결정하려고 중립을 선포한 것이었다. 이탈리아는 트렌티노, 이손조(Isonzo) 계곡, 트리에스테, 달마치아 연안의 일부 등을 요구했다. 오스트리아로서 쉽사리 수용할 수 없는 수준이었다. 이탈리아는 연합국

8) 육군사관학교 전사학과, *세계전쟁사*, pp. 198-9.

과도 참전 대가에 대한 협상을 벌였다. 그리하여 이탈리아는 오스트리아 영토 할양에 대해서 비교적 관대한 연합국으로부터 종전 후에 트렌티노, 브레너 요충로 이남의 티롤 지방, 트리에스테, 이스트리아, 달마치아, 발로나, 도네카네스 군도를 획득하기로 하고 터키의 분할 시 보상과 아프리카의 독일 식민지에서 정당한 대가를 받는다는 내용의 런던조약(1915. 4. 26)을 체결했다. 이탈리아의 참전이나 호의적인 중립보장이 절실하다고 판단한 독일의 강력한 종용에 의해서 오스트리아가 이탈리아의 요구조건을 수락했지만(1915. 5), 이탈리아는 이미 연합국과 조약을 체결한 후였다. 터키는 중립을 지키는 것이 오히려 자국에 불리하다고 판단하여 독일과 동맹조약을 체결했다(1914. 8. 2). 불가리아도 독일 측과 동맹을 결성하여(1915. 9. 6) 터키와 불가리아가 독일 측에 가담하자, 러시아는 루마니아를 연합국 측에 끌어들였으나(1916. 8. 27) 루마니아는 12월 초에 독일군에게 점령되는 비운을 맞기도 했다. 우여곡절 끝에 그리스가 동맹국에 전쟁을 선포함으로써(1917. 6) 거의 모든 유럽 국가들은 전쟁의 소용돌이에 휘말리게 되었다.[9] 이러한 참전 과정에서 유럽의 각국은 각자 다른 요소에 따라 스스로 판단한 실질적인 이해관계를 우선적으로 고려했다.

유럽에서 시작된 전쟁을 최초의 세계대전으로 변화시킨 것은 일본과 미국의 참전이었다.

독일에 전쟁을 선포한 영국은 전쟁 선포 당일인 1914년 8월 4일에 일본 정부에 대독 참전을 요청했다. 영국 정부의 참전 요청을 받은 일본은 매우 신속하게 움직였다. 종전 후 중국의 발언권이 강화되는 것을 바라지 않았던 연합국은 일본을 통해서 중국의 참전을 요구했지만, 일본의 적극적인 참전 의지 표명과 중국에 대한 일본의 과도한 관심은 영국을 비롯한 연합국들이 일본에게 참전을 취소할 것을 요구하기에 이르렀고, 특히 미국도 중국이 중

9) 김용구, *세계외교사*, pp. 589-601.

립국으로 남아 있는 것을 희망했다. 상황이 이렇게 전개되자, 일본이 오히려 영국에게 참전할 수 있게 해달라는 요청을 하는 매우 기이한 현상이 빚어졌다. 이에 영국은 일본의 해상무역 보호에 필요한 지역에서의 작전 참여를 조건으로 일본의 참전에 동의했다. 참전을 기정사실화한 일본은 중국의 독일 조차지의 반환과 독일 해군의 즉각적인 철수를 독일에 요구했다. 일본의 최후통첩을 독일이 거절하자 일본은 8월 23일에는 독일에, 25일에는 오스트리아에 전쟁을 선포했다. 참전과 동시에 일본은 중국 산동성의 독일이 차지한 권익 확보, 여순·대련의 조차와 남만 철도에 관한 사용기한 연장, 광산채굴권 확보, 중국 연안의 항만·도서 등의 외국 할양 금지, 중국 정부에 일본 고문 초빙 등 21개 조에 해당하는 방대(尨大)하고 방자(放恣)한 요구사항을 중국 정부에 요청하고 이를 연합국들에게 알렸으며, 러시아와는 중국 내에서 상호 동등한 지위를 인정하기로 합의하기도 했다. 그리고 영국의 요구대로 중국도 대독 전선에 참전하도록 했다.[10] 실로, 일본은 유럽전쟁을 아시아로 끌어들이면서 사실상 이를 빌미로 중국 침략을 시작했다.

유럽전쟁을 세계대전으로 만든 데에는 미국의 참전도 한몫했다. 미국의 참전은 연합국의 승리를 예견시켰으며, 무엇보다도 유럽 중심의 국제질서가 막을 내리게 한 역사적 사건이었다. 비록 전후에 미국은 고립주의로 복귀하여 유럽 문제에 적극적으로 개입하지는 않았으나, 유럽은 이미 국제정치의 중심은 아니었다. 총력전(總力戰)을 수행하여 탈진한 유럽 국가들에게 승패는 아무런 의미가 없었다. 미국의 윌슨 대통령(Woodrow Wilson, 1856~1924, 28대 미국 대통령)이 유럽전쟁을 "전쟁을 끝내기 위한 전쟁(a war to end war)"이었다고 언급하면서 "민주주의를 위해서 안전한 세계를 만들기 위한 전쟁(a war to make the world 'safe for democracy')"이어야 한다는 주장과 더불어 그의 구상(14 points)을 밝힘으로써 세계정치의 중심이 더 이

10) 김용구, *세계외교사*, pp. 591-5.

상 유럽이 아니라는 사실이 드러나게 되었다. 미국의 참전과 종전으로 마감된 유럽전쟁은 국제정치상 유럽의 위상을 바꾸어 놓았다.[11)]

미국의 참전을 불러온 것은 독일군의 무제한 잠수함 작전 수행과 멕시코에 동맹을 제의한 독일 정부의 구상이었다. 전술과 전략의 효용성보다는 동원자원과 전력(戰力)의 다과(多寡)가 전세(戰勢)와 전과(戰果)를 판가름 낼 상황이 전개되자, 독일 정부와 군은 모든 가용한 작전과 외교를 통하여 연합국의 전력을 고갈시키고 연합 배열 자체를 와해시키면서 자국을 위한 동맹은 확대시키려는 노력을 경주했다. 무제한 잠수함 작전을 수행하여 영국에 입항하는 매달 60만 톤의 모든 선박을 격침시켜 6개월 내에 영국을 굴복시키고(1917년 1월 8일에 결정, 2월 1일부터 시행) 미국의 중립을 지속시키는 한편, 상황 전개에 맞추어 멕시코 및 일본과 동맹을 결성하고(1917년 1월 19일에 멕시코 주재 독일 대사에게 보낸 A. von Zimmermann 외상의 전문), 1917년에 2월 혁명(러시아 일력)으로 등장한 케렌스키(Alexander Fedorovich Kerensky, 1881～1970) 정부를 전선에서 이탈시키기 위하여 스위스에 있던 레닌(Vladimir I. Lenin, 1870～1924)을 귀국시켜 또 다른 혁명을 일으키는 조치를 취하기로 했다. 독일은 무제한 잠수함 작전 수행이 미국을 전쟁으로 끌어들일 가능성이 짙다고 보았으나, 그 이전에 영국이 고사(枯死)당할 것이고 미국도 참전 준비를 위해서 적지 않은 시간이 필요할 것이라고 판단했다. 그러한 상황에서 1917년 3월 1일에 독일 외상이 주멕시코 독일 대사에게 보낸 전문이 신문에 공개됐다. 공개된 전문은, 미국의 중립 유지 노력이 실패할 경우에, 독일은 멕시코와 동맹을 결성하고 멕시코가 뉴멕시코·텍사스·애리조나 지방에서 상실한 영토를 회복하도록 지원하며, 독일과 일본의 동맹도 멕시코가 주선하도록 한다는 내용이었다. 이에 미국의 윌슨 대통령은 미 의회에 대독 선전포고를 요청했고(1917. 4.

---

11) 김용구, *세계외교사*, pp. 598-9; Thomas A. Bailey, *A Diplomatic History of the American People*(Englrwood Cliffs, NJ: Prentice-Hall, Inc., 1980), pp. 596-7.

2) 미 상원은 4월 4일(82:6), 하원은 4월 6일(373:50)에 이를 통과시켜 미국 참전을 공식화했다. 이에 근거하여 미국 정부는 4월 6일에 독일에게 전쟁을 선포했고, 12월 7일에는 오스트리아에게 전쟁을 선포했다.[12)] 독일의 총력전(總力戰) 수행전략(遂行戰略)과 총체적(總體的) 안보외교(安保外交)가 미국의 참전을 불러온 것이다.

연합국의 일원으로 유럽전쟁에 참전한 미국의 윌슨 대통령이 1918년 1월 8일에 연두교서를 통해 천명한 14개 항목(The Fourteen Points)은 전후 공정한 질서와 항구적인 평화유지를 지향한 이상적인 내용이었다. 전쟁의 원인(原因)과 분쟁의 소지(素地)를 사전에 제거하여 지속적인 평화를 유지하자는 데 초점이 맞추어진 항목들이었다. 윌슨 대통령은 유럽의 고질적인 비밀외교 대신 공개외교를 주장하면서 군비를 축소하여 전쟁의 원인을 제거하고, 과거 전쟁의 결과로 소유가 바뀐 영토를 원상태로 복귀시켜 갈등의 불씨를 근절시키면서, 제국 형태로 존재해 온 국가 내 소수 민족들의 자결권을 인정하는 민족자결주의를 현실화하여 분쟁의 소지를 없애는 것이 또 다른 분쟁과 그에서 비롯되는 대규모 전쟁을 막을 수 있다고 판단했다. 또한 그는 항구적인 평화유지를 위해서 전 세계의 모든 국가들이 참여하는 국제기구인 국제연맹(The League of Nations)의 창설을 제안함으로써 평화로운 신세계 구축을 위한 구세주(救世主)로 등장했다.[13)] 공개외교와 군비 축소, 해양의 자유 및 경제적 장벽 철폐를 통한 경제 협력, 민족자결주의에 입각한 소수 민족의 자치권 보장, 평화유지 기구인 국제연맹의 창설 등으로 요약될 수

---

12) 김용구, *세계외교사*, pp. 598-9; Thomas A. Bailey, *A Diplomatic History of the American People*, pp. 590-5. 미국의 윌슨 대통령은 1915년 5월 7일에 독일 잠수함(U-20)이 아일랜드 근해에서 영국 여객선(The Lusitania)을 격침시켜 거기에 승선하고 있던 총 1,198명 중 128명의 미국인이 사망한 사건을 독일의 비인간적인 작전 수행이라고 비난했다. Thomas G. Patterson, et al., *American Foereign Policy: A History*(Lexington, Mass.: D. C. Heath and Company, 1977), pp. 257-63 참조.

13) 위의 책, pp. 598-600; Thomas A. Bailey, *A Diplomatic History of the American People*, pp. 596-606.

있는 14개 조항은 강국으로 등장한 미국의 위상을 보여 주었으며 누구도 이론적으로나 실질적으로 도전을 하지 않았으나, 실현 가능성은 아무도 장담할 수 없었다.

'전쟁을 종식시키기 위한 전쟁'인 1차 세계대전을 종결시켜 항구적인 세계 평화를 구축하겠다는 윌슨 대통령의 구상은 미국 내외에 존재하는 장애요인에 의해 실효성(實效性)이 보장되지 못했다. 미국 상원은 1920년 3월 19일에 미국의 국제연맹 가입을 부결시켰다(49:35, 찬성표가 2/3가 되지 못함). 국제연맹에서 미국의 주도적인 책임과 역할을 거부한 셈이다. 전후 평화유지를 위한 윌슨 대통령의 처방을 미국 상원이 받아들이지 않았다. 당시 다른 강국들도 국제연맹의 창설을 '세계 평화를 위한 만병통치약으로 보지 않았다(…but it was no panacea for world peace).'[14] 독일에 대한 프랑스의 적대감은 하늘을 찌를 듯 했는데, 그것이 전후의 안정적인 평화구축을 거의 불가능하게 만든 다른 한 요인이 되었다. 베르사유 조약(The Treaty of Versailles)은 독일에게 거의 완전한 무장해제를 강요했고, 독일인들에게 극도의 모멸감을 안겨 주기에 충분한 조항을 내포하고 있었다. 1918년 11월 11일 오전 11시에 콩피에뉴(Compiégne)에서 서명된 베르사유 조약은 4년 반 동안 지속된 1차 세계대전을 사실상 종식시켰다. 이로써 독일은 육군 총병력이 10만 명(장교: 4,000명, 하사관: 40,000명, 병: 56,000명)으로 축소되었고, 일반참모 제도(General Staff System)와 지원병 제도가 폐지되었으며 군사교육도 금지되었다. 독일 해군은 총병력 15,000명으로 선박은 108,000톤으로 제한되었고, 잠수함은 보유하지 못하게 되었다. 그리고 항공기, 전차, 중포, 대공포, 독가스가 보유 금지되었고 전쟁물자의 생산도 엄격하게 제한되었다. 실로, 독일이 다시는 전쟁을 일으키거나 수행할 수 없도록 가혹하게 제한하여 또 다른 전쟁을 막으려 한 조약이었다. 그 후 국제연맹

14) Thomas A. Bailey, *A Diplomatic History of the American People*, pp. 622-3; Thomas G. Patterson, et. al., *American Foreign Policy: A History*, pp. 285-9.

의 의결에 따라 독일은 해외 식민지를 박탈당하고 영토의 13%, 인구의 10%가 타민족의 지배하에 놓이게 되었다. 그러나 1918년 3월에 연합군 사령관으로 임명되어 연합작전을 지휘했던 포쉬(Ferdinand Foch, 1851~1929) 원수는 "평화가 아니다. 20년간의 휴전이다"라고 말했으며, 독일의 경제·사회학자 웨버(Max Weber, 1864~1920)도 "앞으로 10년 이내에 우리는 다시 군국주의가 될 것이다"라고 예언할 정도로 베르사유 조약에 의해서 구축된 평화는 또 다른 전쟁의 원인을 내포하고 있었다.[15)]

유럽에서 시작된 전쟁이 세계적으로 비화되어 치러진 제1차 세계대전은 전투와 전쟁 수행을 위한 전략(戰略)뿐만 아니라 전쟁 전·중·후의 안보외교(安保外交)가 어떻게 전개되었고, 어떠해야 되는가 하는 면에서 여러 가지 교훈적인 명제(命題)를 남겼다.

전쟁 전 유럽 국가들은 군비를 증강하면서 작전계획을 작성해 놓고 있었으며, 비밀스런 동맹외교로 얽혀 있었다. 전쟁의 발발이나 수행 자체를 마다하지 않고 있었던 것이다. 특히, 프러시아를 중심으로 독일이 통일되는 과정에서 치른 보오전쟁(1866)과 보불전쟁(1870~1871)은 전쟁이 정치적 목적 달성을 위해서 동원될 수 있는 수단의 하나라는 점을 유럽인들이나 국가들에게 인식시켜 주어서, 그 후 미국의 남북전쟁(1861~1865)이나 동북아 지역의 러일전쟁(1904~1905)이 보여 준 대규모 동원과 그에 따른 엄청난 인적·물적 피해가 발생할 수 있다는 사실을 대수롭지 않게 여기는 분위기를 자아냈다. 그리하여 유럽 각국은 전쟁계획을 저마다 마련해 놓고 있었으며, 유럽인들은 앞으로의 전쟁은 단기전이 될 것이며 자신들이 속한 국가나 진영이 승리할 것이고 당시 개별 국가나 사회의 지도층이 해결할 수 없는 심각한 문제들이 전쟁을 통해서 해결될 수 있을 것이라는 희망과 기대를 지니고 있었다. 그 결과, 전선으로 향하는 병사들의 총구에 꽃을 꽂아 주면서 조

15) 육군사관학교 전사학과, *세계전쟁사*, pp. 251-2.

속하게 전쟁을 승리로 마무리하고 돌아오기를 바라는 광경을 빚어냈다.[16] 이러한 전반적 분위기와 비밀스런 동맹외교로 엮인 유럽은 오스트리아와 세르비아 간의 갈등이 확산되어 전 유럽전쟁으로 비화되는 데 적합한 정치무대(政治舞臺)를 조성해 놓고 있었던 셈이다.

자국 전략과 전술 개념의 우수성과 우월한 실천적 효용성을 지나치게 과신하여 단기(短期) 속결(速決)을 전제로 하고 장기·총력전에 대한 우려나 폐해를 감안하지 못한 채 작성된 독일의 전쟁계획과, 그러한 개념에 근거한 독일의 전쟁 수행은 유럽 전체를 쉽게 전쟁으로 돌입하게 만들었고, 궁극적으로는 미국까지 전쟁에 끌어들여 유럽전쟁을 세계대전으로 만든 주요한 요인이 되었다. 전쟁을 하나의 정치수단으로 활용해 왔던 독일 정부는 전쟁을 주저하지 않았고, 독일군 역시 전쟁에서의 승리를 기정사실화하는 분위기에 젖어 있었다. 이러한 독일 정부와 군부의 자신감은 프랑스와 러시아를 분리시켜 독일의 안전을 보장하려던 비스마르크의 이중보장외교의 중요성을 대수롭지 않게 여기고, 오히려 비굴한 태세(態勢)라고 지적하기도 했다. 독일군부는 신속한 우회기동으로 프랑스를 먼저 전선에서 이탈시키고 다음에 러시아를 상대하면 된다는 개념의 전쟁계획을 수립하여 이러한 주장을 뒷받침하고 있었다. 그러나 영국이 프랑스와 러시아 측에 가담하여 전쟁 규모가 확대됨에 따라 전투수행을 위한 전략이나 전술개념의 타당성보다 전쟁 수행에 동원할 수 있는 가용자원의 다과(多寡)가 더욱 중요한 승패요인으로 드러나게 되었다. 그리하여 독일이나 독일의 유럽 대륙 장악을 저지하려던 영국은 동맹국의 확보에 전력을 기울였고, 이탈리아와 그리스 그리고 궁극적으로 미국까지 연합국으로 끌어들이는 데 성공을 거두었다. 이 과정에서 독일은 전쟁 전 동맹국인 이탈리아를 놓치고 터키를 우방으로 끌어들였으나 그

---

16) Robert O. Paxton, *Europe in the Twentieth Century*(New York, Chicago, San Francisco, Atlanta: Harcourt Brace Jovanovich, Inc., 1975), pp. 49-74. 특히 p. 74의 사진 참조.

리스의 참전을 빚어냈고 미국의 중립을 확보하지 못했으며, 멕시코와 일본을 독일 편에 가담시키려 했으나 영국을 고사(枯死)시켜 전선에서 이탈시키지 못했고, 오히려 미국의 참전까지 불러와 더욱 곤혹스런 신세를 자초했다. 그러자 독일은 스위스에 머물고 있었던 레닌을 러시아로 은밀하게 귀국시켜 러시아를 연합국 전선에서 이탈시켰으나, 미국의 참전으로 빚어진 동원 자원의 절대적 열세를 극복할 수는 없었다. 이와 같이 전쟁 중의 안보외교는 전력의 동원과 자원의 조달을 위한 총력적인 양상을 띠고, 전쟁 수행을 위해서 수립된 전략이나 전술의 효용성을 거부하는 결과를 빚어내기도 한다.

진영(陣營)이나 동맹(同盟)의 주축국(主軸國)이 벌이는 안보외교의 대상이 되는 국가들은 중립을 지키거나 그것이 불가능할 경우에는 자국의 이익에 따라 진영을 결정하는 것이 통상이나 그 결과가 꼭 그들에게 유리한 방향으로 정착되지는 않는다. 1차 세계대전에서도 예외를 기록하지 않았다. 루마니아, 불가리아, 터키, 러시아 등과 장기적으로 이탈리아, 일본 등의 국가들은 진영을 결정하는 데 기존의 국가 간 연관(聯關)보다는 결정 당시의 자국에 대한 이익(利益) 여부를 주요한 요인으로 쳤다. 독일과 동맹으로 맺어진 이탈리아는 오스트리아와의 분쟁영토 확보를 약속한 연합국 측에 가담했고, 일본 역시 남태평양 지역의 독일 식민지 등과 독일이 중국에서 확보한 이익에 눈독을 들여 연합국 측에 가담하는 결정을 내렸고 중국에 대해서 21개 조항을 제시하면서 중국에서의 우위를 선점하려는 노력을 감추지 않았다. 불가리아가 터키와 더불어 독일 측에 가담하자 러시아는 회유로 루마니아를 연합국 측에 가담시켰으나, 루마니아는 즉시 독일군에게 점령당하는 비운을 감수하기도 했다. 특히, 1차 세계대전에서 독일과 싸운 이탈리아와 일본은 2차 세계대전에서는 독일과 동맹을 결성하여 영국・미국 등 연합국과 싸우기도 했다. 이와 같이 1차 세계대전은 후에 치러진 2차 세계대전에서의 사례와 더불어, 전시의 안보외교가 어떠한 성격과 본질을 지니고 있는가를 보여주었다.

나. 기타 주체 · 주제 · 대상 및 수준별 안보외교

평시 · 위기시 · 전시에 펼쳐지는 안보외교를 또 다시 이를 펼친 외교 주체(主體), 즉 국가(國家: 强大國, 中進國, 弱小國 등) · 국가군(國家群: 同盟, 陣營 등) · 국제기구(國際機構: 國際聯盟, 國際聯合, 地域共同體 등)의 차원에서 그 유형을 분류해 볼 수 있고, 안보외교의 대상이 되는 주제(主題), 즉 영토조정 · 국가생존 여부 · 국제질서 형성 및 구축 등의 차원에서도 분류해 볼 수 있다. 또한 안보외교의 주체 성격상 우호국(友好國) 간, 적대국(敵對國) 간 또는 비동맹국(非同盟國) 간의 범주로 대별하여 그 유형을 분류할 수도 있다. 그리고 안보외교를 직접 집행하는 수준에 따라 수뇌회담(首腦會談: Summit Meeting), 정책회담(政策會談: Executive Meeting), 실무회담(實務會談: Planning Staff Meeting) 등으로 구분하여 그 유형을 검토해 볼 수도 있다. 안보외교를 펼치는 주체(主體), 거기에서 다루어지는 주제(主題), 외교의 대상이 되는 상대의 우적관계(友敵關係)의 성격과 정도 그리고 주제를 논의할 주체 내의 수준(水準)에 따라서도 안보외교의 유형을 분류해 볼 수 있다는 뜻이다.

먼저, 안보외교는 펼치는 주체(主體)에 따라 여러 가지 유형을 빚어낸다. 국제정치의 기본단위인 국가 간 안보외교와 국가들이 결성한 동맹이나 진영 간 안보외교 그리고 국제기구나 지역 공동체 간의 안보외교가 바로 그것이다.

국가 간 안보외교는 다시 세계적 차원의 전략적 균형에 영향을 미칠 수 있는 강대국 간 또는 지역적으로 영향을 가져다 줄 수 있는 중진국들과 강대국들 간의 안보외교와, 국제적이거나 지역적인 전략균형에 영향을 미칠 수 있는 강대국 및 중진국과 자국의 안전보장을 우선적으로 보장해야 하는 약소국들과의 안보외교 등으로 구분될 수 있다. 강대국의 위치를 선점하고 있는 국가들은 현상유지 정책이나 영향력을 확대하려는 대외정책 태세를 유지하는 것이 통상이다. 이 국가들의 안보외교는 그러한 국가적 경향을 반영하면서 전개된다. 그 결과 2차 세계대전 후에 정치 · 경제 이념 및 체제 전반에서 대립각을 세운 채 강대국의 위치를 확고하게 다진 미국과 소련은 자국 중심의 진영(陣營)을 구축하는 안보외교를 전개했다. 독일을 패망시키기 위하여 이질적인 상태에서 미국 등과 연합국을 형성하여 대독 공동전선을 펼쳤던 소련은 동구권(東歐圈)을 점령하여 소련에 대한 완충지역으로 삼으려 했으며, 그러기 위해서 소련 공산주의를 추종하는 세력들로 구성된 정부를 구성해 나갔다. 미국은 폴란드에서의 소련 정부와 군의 행동을 관찰하여 소련이 보편적인 절차에 따른 동구권 국가들의 정부 수립보다는 공산정권 수립을 시도하고 있다는 판단 아래 소련 주도하의 공산권 확산을 방지하는 봉쇄정책과 전략을 구사했다.[17] 전후 유럽 국가들의 피폐해진 경제 상태가 공산주의 사상의 침투와 공산세력들의 정부 수립을 용이하게 해줄 수 있기 때문이었다. 미국은 이에 따라 마샬계획(The Marshall Plan, 1948)으로 명명된 유럽경제 회복계획을 수립하여 집행했으며, NATO를 결성하여 서부 유럽을 방어하려 했다.[18] 유럽뿐만 아니라 세계 다른 지역들도 사정은 마찬가지였다. 식민지 상태에서 독립을 쟁취하려는 다른 지역 국가들에서도 반제국주의로 포장된 공산주의 사상과 이념체계를 받아들인 경우가 많아서 소련은 그들을 활용하여 영향권을 확대하려 했고, 미국은 그것을 봉쇄하려 했다. 이러한 상황에서 미국은 지역별 안보기구를 결성하거나(CENTO, SEATO 등), 개별적 동맹관계를 구축하여(ANZUS 등) 공산권의 확장을 저지하려 했다. 미국과 소련이 주축이 된 전 세계적인 세력권 형성 정책과 전략은 이른바 냉전(冷戰)이라는 국제질서를 빚어내어 정착시켰고, 전후 취약한 상태에 머물러 있던 중진국 · 약소국들은 지역 및 이념 그리고 경제 상태에 따라서 미국과 소련이 형성한 양대 진영에 가담하거나 비동맹권을 형성하여 자국의 안전을 보장하려 했다. 이와 같이 국가의 위상이나 전략적 차원에서 강대국,

17) Thomas G. Patterson, et. al., *American Foreign Policy: A History*, pp. 413-23.
18) 위의 책, pp. 452-7.

중진국, 약소국 등으로 분류될 수 있는 국가들은 자신들의 처지에 상응하다고 판단되는 안보외교를 전개한다.

국가들이 형성한 동맹이나 지역 안보공동체 그리고 국제기구들 역시 안보외교의 한 주체로서 독특한 유형을 빚어낸다. 형식적으로 국가 간 동맹이나 국가군(國家群) 간 지역 안보공동체 그리고 국제기구 등이 주체가 되어 펼치는 안보외교는 국가 단독으로 수행하는 것보다 구속력이 약한 것은 사실이다. 양차 세계대전 전에 형성된 동맹관계는 전쟁이 현실화되자 1차 세계대전 초기 이탈리아와 같이 각국의 구체적인 이해관계에 의해서 달라지는 경우가 많았으며, 러시아와 같이 내부 정치체제의 변동에 따라 연합국과 독일과의 일방적인 조약체결로 인한 굴욕적인 평화를 전제로 한 중립 등으로 바꾸기도 했다. 특히, 1차 세계대전 시 연합국 편을 들면서 이익을 챙겼던 일본은 2차 세계대전에서는 독일과 동맹을 형성하여 중국 등 동남북 아시아에서 자국 중심의 대동아공영권(大東亞共榮圈)을 형성하여 패자(覇者)가 되려 했다. 제1차 세계대전 후에 구성된 국제연맹(國際聯盟: The League of Nations)은 나치 독일, 파시스트 이탈리아, 군국주의 일본의 침략 행위를 막지 못하면서 역사 속으로 사라졌으나, 2차 세계대전 후에 국제평화유지를 위하여 설립된 국제연합(國際聯合: The United Nations)은 한국전쟁(韓國戰爭: 6・25戰爭, 1950~1953)에서 한반도의 평화를 회복・유지한다는 명분을 앞세워 안보외교의 주체로서 나름대로의 역할을 수행하기도 했다. 특히, 유엔 안전보장이사회(UN Security Council)는 북한 핵문제와 대남 도발 문제와 관련된 적지 않은 결의안을 통과시켜 한반도의 비핵화와 평화를 유지하려는 노력을 기울이고 있다. 이러한 노력에도 불구하고 동맹, 지역 안보공동체, 국제기구 등이 주체가 되는 안보외교의 실효성은 각 집단을 구성하고 있는 국가들의 정책 및 전략 의지와 능력의 보장 없이는 현실화되기 어려운 측면이 있다.

안보외교는 그것이 다루는 주제에 따라 성격, 유형, 강도가 다르게 나타난다. 안보외교가 대상으로 하는 주제(主題)는 국가 간 영토점유 혹은 조정, 의도된 결과든 결과적인 현상이든 국가 자체의 생사소멸(生死消滅), 국가 혹은 국가군(國家群) 간의 질서 형성이나 구축 그리고 그들 관계의 변경 혹은 정착 등을 들 수 있다.

안보외교의 행위 주체인 국가 간의 영토분쟁(領土紛爭)은 어제 오늘만의 일이 아니고 내일의 것으로도 남아 있으며, 국가 간 안보 주제로 사라질 가망(可望)도 없다. 한반도에 존재해 온 국가들 간의 영토쟁탈전은 멀리 고구려·백제·신라가 정립한 삼국시대까지 거슬러 올라가서도 그 행적을 찾아볼 수 있으며, 고려(高麗)·조선(朝鮮) 왕조에서도 변방 민족과의 끊임없는 분쟁의 이유가 되었고, 일본에게 국토를 빼앗긴 까닭이 되기도 했다. 중국에서도 춘추·전국시대에 제후국(諸侯國)들 간의 영토쟁탈전이 있었고 통일왕조 수립 후에도 몽고(蒙古)·여진(女眞) 등 종족과의 전쟁에서 국체(國體)를 상실하는 결과를 빚어내기도 했다. 유럽 지역에서 왕조 혹은 제국 형태로 존재해 온 국가들이 펼친 영토분쟁의 역사는 국가 간 영토분쟁의 유형(類型)과 전형(典型)이 어떠한가를 보여 주면서 전개되어 왔다. 그리스·로마시대 도시국가들 간의 영토쟁탈은 물론 로마제국의 확장 과정에서 나타난 영토병합과 붕괴 과정에서 나타난 영토분할 및 분쟁, 그 후 근대 민족국가 형성 과정에서 보여 준 영토와 민족의 통합과 분화, 그리고 1차 세계대전 후 민족자결이라는 기치 아래 나타났다가 사라지고 다시 나타난 발틱 3국(라트비아, 에스토니아, 리투아니아)이 대변하는 영토의 변경과 그 과정에서 나치 독일의 영토병합이나 소련 연방이 해체됨에 따라서 분화되어 나타난 국가 등, 실로 유럽에서의 영토 변경이나 분쟁은 국가 간 이 주제에 관한 한 모든 양상(樣相)과 양태(樣態)가 어떠한가를 보여 주면서 전개되었다. 팔레스타인 지역에서 1948년 5월 14일에 14,900km^{2}의 영토를 가진 독립국가로 세워진 이스라엘이 오늘날 20,770km^{2}의 국토를 가지게 되기까지 펼친 전쟁과 평화로 점철된 안보외교는 국체(國體)의 보존에 필요한 영토의 확보와 조정이라는 안보의 주제가 얼마나 많은 피와 땀을 머금고 있는가를 말해 준다.[19] 남아메리카 대륙의 남단에 위치한 포클랜드 섬(말비나스 섬)의 영유권 문제는 영국과 아르헨티나 간 전쟁(포클랜드 전쟁, 1982)의 원인이 되기도 했다. 영토분쟁은 어제만의 문제가 아니다. 중국과 아세안(ASEAN: 동남아시아 국가연합) 국가들 간의 남사군도(南沙群島)·서사군도(西沙群島) 문제, 중국과 일본 간의 센카쿠 열도(尖閣列島, 釣魚島, 釣魚臺) 영유권 문제, 일본과 러시아 간의 북방 4개 도서(러시아: 쿠릴 열도, 일본: 에도호루시마, 시나시리 시마, 시코탄 시마, 하도마이 제도) 영유권 문제, 일본이 집착하는 독도(獨島) 영유권 주장 등은 오늘의 안보 주제이면서 내일의 것이기도 하다. 특히, 지하자원의 한계를 인식한 국가들은 해저(海底)자원과 연계된 도서(島嶼)의 중요성을 놓치지 않고 영유권을 주장하고 있으며, 앞으로도 그 강도는 결코 약화될 전망이 없다. 이것이 국가 간 영토분쟁이 안보외교의 주요한 주제로 남아 있을 이유가 된다.

다음으로 거론할 안보외교의 주제는 정치집단으로서 국가 자체의 생사소멸(生死消滅)을 들 수 있다. 전쟁이 안보외교의 한 수단으로 남아 있는 한, 전쟁의 결과로 비롯될 수 있는 국가 자체의 소멸(消滅)이나 생성(生成) 역시 안보외교의 한 주제로 생명력이 유지될 수밖에 없다. 그러나 현상유지를 기저(基底)로 삼고 있는 오늘의 국제질서하에서 국가 자체가 소멸되거나 다시 생성된다는 것은 그리 쉽게 상정할 수 있는 안보외교 주제는 아니다. 인간이 생존만이 아닌 이유로 형성한 부족국가나 도시국가 혹은 제후국가라는 집단이 정치적인 이익을 추구하기 시작한 2,500여 년 전부터 국가라는 집단은 무수한 생사소멸(生死消滅)이나 흥망성쇠(興亡盛衰)의 과정을 거치면서 오늘에 이르고 있다. 어떤 국가는 이른바 강대국으로 어떤 국가는 중진국으로 또 다른 국가는 약소국이라는 이름으로 오늘의 위치와 위상을 점유하게

---

19) 육군사관학교 전사학과, *세계전쟁사*, pp. 473-86.

되었다는 말이다. 오늘의 국가들은 그들이 겪어 온 과거의 모든 행적(行績)들의 결과로 오늘의 위상과 위치를 차지하여 전 지구 혹은 지역적 차원에서의 평형(平衡) 상태를 유지하고 있는 것이다. 오늘의 개별 국가들은 위상이 변경되거나 존재 자체가 생성(生成) 혹은 소멸(消滅)되기가 쉽지 않은 현상적, 실질적, 관계적 위치를 유지하고 있다. 따라서 오늘의 국가들은 과거 중국에서 제후국(諸侯國)들의 흥망(興亡)이나 로마제국의 형성(形成) 또는 제국주의적 국가와 그에 종속된 식민국가 등으로 표출된 국가 간 질서 속에서와 같은 급격한 변화의 소용돌이에 휘말릴 가능성은 크지 않다. 그래서 국가들의 생사소멸(生死消滅)이나 흥망성쇠(興亡盛衰)가 안보외교의 주제로 등장하기는 매우 어려운 것이 사실이다. 그러나 2차 세계대전 후에 조성된 냉전적 국제질서 속에서 형성된 분단국가들의 재통합(예를 들어 동독과 서독), 연방국가 혹은 복합 민족국가 형태의 국가에서 민족의 분화로 인한 새로운 국가의 생성, 그리고 아프리카 대륙에서와 같은 종족 간 분립으로 인한 새로운 정치집단의 생성은 얼마든지 가능하기 때문에, 국가 자체의 생사소멸(生死消滅)은 국가 간 혹은 국가군(國家群) 간 안보외교의 주제로서 명맥(命脈)은 유지하고 있다.

안보외교의 다음 주제로는 국가 간 혹은 국가군 간 쌍무적(雙務的), 지역적(地域的), 국제적(國際的) 질서의 형성과 구축을 들 수 있다. 원래 국가들은 다른 국가들과 동맹, 협의체 또는 국제기구 등을 형성·구축하여 자국의 안전보장과 국가이익을 증진시키려 한다. 이러한 국가 간 배열은 형태와 내용 정도의 차이가 있긴 했으나, 고대에서 현대에 이르기까지 지속적으로 존재해 오고 있다. 과거에는 상대국을 불신한 나머지 왕자들의 인질이나 상호교환 등으로 구속력을 유지하려 했고, 좀 더 적극적인 차원에서 양국 왕이나 지도자들이 자신이나 자제들의 혼인을 통한 인륜적인 관계 형성으로 동맹을 구체화하려 했다. 강국에 대항해서 살아남거나 강국을 분쇄하기 위해서 과거 중국에서는 합종연횡(合縱連橫)이라는 배열이 현실화되기도 했다. 이와 같은 국가 간 배열은 양자(兩者) 혹은 다자(多者) 간에 형성되기도 하면서, 지역적으로나 국제적으로 확대되기도 해 왔다. 2차 세계대전 후에 결성된 NATO와 Warsaw Pact 등이 대표적이며 지역적으로 한 때 결성되었던 CENTO, SEATO 등도 이러한 범주에 넣을 수 있다. 1차 세계대전 후에 전쟁을 막고 국제적 평화를 유지한다는 이상과 이론을 바탕으로 결성된 국제연맹(國際聯盟)이나 2차 세계대전 후에 조직되어 오늘까지 명맥을 유지하고 있는 국제연합(國際聯合) 등은 전면전(全面戰)과 전면적(全面的) 피해를 억제하고 막아보자는 취지에서 구체화된 국제기구이기도 하다. 이러한 보편적 · 이상적 국제질서를 표방한 국제기구의 결성에도 불구하고, 전 세계적으로 구축된 국제질서는 2차 세계대전 후에 나타난 냉전(冷戰)질서에서 구체화된 동서진영처럼 이념적 대립 관계를 반영한 성격의 것들도 표출해 왔다. 이러한 현상은 국제사회의 역사에서 얼마든지 그 사례(事例)를 찾아볼 수 있다. 이와 같이 안보의 주체 역할을 수행해 온 국가라는 정치집단들은 자신들의 안전보장과 이익증진을 위해서 쌍무적 · 집단적 · 지역적 · 국제적 차원에서 동맹 혹은 필요한 질서를 구축해 오고 있으며, 그것은 경제 · 무역 등 군사 외적인 영역에서도 현실화되고 있다.

국가의 생존을 보장하고 이익과 번영을 추구하기 위하여 자국에 호의적인 국제환경을 조성하기 위한 국가안보의 증진에 노력해 온 국가들은 이제 좀 더 포괄적인 의미에서의 안보를 위한 노력을 강요당하고 있다. 테러 등 반사회적인 파괴행위로부터 안전한 사회환경을 보장하기 위한 국제안보, 자연생태 보존과 생활환경 확보를 위한 환경안보, 그리고 인권유린과 성 · 인신매매와 마약 등으로부터 인간의 존엄성을 보장하기 위한 인간안보 등이 바로 그것이다. 다시 말해, 국가들은 국가라는 정치집단의 안보만을 위한 국제환경 조성뿐만 아니라, 파괴적이지 않은 사회환경 보장을 위한 국제안보, 인간 활동의 모태가 되는 자연환경 보장을 위한 환경안보, 건전한 인권환경 조성을 위한 인간안보를 보장할 책무(責務)를 더 수행해야 한다는 말이다.

이제 정치권력단위체로 자리잡은 국가는, 개별적이든 집단적이든 인간 개개인이 제대로 살아갈 수 있는 사회환경과 자연환경을 조성해야 하는 지구안보(地球安保)까지 보장하기 위한 노력과 외교를 펼쳐야 한다.

안보외교는 우호국(友好國), 적대국(敵對國), 비동맹국(非同盟國), 세계국가(世界國家) 등에 따라 유형을 구분할 수 있으며 다루어지는 주제의 성격이나 내용도 구분될 수 있다. 우호국과의 안보외교는 우호(友好)와 결속(結束)의 정도를 증진시키는 방향으로 전개하고 적대국과는 적대(敵對)의 정도를 낮추어 충돌(衝突) 가능성을 제거하는 외교가 바람직하며, 비동맹국들이 적대국에 우호적인 세력으로 변환될 가능성을 줄이고 그들과 호의적인 관계를 유지할 수 있도록 해야 하고, 세계 여러 국가들과는 안전한 사회·건전한 환경·인권보장을 위한 범지구적인 안보를 보장할 수 있는 성격의 외교가 되어야 한다. 안보외교 대상의 호오(好惡) 정도에 따른 적절한 안보외교의 성격, 내용, 형태는 이를 행하는 한 국가의 안보는 물론 국가군(國家群)이나 국제사회뿐 아니라 인간 개개인이 인간답게 살아갈 수 있는 인위적·자연적 환경 조성을 위한 필요조건이 된 셈이다.[20]

쌍무적이든 다자 간이든 지역적이든 지구적이든, 안보외교는 몇 가지 수준에서 구체화(具體化)된다. 먼저 구체화되어 온 수준은 각 국가 혹은 국가들의 정상회담(頂上會談: the summit meeting or conference)을 들 수 있다. 물론 정상회담 전에 여러 단계의 실무회담이나 접촉을 거쳐 의제를 조율하고 합의를 도출하는 단계를 거치기는 하나, 정상회담은 상징적으로나 실질적으로 가장 강력한 수준별 안보외교의 한 형태이다. 이 점은 안보 분야에서도 그렇고 경제 등 다른 분야에서도 마찬가지이다. NATO 정상회담이나 한국과 미국 간의 정상회담이 안보 분야에서 가시화된 형태라면,

20) 국가안보 외의 포괄적인 의미의 안보에 대한 이론적 개념과 전개는, John Baylis, et al., *The Globalization of World Politics*, 4th ed.(London and New York: Oxford University Press, 2007); 하영선 외 역, *세계정치론*(서울: 을유문화사, 2009) 참조.

APEC이나 G-8, G-20, G-2 회담과 같이 경제·재정 문제를 비롯한 인권·안보 문제 등 거의 모든 문제를 논의하는 정상회담은 수준면에서 먼저 꼽을 수 있는 안보외교의 한 유형이다. 다음으로는 안보 및 국방 책임자 회동을 들 수 있다. NATO의 국방장관 회담, 한국과 미국 간의 연례 국방장관회담(SCM: Security Consultative Meeting) 등을 대표적인 예로 들 수 있다. 다음으로 군사실무고위급 회동을 논할 수 있는데, 이는 한국과 미국 간의 합참의장 회동(MCM: Military Committee Meeting) 같은 형태이다. 국가 혹은 국가군 간의 안보외교는 정상(頂上)·정책(政策) 및 기획(企劃)·실무(實務) 급에서 전체적 혹은 구체적 사안이 계획·논의·결정되며 이러한 수준별 교섭의 결과에 근거하여 실제 행동이나 배열이 현실화된다.

이와 같이, 안보외교는 기간(平時, 危機時, 戰時)과, 기타 주체별(國家 間, 國家群 間, 國際機構), 주제별(領土調整, 國家生死消滅, 國際秩序構築), 대상별(友好國 間, 敵對國 間, 非同盟國 間, 世界國家 等), 수준별(頂上, 政策擔當者, 實務執行者 及)로 분류된 범주(範疇)에서 여러 가지 유형(類型)으로 현재화(顯在化)되면서 전개된다.

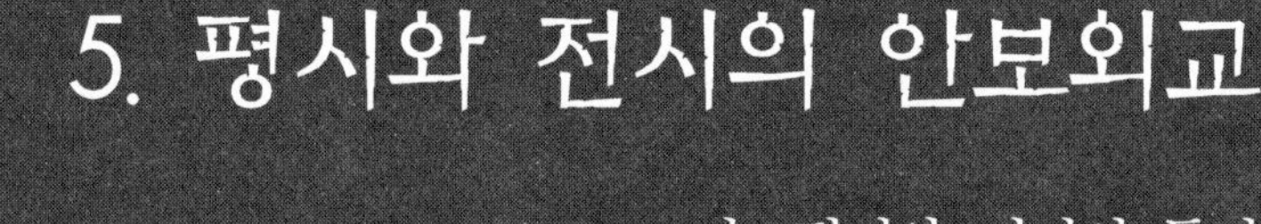

5. 평시와 전시의 안보외교

가. 평시와 전시의 특징

나. 평시의 안보외교

다. 전시의 안보외교

5. 평시와 전시의 안보외교

가. 평시와 전시의 특징

국가들이 형성하고 있는 국제사회는 갈등(葛藤)과 대립(對立)을 구성요소로 가지고 있다. 물론 국제사회에서 국가 혹은 국가군은 협의(協議)와 협조(協助)를 통해서 호혜적인 이익을 추구하는 경우도 많으나, 영토나 영향력의 확보 또는 확대와 연관된 문제들은 협의나 협조보다는 대립과 충돌의 원인이 되는 것이 통상적이다. 그러나 국가 간 혹은 국가군 간의 모든 사안(事案)들이 해결되거나 해결되지 않았더라도 직접적인 무력충돌(武力衝突) 전의 상황에 머물러 있는 국제사회의 상태를 평시(平時)라고 규정한다면, 미해결 사안을 해결하기 위하여 국가 혹은 국가군 간 직접적인 무력충돌로 인한 전쟁에 돌입한 상태를 전시(戰時)로 규정할 수 있다. 국제사회에서의 평시와 전시는 단절적(斷絶的)이기보다는 상호 유기체적인 연관을 맺고 있으며, 평시가 전시의 씨앗을 머금고 있고 전시에도 평시의 싹이 발견되는 것을 자연스러운 이치(理致)로 받아들이고 있다. 따라서 평시와 전시의 실질적 구분은 국제사회의 본질적 특성인 갈등과 대립이 잠재적(潛在的)으로 상존(常存)하면서 평온 상태를 유지하고 있느냐 아니면 현재적(顯在的)으로 충돌하면서 전쟁 상태로 돌입했느냐 하는 것이다.

국제적으로, 갈등과 대립을 머금은 채 평온한 상태를 유지하고 있는 평시나 이들 요소가 직접적 원인이 되어 전쟁으로 비화(飛火)되어 드러난 전시는 나름대로의 특징을 지니고 있다.

평시(平時)는 국가 간 관계 속에 내포되어 있는 갈등과 대립 요소들이 잠재적(潛在的)으로 상존(常存)하면서도 겉으로 평온을 유지하고 있는 상태로 지칭할 수 있다. 본질적으로 국가 간에는, 그 연원(淵源)이 국가 내부에서 기인(基因)하든지 외부에 기인하든지 아니면 내부와 외부의 상관관계에서 비롯되든지 갈등과 대립관계가 형성되기 마련이다. 이러한 관계의 기본 원인은 실질적인 경제(經濟)나 재화(財貨)적 이해관계에 인해서 형성될 수도 있고, 정치·이념적인 가치와 체제의 상충(相衝)에서 비롯될 수도 있으며, 생활권 혹은 영토(領土)나 영해(領海)의 서로 다른 입장과 주장에 근거를 두고 있을 수 있다. 또한 종교나 문화, 사상적 이질성과 이질감, 역사적 경험, 감정적(열등, 우월감) 차원에서도 찾아볼 수 있다. 이러한 잠재적 요소들이 어떠한 상황하에서 어떠한 촉발 요인으로 인해 직접적 충돌로 현재화(現在化)되지 않고, 잠재(潛在)되어 있는 상태로 평온함을 유지하거나 균형을 이룬 채로 존재하고만 있는 상태를 평시라고 규정할 수 있다.

국가 간 대립과 갈등 요소들이 극단적으로 현재화되지 않고 잠재적 위치에서 평온을 유지하거나 상호 적절한 균형을 유지하면서 그저 잠재된 상태로 남아 있는 상태를 평시라고 규정한다면, 평시는 잠정적(暫定的)인 평온함을 그 특징으로 가진다. 국가 간 사안별 갈등과 대립요소가 적절한 교섭과 협의를 통하여 해소되었거나, 협의나 합의가 되기 어려운 요소가 거론되지 않은 채 잠재적인 상태로 존재하는 잠정적인 고요함이 바로 평시라는 뜻이다. 이러한 상태는 과거의 평시도 그러했고, 오늘의 평시도 그러하며, 내일의 평시도 마찬가지이다. 과거 로마제국이 보장한 팍스로마나(Pax Romana)는 지역별, 인종별, 종교별로 로마와 병립(竝立)하기 힘든 갈등과 대립 요인이 많았다. 그럼에도 불구하고, 로마의 물리적인 군사력에 대항하기보다는 로마에서 파견한 총독을 수용함으로써 지역 주민들의 자치적 영역을 보장받고 권익(權益)을 챙기는 것이 유리하다는 지역 유지(有志)들의 판단에 따라 잠정적인 평화를 유지해 나갔다. 그러나 강제력에 근거한 로마의 권위가 약화됨에 따라 로마제국은 분열되어 인종이나 종교 그리고 다른 강제력의 구심(球心)을 근거로 이합집산(離合集散)된 채로 또 다른 분열과 갈등 소지를 머금은 질서를 구축하게 되었다. 프랑스 혁명(1789)의 결과로 등장한 나폴레옹 군을 상대로 구(舊)질서하의 유럽은 하나가 되어 프랑스를 패배시켰으나, 영국의 대유럽 대륙 세력균형 정책과 유럽 대륙 내 국가들의 상호견제 정책의 결과로 나폴레옹이 제거된 프랑스의 국체(國體)는 보존되었고, 그에 근거하여 새로운 질서가 구축되기도 했다. 국가적 영역(領域)이 거의 확정된 오늘날에도 개별 국가 간 영토분쟁의 소지는 남아 있다. 영국과 아르헨티나는 포클랜드 영유권을 둘러싸고 전쟁(포클랜드 전쟁, 1982)을 치르기까지 했고, 일본과 중국, 한국과 일본, 일본과 러시아 간에도 주변 섬 지역에 대한 상호 영유권 주장을 굽히지 않고 있는 실정이며, 해저자원(海底資源)의 중요성이 날로 증가함에 따라 영유권 주장들의 강도가 약화될 전망은 결코 밝지 않다. 특히 2차 세계대전의 결과와 냉전적 대립구조의 잔재(殘在)를 안고 있는 중국과 대만, 한반도의 남북한은 잠재적(潛在的) 갈등과 대립 요소가 언제든지 현재화(現在化)될 수 있는 관계 속에서 잠정적인 평온함을 유지하고 있으며, 평시가 장기적인 체제 간 전복전(顚覆戰)의 한 단계로 활용되고 있는 셈이다. 이와 같이 평시는 군사력을 포함한 국력이 강한 국가의 권위를 수용함으로써 보장받은 평화, 대립과 갈등 요인을 안은 채 그저 유지한 평온함, 상정할 수 있는 전면적인 무력사용의 과도적 단계로서의 잠정성(暫定性)을 특징으로 갖는다.

이와는 대조적으로, 전시(戰時)는 격렬(激烈)한 폭발성을 지니고 있으며 이때는 전투나 전쟁에서의 승리를 목표로 모든 노력이 집중된다. 평시의 국가 간 갈등과 대립적 사안(事案)을 무력을 사용해 상대의 저항능력과 의지를 박탈 혹은 무력화시켜 해결하려는 상황을 전시라고 규정할 수 있다. 전쟁을 통하여 문제를 해결하려는 전시는 전쟁에서의 승리를 목표로 한 모든 국가(國家)적 혹은 국가군(國家群)적 노력이 집중되며, 전쟁 당사국들은 신속한 전쟁의 승리를 쟁취하려 한다. 바꿔 말하면, 가장 경제적인 승리를 쟁취하려 한다는 뜻이다. 값비싼 장기지구전(長期持久戰) 후의 승패(勝敗)는 피해(被害)와 피폐(疲弊)의 정도만 다른 패배(敗北)와 다를 바 없기 때문이다. 두 차례에 걸친 유럽에서의 대전(大戰)이 결국 유럽 중심의 국제질서를 대전 후에 강대국(强大國)으로 등장한 미국(美國)과 소련(蘇聯) 중심으로 바꾸어 놓은 것과 같은 논리이다. 국가 간의 전쟁에서도 이라크와 이란이 싸운 이란-이라크 전쟁(1980~1988)과 같이 아무런 성과를 거두지도 못한 채 양국 모두 채권국에서 채무국으로 전락한 '가장 실패한 전쟁'의 당사국이 되지 않으려 한다. 따라서 폭발성을 지닌 전시의 전쟁에서 당사국들은 가장 신속하게 가장 비용이 덜 든 승리를 쟁취하여 군사적 혹은 군사 외적 목표를 달성하려는 것이 통례(通例)였다.[1)]

신속하고 비용이 덜 드는 승리의 쟁취를 목전(目前)의 목표로 삼는 전시(戰時)의 안보외교는 총체성(總体性)과 신속성(迅速性)을 특징으로 갖는다. 전쟁을 승리로 마감하기 위하여 교전 당사국들은 모든 인적·물적·지적·외교적 노력을 경주하는 총체적인 노력을 기울인다. 이러한 총체적 노력은 우적(友敵)관계 속에서 전쟁을 치르는 모든 교전 당사국들이 기울이기 때문에 상대보다 먼저 현실화시키려 하는 것이 당연하다. 교전 당사국들은 전쟁수행을 위한 자체 총력을 집중하는 것은 물론 우방(友邦)이나 동맹(同盟)으로 연결된 우호국(友好國)뿐만 아니라 중립적(中立的)인 입장을 표명한 국가들과 교전 상대에게 우호적인 국가들까지도 자국들에게 우호적인 지원을 하도록 만들거나, 그것이 불가능할 경우에는 최소한 우호적인 중립을 유지하

1) 전쟁에 동원될 수 있는 자원이 한정되어 있는데도 과거 유럽에서는 100년 전쟁(1337~1453), 30년 전쟁(1618~1648) 등이 있어 왔으나, 중국의 대표적 고전 병서인 손자(孫子)에서도 '兵聞拙速 未睹巧之久也'라 하여 전쟁 수행 방법의 교묘함보다 전쟁 수행 자체의 신속성을 강조하고 있다. *孫子*, 第二 作戰篇.

도록 최선을 다하기 마련이다. 따라서 전시는 자체 동원 면에서나 우방을 확보하려는 안보외교 면에서 총체성과 신속성을 특징으로 갖는다.

이와 같이 갈등과 대립 요소들이 잠재적(潛在的)으로 존재하고 있는 평시와 그 요소들이 현재적(現在的)으로 충돌한 전시는, 호의적인 현상의 유지와 호의적으로 현상을 변경하려는 두 정책의지(政策意志)가 내재(內在)되어 외양적으로 평온을 유지하거나 아니면 충돌(衝突)하여 전쟁으로 비화(飛火)된 채로, 평시(平時)는 잠정성(暫定性)과 불안정성(不安定性)을 그리고 전시는 총체성(總体性)과 격렬한 신속성(迅速性)을 특징으로 삼는다.

나. 평시의 안보외교

대립과 갈등 요소가 잠재되어 있는 평시의 안보외교는 현상유지와 현상변경 의지를 정책으로 내세운 세력들 간의 외교적 대결로 귀결(歸結)된다. 유지하거나 변경하려는 현상은 물리적인 성격인 영토의 관할권 주장에서부터 국가의 존립, 위상(位相), 상대적 영향력(影響力), 종족, 종교, 문화 및 도덕적 우월성(優越性) 확보를 위한 노력 등에서 다양한 형태로 구체화되거나 상정(想定)된다.

물리적인 성격에서 본 현상유지와 현상변경 정책의지는 영토(領土)의 관할 주장이다. 국제 외교사에서 특정 지역에 대한 관련국의 관할 주장은 뿌리 깊은 역사를 가지고 있다. 중국의 흥망사에서 나타난 왕조 및 제후국들의 영토쟁탈전이나 유럽 국가들이 벌여 온 영토쟁탈전이 이를 잘 말해 주고 있다. 최근에도 남아메리카 대륙 남단에 위치한 포클랜드 섬(영국명, 아르헨티나명은 말비나스)의 영유권 주장과 아르헨티나의 점령 사태는 포클랜드 전쟁(1982)의 원인이 되기도 했으며, 이 전쟁에서 승리한 영국이 포클랜드 섬을 소유하기에 이르렀다. 한국이 위치한 동아시아 지역도 결코 예외가 아니어서 지금까지도 영토 영유권 문제가 평시 안보외교의 주요한 주제가 되고 있다. 일본은 러시아가 관할하고 있는 쿠릴 열도의 4개 섬의 반환을 요구하고 있고, 한국이 실효 지배하고 있는 독도(獨島)의 영유권을 주장하면서 중국이 영유권을 주장하는 센카쿠 열도(尖閣列島; 중국명: 조어도, 釣魚島; 대만명: 조어대, 釣魚臺)의 점유는 포기하지 않고 있다. 중국도 서사군도(西沙群島, Paracel Islands)를 실질적으로 지배하면서 베트남의 영유권 주장을 일축하고 있으나, 필리핀이 실효 지배하고 있는 남사군도(南沙群島, Spratly Islands)의 영유권을 주장하고 있다. 남사군도는 말레이시아와 싱가포르도 각각 영유권을 주장하고 있다.

일본이 지배하고 있는 센카쿠 열도에 불법 침입했다는 이유로 중국 어선을 억류한 일본은 중국의 희토류(稀土類) 대일본 금수조치 압력에 굴복하여 선장과 어선을 풀어 주기도 했으나, 열도에 대한 영유권 자체를 포기하지는 않고 있다.[2] 이 가운데 중국의 일부 학자 및 연구가들은 과거 통일 왕국(琉球 왕국, 1429)으로 존재했다가, 1609년 일본 사츠마번(薩摩藩, 현재의 가고시마 현)의 식민지를 거쳐 1879년에 오키나와 현이 설치되어 일본으로 편입된 류큐(琉球, 오키나와의 옛 이름) 열도 역시 중국의 영토라는 주장을 내놓고 있다.[3] 이와 같이, 한국이 위치한 동아시아 지역에서도 현재 영토분쟁의 소지가 있는 영유권 주장은 평시 안보외교의 주제가 되고 있다.

현재보다도 과거에 구체적으로 현실화되었던 평시 안보외교의 주요한 사안은 국가 존립(存立)의 보장이었다. 중국의 전국시대(戰國時代, 기원전 475

2) "동아시아 영토분쟁 '화약고' 부상", *매일 경제*, 2010. 9. 27.

3) "中연구가 '오키나와는 중국영토'", *아시아투데이*, 2010. 9. 20. 미국과 일본 사이에 오키나와의 후텐마(普天間) 기지 이전을 둘러싸고 갈등을 빚고 있던 때에 중국의 학자와 연구가들은 2006년 이후 류큐 열도 자체가 중국 땅이라는 주장을 담은 20여 편의 논문을 발표했다. 이들은 1879년 일본 메이지(明治) 정부의 류큐 열도 병합이나 1972년 미국의 오키나와 반환 등은 모두 국제법상 근거가 없다는 주장을 펴면서 그 열도는 원래 중국의 영토였다고 주장했다. 1879년 일본의 병합 조치에 중국의 청나라는 강력하게 항의했고 자국의 영유권 주장을 굽히지 않았으나, 청일전쟁(1894~1895)의 패배로 류큐 열도를 포기했었다. "日, 120년 전부터 무인도에 '말뚝'…中보다 EEZ 넓어: 일찌감치 해양영토 확장골몰, 엄청난 자원 확보", *조선일보*, 2012. 5. 1.

~기원전 221)에 펼쳐진 합종연횡(合縱連橫)책은 강한 제후국인 진(秦)에 대해서 상대적으로 약한 나머지 6개국(楚, 燕, 齊, 韓, 魏, 趙)이 합종 형태의 공수동맹(攻守同盟)을 결성하여 자국의 존립을 보존해야 한다는 방책과 진(秦)의 패자(覇者) 위치를 존중하여 6개 제후국(諸侯國)이 진(秦)을 섬김으로써 자국을 보존해야 한다는 존립보장책이었다. 한반도의 삼국(三國)인 고구려, 신라, 백제와 중국의 왕조국가(隋, 唐)와의 관계에서도 당시 가능한 자존책(自存策)이 등장했다. 백제와 신라는 고구려의 남진(南進) 위협에 대처하면서 자국을 보존하기 위하여 수(隋)나라에 고구려 정벌을 종용하였다. 백제 무왕(武王)은 607년에 수에 조공을 보내면서 고구려 토벌을 주문했고, 신라 진평왕(眞平王)도 611년에 원광법사(圓光法師)에게 걸사표(乞師表)를 작성시켜 그것을 수(隋)에 보내면서 고구려 정벌을 간청하였으며 수가 고구려를 침공했을 때 고구려 변성(邊城)을 탈취하기도 했다. 프러시아의 비스마르크(Otto Edward von Bismarck, 1815~1898) 수상은 보오전쟁(1866)과 보불전쟁(1870~1871)을 일으켜 독일 공국 내에서 오스트리아와 프랑스의 영향력을 제거하고 프로이센 중심으로 통일된 독일 제국을 탄생시켰다. 그는 새로 탄생한 독일 제국을 보존하기 위해서 프랑스를 고립시키는 안보외교를 펼쳐 독일과 러시아 및 오스트리아를 결속시킨 3제 동맹(三帝同盟, 1873~1878)을 맺고, 1882년에는 독일·오스트리아·이탈리아의 3국 동맹(三國同盟, 1882~1915)을 체결하는 2중 보장외교를 구사하였다.[4] 이렇듯 주어진 상황에서 국가의 존립을 보장하기 위한 안보외교는 동서고금(東西古今)을 통해서 간단(間斷)없이 전개되어 왔다.

유태인들은 거의 2천년 동안(70~1948) 국가 없이 전 세계 여기저기에 흩어져 살면서 명예(名譽)와 부(富)를 축적했지만 히틀러의 집단학살(Final Solution)이라는 전대미문(前代未聞)의 시련을 겪어 낸 후에야 팔레스타인

4) 육군사관학교 전사학과, *세계전쟁사*(서울: 황금알, 2005) pp. 189-93.

지역에 이스라엘이라는 국가를 세우게 되었다(1948. 5. 14). 시오니즘(Zionism)으로 결집된 유태인들의 열망으로 이스라엘이 수립되었으나, 이스라엘이라는 국가의 출현은 2,000여 년 동안 잠복해 있던 유태민족과 아랍인들 사이의 갈등의 불씨를 다시 살려냈다. 결국 이스라엘은 독립을 선포한 다음부터 독립전쟁(1948. 5. 15~1949. 2. 24), 예방전쟁(豫防戰爭, a preventive war, 1967), 이집트의 공격을 받은 또 한 차례의 전쟁(10월 전쟁: 욤키푸르 전쟁, 1973. 10. 6~24)을 치른 후에, 미국의 주선으로 시나이 반도를 이집트에 반환하고 공존(共存)을 전제로 한 외교관계를 수립하여(1978. 9. 17) 주변 아랍 국가들의 연합 공격의 위험성을 제거했다. 그러나 이스라엘 국토 자체가 자신들의 생활영역이었다고 간주하는 팔레스타인 사람들의 자살 폭탄 테러와 기타 아랍 국가들의 반목과 증오 그리고 그들 중 일부가 펼치는 테러 공격을 해소시킬 정책적 · 전략적 난제(難題)를 해결해야 하는 국가적 · 종족적 과제를 부여받았다.[5] 실로, 탄생 이후 오늘에 이르기까지 국가적 자존(自存)을 보장하기 위하여 이스라엘이 펼친 외교는 안보외교의 장관(壯觀)을 보여 주면서 해결해야 할 과제도 안겨 준 셈이다.

국가의 대외 위상이나 영향력의 우월한 위치 확보를 위한 국가적 노력 역시 동서고금(東西古今)의 시대적 · 공간적 한계를 초월하면서 안보외교의 하나로 전개되어 왔다. 동양의 유교권(儒敎圈)을 중심으로 중화(中華)사상을 앞세운 중국은 국가 간에도 서열(序列)에 근거한 예(禮)를 갖추어야 한다는 논리를 앞세워 조공(朝貢)제도를 통해서 국가적 영향력을 유지하려 했으며, 베트남 전쟁(1954~1975)에서 월맹(越盟)을 도왔던 현대의 중국 역시 전후 월맹 정부가 화교(華僑) 재산을 몰수하는 조치 등을 취하자 응징(膺懲)한다는 명분을 내세워 베트남을 공격하여 중월전쟁(1979)을 일으키기도 했다.

5) 육군사관학교 전사학과, *세계전쟁사*, pp. 473-86; Thomas A. Bailey, *A Diplomatic History of the American People, 10th ed.*(Englewood Cliffs, NJ: Prentice-Hall, Inc., 1980), pp. 964-6.

제1차 세계대전 전에 독일은 범게르만주의의 패자(覇者)로서 오스트리아를 지원했고, 러시아는 범슬라브주의의 대부(代父)로서 세르비아를 전폭적으로 지원함으로써 국지적인 사건을 유럽의 대결로 비화시키는 결과를 빚어내면서까지 영향력을 유지하려 했다. 2차 세계대전 후에 잔존(殘存) 강대국(强大國)으로 부상한 미국과 소련은 자유민주주의 및 자본주의의 우월성과 공산사회주의의 보편성을 내세우면서 세계를 동서 양대 진영으로 분립(分立)시켜, 패권국(覇權國)으로서 영향력을 행사하면서 냉전(冷戰)이라는 국제질서를 정착시키기에 이르렀다. 동쪽 진영의 패자(覇者)인 소련 연방과 동구권(東歐圈)이 붕괴되어 이른바 탈냉전(脫冷戰) 질서가 형성된 이후에 미국은 핵확산 방지·국제 테러리즘·인권보호 차원의 개입을 마다하지 않으면서 거의 유일한 패권국의 위상을 유지해 오고 있으며, 러시아로 변한 과거 소련의 부족한 부분을 채우기라도 하듯 중국도 이에 가세하여 자국의 영향력을 증진시키려 하고 있다.[6] 이와 같이, 동서고금을 통하여 국가들은 자국의 영향력과 고양(高揚)되었거나 고양시킬 위상을 확보하기 위한 안보외교를 구사해 오고 있으며, 앞으로도 이러한 경향과 추세는 평시 안보외교(安保外交)의 주제(主題)가 될 것이 틀림없다.

국가 혹은 국가군(國家群)의 평시 안보외교는 종교, 종족, 문화 및 도덕적 우월성을 내세우거나 이를 기반으로 삼고 상충(相衝)되는 형태로 펼쳐지기도 한다. 과거 분절(分節)된 상태에서의 국제사회는 주로 기독교를 수용한 로마제국을 시작으로 유럽 지역에 정착된 기독교 문명권, 국가 간 서열(序列) 예의(禮儀)를 바탕으로 조공(朝貢)제도하에서 정립된 유교권(儒教圈) 그

6) 중국의 대외정책과 전략 태세는 도광양회(韜光養晦), 유소작위(有所作爲), 화평굴기(和平崛起), 돌돌핍인(咄咄逼人) 등으로 변질되어 온 개념에 입각하여 적극적인 개입 태세를 유지해 오고 있으며, G-2라는 언론 매체의 호칭을 결코 마다하지 않으면서 동아시아 및 세계 차원의 영향력을 행사하려 하고 있다. 신상진, "중국의 외교안보전략", 이승철 편, *21세기 동북아 국제관계와 한국*(나남출판, 2007), pp. 171-216; "中, 이젠 우주 도킹까지…美, 러 전유물이던 우주 정거장에 도전장", *조선일보*, 2011. 3. 3; "美와 동맹 약해진 日, 中·러 강공에 '쩔쩔'", *조선일보*, 2011, 3. 4.

리고 중동(中東) 지역에서 아랍 민족을 중심으로 형성된 회교권(回教圈) 등으로 크게 대별된 채 정립되었다. 이들 문명권은 나름대로 설정하고 주장한 독특한 문화와 도덕적 우월성을 바탕으로 각자의 권역(圈域)을 유지하고 권역 내 질서를 유지하면서 권역의 확장을 도모해 나갔다. 상대적으로 발달된 물질문명의 산물인 무기(武器)를 앞세운 기독교 문명권, 경전(經典)과 칼을 들고 성전(聖戰: Jihad)을 수행하면서 영역을 넓힌 회교권 그리고 동도서기(東道西器)로 다른 문명권과 절충을 시도하면서 자존(自存)을 도모해 나가려던 유교권과 불교권 등은 확장 여세의 강약(强弱)에 따라 각각 권역(圈域)들의 외형상 형태와 내부적 결속 정도가 달라져 왔다. 결국 기독교 문명권의 전 세계적 팽창과 더불어 현대 물질 문명의 수혜(受惠) 범위가 확장되었으나, 그 수용 정도가 다른 유교권과 회교권의 상대적 위상은 다르게 정착되었다. 비교적 수용적인 태세를 지닌 유교권과 불교권은 물질 문명의 결과를 활용하면서 우월한 정신적인 진수(眞髓)를 간직해 나가려 했으나, 배타적인 공격성에 바탕을 둔 회교권은 아직도 기독교 문명권과 상충(相衝)관계를 유지하고 있다. 이에 더하여 인권(人權) 개념, 종족, 문화의 이질성은 국가 혹은 국가군(國家群) 간의 관계를 이해와 협력보다는 대립과 갈등으로 점철(點綴)시키는 요인이 되어 왔다. 이러한 기본적인 토대와 국가 혹은 국가군 간의 이해관계 및 인권, 정치체제, 사상, 특히 민주주의에 대한 기본 개념의 차이는 오늘날의 테러리즘과 대테러 전쟁 및 인권안보와 인권개입 등을 불러와 국제적·세계적 차원의 갈등을 복합적으로 만들면서 국가 혹은 국가군 간 안보외교의 양상과 내용을 복잡하게 만들고 있다.[7)]

---

7) 민주주의에 대한 당위성(當爲性)과 다의성(多義性)은 민주주의를 마치 만병통치약처럼 사용하게 만들었다. 그에 따라 과거 파시즘(Fascism)도 권위주의적 민주주의로 불렸고, 공산주의 국가들은 자국들의 체제를 인민민주주의 혹은 신민주주의로 호칭했다. 또한 이집트 나세르(Nasser)의 무정당(無政黨) 민주주의, 인도네시아 수카르노(Sukarno)의 교도(教導) 민주주의, 파키스탄 아유브 칸(Ayub Kahn)의 기초 민주주의 등의 개념과 용어들이 '이상한' 민주주의 체제를 합리화하고 정당화했다. 강찬석, *민주주의의 이상과 현실*(서울: 건국대학교 출판부, 2008), pp. 15-23. 자국 정부 정책에 대해서 반대

이와 같이 평시의 안보외교는 근원적으로 종교·종족·문화적 개념 차이에서 비롯된 테러리즘, 인권안보에 관한 주제도 포괄하게 되었다. 국가의 존립, 영토 그리고 위상이나 영향력 등과 연관된 기존의 주제(主題)에, 국가적 주권(主權: sovereignty)과 개인적 인권(人權: human right)의 개념적 갈등을 해소하기 위한 관여(關與)와 개입(介入) 정도를 정립해야 하는 새로운 과제를 안게 되었다는 뜻이다.

다. 전시의 안보외교

국가 혹은 국가군(國家群) 간 대립과 갈등 요인이 현재화되어 직접적인 무력충돌로 빚어진 상태인 전시(戰時)의 안보외교는 전쟁의 신속한 승리에 초점을 맞추게 마련이다. 전쟁에서 비용이 덜 들고 신속한 승리를 확보하기 위해서는 기존 자원의 사용과 가용자원의 동원이 총체적이고 신속하게 이루어져야 하며, 자국(自國)의 우방(友邦)은 가능한 한 많이 진지하게 확보해야 하고 적국(敵國)에 우호적인 국가들은 가능한 한 적게 상징적인 수준에 머물도록 해야 할 필요가 있으며, 작전 수행을 위한 동맹 혹은 연합군들 간의 유기적인 협조체제가 갖추어 지게 해야 한다. 그리고 전쟁 종결 후의 평화 상태를 자국에게 유리하게 정착시키면서 안정적으로 유지할 수 있는 질서(秩序)를 구축하는 노력도 병행해야 한다. 전쟁의 신속한 승리 쟁취와 자국에게 유리하면서도 모든 전쟁 당사국들이 수용할 수 있는 안정적인 전후 질서의 구축이 전시 안보외교의 주요한 과제(課題)인 것이다.

하는 자국민의 의사 표시를 무력으로 진압했던 리비아의 카다피 정부군에 대한 비행금지 구역을 설정한 유엔 안보리 제제 결의안(UNSC Resolution 1973, 2011. 2. 17)은 인권안보에 근거한 인권개입의 사례로 기록되었다. 이 결의안에 근거하여 미국, 영국, 프랑스 등 다국적군은 리비아 방공망을 무력화시키기 위한 작전(Op. Odyssey Dawn, 2011. 2. 19)을 시작으로 군사지원을 개시하여 결국 42년간 독재를 한 카다피를 제거했다. "리비아 방공망 31곳 중 20곳 무력화, 제공권은 잡았지만…", *조선일보*, 2011. 3. 21, 10. 21; *네이버 백과사전*.

전쟁에서의 승리는 자원의 총체적인 동원과 신속하고 효율적인 운용을 요구한다. 전시의 국가 혹은 국가군은 보유하고 있는 인적·물적 가용자원을 전면적으로 신속하게 동원하고 집중적으로 활용함으로써 전쟁을 신속하게 승리로 마무리하려 한다. 그리고 평시 안보외교를 통해서 구축된 동맹이나 우호적인 국가들과 연합전선을 형성하고, 적대적이거나 중립적인 국가들도 적절한 유인책(誘引策)과 수단을 활용하여 우방으로 끌어들이거나 최소한 적대적인 입장에 서지 않도록 유도하는 안보외교를 구사한다. 그리고 동맹국이나 우방국들과는 동원에 필요하거나 실제로 동원된 전력(戰力)을 운용하기 위한 정치적·군사적 배열을 구축하여 상호 마찰을 최소화하면서 연합작전 효율성을 극대화하는 노력을 경주한다. 이를 위해서 동맹국들은 정치회담과 군사회담을 수시로 개최하며, 실제 작전의 우선순위와 수행을 위한 실무협조체계를 수립한다. 이와 같이 전시에는 상대의 동맹국은 상대로부터 이탈시키고, 자국의 연합전력은 상대적으로 강화시켜 가용자원의 동원이나 운용의 효과를 극대화시키는 안보외교와 군사협력을 추구한다.

그와는 대조적으로, 전쟁 수행을 위한 동원 가능 자원의 열세와 열악한 한계 속에서 전쟁을 수행하는 국가 혹은 정치집단은 상대적으로 가용자원이 우세한 측의 동원 전력화(戰力化)를 더디게 하거나 방해하면서 전장(戰場)에서 상대 전력의 실제 운용 효과를 무력화시키거나 감소시키려는 정책, 전략, 전술을 구사한다. 그리고 전력이 우세한 상대의 전쟁의지(戰爭意志)를 무력화시키거나 동맹국들을 이탈시켜 고립시키는 총체적 노력을 경주한다.

중국 내전(1927~1949)에서 모택동(毛澤東)의 중국 공산군은 전력이 우세한 장개석(蔣介石)의 국부군과 싸우면서 유격(遊擊)전략을 채택하여 국부군의 전력을 마모(磨耗)시키면서 자강(自强) 노력을 기울이고 일반 중국인들의 지지를 확보하는 술책(術策)을 구체화하면서 영향력을 확대해 나갔다.[8)]

8) 모택동은 적진아퇴(敵進我退), 적거아요(敵據我擾), 적피아타(敵疲我打), 적퇴아추(敵退我追)의 이른바 16자 전법으로 장개석 군대의 전력을 마모시키면서 중국인들의 지지를

그리고 모택동의 중국 공산군은 중일전쟁(1937~1945) 중에 국공합작(國共合作)으로 연합전선을 형성하여 일본군과 싸우면서 자체 공산군의 전력은 강화시키고 장개석(蔣介石) 군대의 전력은 와해시켜 1945년에 일본이 항복하자 거의 대등한 상태에서 내전(內戰)을 수행할 수 있게 되었고, 1949년 10월 1일에는 공산정부를 수립했으며, 1949년 말에는 장개석 군대를 대만(臺灣)으로 구축(驅逐)해 버렸다. 모택동이 이끈 중국 공산군은 전력의 열세를 장기간에 걸친 국부군 전력의 마모와 내부 교란, 붕괴, 그리고 자강(自强) 노력으로 극복하면서 중국 내전(1927~1949)을 승리로 마감했던 것이다.

열세한 군사력을 보유하고서도 우세한 전력을 동원한 강대국들과 전쟁을 수행하여 궁극적으로 그들을 철수시킨 전례(戰例)는 베트남 전쟁(1945. 8. 16~1975. 4. 30)과 중국-베트남 전쟁(1979. 2. 17~3. 18)에서 찾아 볼 수 있다. 베트남은 20세기에 프랑스(1945. 8. 16~1954. 7. 21), 미국(1956. 5. 20~1975. 4. 30, 미 지상군 철수 완료: 1973. 3. 29, 미군 철수 완료: 1973. 8. 15), 중국(1979. 2. 17~3. 18)과 싸운 나라인데, 지금도 서사군도(西沙群島, Paracel Islands)와 남사군도(南沙群島, Spratly Islands)의 영유권 때문에 중국과 충돌관계, 대만 및 동남아 국가(필리핀, 말레이시아, 브루나이)들과는 갈등관계를 벗어나지 못하고 있다.[9)]

프랑스, 미국, 중국과의 전쟁을 지도한 장본인은 2011년에 100세를 맞이한 보 구엔 지압(Vo Nguyen Giap, 武元甲, 1911~)으로 상대 군사력을 격퇴하기보다 상대국과 국민의 전쟁의지를 꺾어 전쟁을 마감하는 전략을 구사

확보해 나갔다.

9) 영유권 분쟁의 원인이 되는 남중국해는 해저에 177억 톤의 원유가 매장된 것으로 추정되어 주변국(중국, 대만, 베트남, 필리핀, 말레이시아, 브루나이)들은 앞다투어 영유권을 주장하고 있다. 특히 중국과 베트남은 서사군도의 영유권을 다투면서 1988년에 해전을 치러 베트남 군함 3척이 침몰하는 등의 충돌관계를 지속해 오고 있다. 베트남의 국방장관과 주석을 역임한 레드억아잉(2011년 92세)은 중국의 위협에 물러서지 말고 단호하게 대응할 것을 주문하면서 "두려워하면 주권을 잃는다"는 충고를 서슴지 않았다. *조선일보*, 2011. 6. 16, 17.

했다. 그는 이길 수 없는 전쟁보다 이길 수 있는 전쟁을 수행했다. 프랑스와의 전투를 사실상 마감한 디엔비엔푸 전투(1954. 3. 13~5. 7)에서 보 구엔 지압이 지휘하던 베트남군은 중공군이 한국전쟁(1950~1953)에서 노획한 미군 105mm 포 100문을 지원받아 이를 밀림으로 한 번에 3cm, 하루 800m씩 이동시키면서 프랑스 군의 진지까지 다가갔다. 그러나 프랑스 군의 진지가 철옹성으로 변해 있는 것을 확인한 지압은 공격을 연기하고 목숨을 걸고 끌고 왔던 대포 등을 은폐된 지점으로 다시 철수시켰다. 많은 사람들이 베트남군이 수적으로 우세하기 때문에 승리할 수 있다고 판단했으나 지압은 프랑스 군의 기세가 만만치 않음을 간파하고 철수를 강행했으며, 프랑스 군이 자만(自慢)하여 전세(戰勢)가 한풀 꺾였다고 판단될 때 그들을 공격하여 디엔비엔푸를 함락했다.

지압은 프랑스 군 다음에 개입한 미군을 전장(戰場)에서 격퇴할 수는 없다고 판단했으나, 미국민과 미군의 전쟁의지는 꺾을 수 있다는 판단을 하고 여러 개의 전선(前線)을 구축하여 다양한 수단과 방법을 동원했다.[10] 병원 지하에 군 지휘부를 두어 미군이 이를 공격하도록 하여 환자를 다치게 함으로써 미군 폭격의 비인도성을 부각시켜 세계 반전 여론을 자극했고, 미군 포로를 학대하고 이를 공표함으로써 포로들 친지들의 반전 여론을 부추겼으며, 월남 정부의 부패상을 부각시켜 미국의 전쟁 목표의 타당성을 훼손시켰고, 특히 1968년에는 구정 휴전 합의를 무시하고 월남 전 지역의 미국 공관과 미군 기지를 공격하여 미군과 미국 관료들의 전쟁지속 의지를 꺾으려 했다. 이와 병행하여 베트남군은 '치고 빠지는' 식의 유격작전을 수행하여 밀림 속의 미군을 괴롭혔다. 미국 정부와의 공식·비공식적 접촉을 마다하지 않음으로써(1970~1972), 세계 및 미국 내 반전 여론 압력과 재정적인 부담에 지친 미국 정부와 평화회담을 진행하여 1954년에 제네바협정 준수, 즉시 정전, 미국인 포로 석방, 미군의 조기 철수, 양 군대의 증강 금지 등으로

10) "살아있는 '20세기 최고의 명장' 보 구엔 지압", *인터넷 중앙일보*, 2011. 3. 7.

합의된 평화협정을 파리에서 체결했다(1973. 1. 27).[11] 평화협정 준수의지가 없던 월맹(越盟)은 미국의 닉슨 대통령이 사임하고(1974. 8) 미국 의회가 지원을 거부하자 대규모 공세를 개시하여(1974. 12) 월남(越南)을 패망시켜 버렸다(1975. 4. 30).[12] 월남을 패망시킨 후, 월맹의 크메르 루즈 공격·친소련 정책과 월남 내 중국 화교들의 박대 등으로 배신감을 느낀 중국의 공격을 받은 베트남은, 과거 맹방(盟邦)이었던 중국의 침공을 받아 전쟁을 치렀다(1979. 2. 17~3. 18). 중무기로 무장한 20만 명이 넘는 중국군과 싸운 10만 명의 베트남군은 중국군과 비슷한 4만여 명의 손실을 입으면서 선전하였고, 중국군이 징벌(懲罰)을 완료했다는 명분으로 철수하여 전쟁은 종식되었다. 중국과의 전쟁에서 베트남군은 중국군에게 손실을 가하면서 방어작전을 펼치다가 자의 철수하는 전술을 채택하여 중국군에게 심대한 피해를 입혔다.[13] 이와 같이 자국군보다 강한 군대와 전쟁을 치른 베트남군과 그들을 지휘한 지압은 불가능한 격퇴(擊退)나 격멸(擊滅)보다, 상대 국민의 전쟁의지나 상대 군대의 전투의지를 약화(弱化)·소멸(消滅)시키는 전략을 채택하여 전쟁을 승리로 마감했다.

제2차 세계대전에서 추축국(樞軸國: 독일, 이탈리아, 일본)과 연합국(聯合國: 미국, 영국, 소련)의 안보외교는 전시(戰時) 안보외교(安保外交)가 상정할 수 있는 모든 형식(形式)과 내용(內容), 그리고 양태(樣態)를 보여 주면서 전시 안보외교의 전형(典型)을 기록했다.

실로, 2차 세계대전은 전 세계 모든 국가가 직간접적으로 연관되어 치러진 명실상부(名實相符)한 세계대전(世界大戰)이었다. 이 전쟁은 크게 유럽지역과 아시아·태평양 지역의 두 전쟁으로 치러졌으나, 두 전쟁의 원인은 밀접한 상관관계를 맺고 있진 않았다. 유럽에서의 전쟁 원인은 1차 세계대전

---

11) 金幸福 외, *20世紀 地球村戰爭*(兵學社, 1996), pp. 335-8.

12) 위의 책, pp. 335-44.

13) 위의 책, pp. 660-4.

처리 결과로 독일에게 강요된 베르사유 체제 및 1929년의 세계경제 공황으로 빚어진 배타적 국가중심 경제 체제와 연관을 맺고 있지만, 아시아 태평양전쟁은 군국주의 일본이 시작한 중일전쟁(1937~1945)에서 원인을 찾을 수 있다. 일본의 진주만 기습공격(1941. 12. 7. 현지 시간)이 미국을 전쟁에 끌어들여 유럽과 아시아·태평양 지역의 전쟁을 하나로 연결시키는 역할을 수행했다. 물론, 유럽에서 전쟁을 일으킨 독일은 우수한 아리안 족의 생활권(生活圈: Lebensraum)이 좁다는 이유를 들어 군사력 사용을 합리화하고, 이탈리아는 자신들의 영향권(影響圈: sphere of influence)인 지중해 지역에서 로마제국의 영광(prestige)을 회복해야 한다는 기치(旗幟) 아래 임의로 군사력을 사용하고, 일본은 대동아공영권(大東亞共榮圈) 구축이라는 명분을 내세워 침략 행위를 주저하지 않은 사실에서 이념적으로 유사한 점을 발견할 수는 있으나, 이른바, 추축국(樞軸國: The Axis Powers)이라고 불리는 이 국가들의 생활권·영향권 혹은 공영권이라고 이름 붙인 각 세력권을 확보한다는 목표 이외의 이념적·현실적 공동목표는 찾아보기가 쉽지 않다. 연합국(聯合國: The Allied Powers)이라는 이름으로 그 국가들과 전쟁을 치른 미국, 영국, 소련은 자유민주주의와 공산사회주의라는 이념적인 차이를 당분간 접어 두고 나치즘과 파시즘 그리고 일본 군국주의의 위협에 대처하는 공동전선을 형성했다. 특히, 일본의 진주만 기습공격 후에는 미국도 참전하면서 '선독후일본(先獨後日本: Germany first, Japan next)'이라는 방침으로 더 위협적인 유럽에서의 대독일전을 우선시했다. 프랑스가 망하고 영국과 소련이 힘겹게 싸우는 유럽 전선을 먼저 안정시키는 것이 태평양이라는 완충 지역이 있는 태평양 전선에 대한 대처보다 더욱 절박하다는 판단을 내린 셈이다. 이와 같은 사태의 진전에 따라 미국을 포함한 전 세계의 모든 주요 국가들이 전쟁에 참여하게 되었고, 유럽과 아시아·태평양 지역에서 비롯된 두 개의 전쟁이 하나로 결합되어 세계대전(世界大戰)으로 비화(飛火)되었다.

제2차 세계대전을 중심으로 추축국과 연합국들은 각각 동맹의 확보, 상정한 전쟁에서 한 전선(戰線)의 유보적 안정, 전쟁의 수행에 필요한 정책・전략 수립과 협조를 위해서, 상호 협조를 위한 회합(會合)과 회동(會同)을 가졌다. 독일이 중심이 된 추축국과, 각국이 거의 대등한 위치에서 상호 협조를 하기 위해 연합국이 기록한 안보외교의 양태와 내용은 다분히 차이가 있었다. 추축국들의 회합이나 회동이 나치 독일의 일방적인 배열로 이루어졌다면, 연합국들의 회동은 전쟁 수행과 종결 그리고 종결 후의 국제질서를 수립하는 데 필요한 협조를 위한 내용을 협의하는 성격을 띠었다.

독일이 동맹국이나 중립국 지도자들과 회동한 횟수는 1939년 9월부터 1945년 1월까지 무려 270회 이상이었으나, 전쟁 협력을 위한 협의 성격의 회합은 10회를 넘지 못했다.[14] 독일, 이탈리아, 일본 간에 체결된 3국 동맹(1940. 9. 27) 자체가 독일과 이탈리아가 구축하려는 유럽의 새로운 질서를 일본이 인정하고 독일과 이탈리아도 아시아에서 일본의 그러한 권리를 인정한다는 내용이었고, 독일이 주도해서 성립된 동맹이었다. 추축국들의 회의는 독일이 참전을 종용하는 회의와, 1940년 11월 12일과 13일에 개최된 소련과의 회의는 소련을 3국 동맹에 가입시키려는 회의였다. 동맹 3국 간 협조를 위해서 개최된 회의는 1942년 2월 24일의 베를린 회의였다. 이 회의에서 3국은 일반위원회, 군사위원회, 경제위원회 등을 설치하기로 합의했으나, 실행에 옮기지는 못했다. 특히 1943년부터는 전세가 추축국들에게 불리해짐에 따라 추축국들의 분열은 깊어져 이탈리아는 소련과의 단독 강화를 고려하게 되었으나, 무솔리니는 히틀러에게 이러한 내용조차 얘기할 처지가 아니었다.[15] 이와 같이, 추축국들 간의 안보외교는 히틀러의 일방통행으로 이루어졌다.

결과적으로 미국, 영국, 소련 간에 전개된 안보외교와 회동(會同)에서는 전쟁 수행 정책과 전략 및 전후 질서에 대한 기본적인 성격과 내용이 협의

14) 김용구, *세계외교사*(서울대학교 출판부, 2008), pp. 802-3.
15) 위의 책, pp. 802-3.

되었으나, 사실상 연합국의 승패를 거의 좌우할 수 있는 미국은 연합국 측 참전과 명예로운 고립 간 미묘(微妙)한 미국 내외의 상황에 기묘(奇妙)하게 대응해 나가야만 했다.

유럽과는 대서양, 아시아와는 태평양으로 떨어져 위치한 미국은 두 개의 전쟁에서 지리적으로는 자유스러울 수 있었으나, 심정적(心情的)으로는 그렇지 않았다. 유럽에서의 나치 독일 중심의 새로운 질서의 공격성이나 아시아에서의 일본이 주장하는 세력권의 배타성을, 자유민주주의를 주창하는 미국은 그 이념이나 실질적인 국가이익 보장 및 영향력의 유지상 용납할 수 없었다. 사실이 그러함에도 불구하고, 1941년 7월, 80%의 미국인들은 미국의 직접 참전(參戰) 없이 히틀러가 패배하기를 바랐으나 독일과 싸우는 소련 편을 들기도 꺼렸다.[16] 미국의 정책 역시 이러한 미국민의 여론을 절묘(絶妙)하게 반영할 수밖에 없었다. 소련 편을 든다는 사실보다 민주주의를 보호하기 위한 미국의 역할이 무엇인가에 초점이 맞추어 졌다. 독일의 유럽 장악 및 일본의 대동아공영권 구축을 거부한 미국의 루즈벨트 대통령(Franklin Delano Roosevelt, 1882~1945)과 영국의 처칠 수상(Winston Churchill, 1874~1965)은 전후 국제평화유지 기구인 국제연합의 조직을 선언한 대서양헌장(Atlantic Charter, 1941. 8. 12)을 발표했다. 특히 루즈벨트 미국 대통령은 민주주의 수호를 위한 미국의 역할을 들춰냈다.[17] 1940년 12월 29일, 루즈벨트 미 대통령은 벽난로 대화(a fireside chat) 형식을 취한 미국민과의 담화에서 "집이 불타고 있는 이웃이 정원 물 호스를 빌려 달라고 하는

16) 당시 미주리 출신 트루먼(Harry S. Truman, 1884~1972, 후에 33대 미국 대통령) 상원의원은 이러한 미국민의 심정을 직설적으로 표현했다. "If we see that Germany is winning the war we ought to help Russia and if Russia is winning we ought to help Germany, and … let them kill as many as possible." *The New York Times*, July 24, 1941, quoted in Thomas G. Patterson, et. al., *American Foreign Policy: A History*(Lexington, Mass.: D. C. Heath and Co., 1977), p. 382.

17) 루즈벨트 미국 대통령과 처칠 영국 수상과의 역사적인 정상회담의 자세한 내용은 Theodore A. Wilson, *The First Summit: Roosevelt and Churchill at Placentia Bay 1941* (Boston: Houghton Mifflin Company, 1969) 참조.

데 이를 모른 척 할 수 있는가"라는 비유를 들어 "민주주의 수호를 위한 위대한 병기고(the great arsenal of democracy)"로서의 미국의 역할을 강조했다.[18] 무기대여법(the Lend-Lease Act: An Act to Promote the Defense of the United States)이라고 호칭된 법안은 미 상원(60:31)과 하원(317:71)을 통과하여 1941년 3월 11일에 대통령 서명을 거쳐 효력이 발효되었다. 이 법에 근거하여 미국은 500억 달러 상당의 무기와 장비를 소련을 포함한 나치 독일과 싸우는 국가들에게 지원했으며, 영국은 9십만feet의 소방 호스를 지원받기도 했다(총 316억 달러).[19] 그러나 일본의 진주만 기습(1941. 12. 7)은 직접 참전 없이 민주주의를 지키겠다는 루즈벨트 정부의 갈등과 고민을 단번에 해결해 주었다. 그 후부터 미국은 호의적인 중립국이 아닌 참전국(參戰國)으로서 제2차 세계대전을 치르게 되었다.[20]

일본 해군의 진주만 기습공격은 대단한 전술적 승리(a smashing tactical victory)였다. 그러나 전략적 대실패(a strategic disaster)였다. 연합국에 호의적이긴 했으나 중립국이었던 미국을 전쟁에 끌어들인 것이다. 루즈벨트 미 대통령은 진주만이 공격받은 날을 '불명예의 날(date which will live infamy)'로 명명하고 미국 국회에 선전포고(宣戰布告)를 요구했다. 미 상하원은 만장일치(하원은 단 한 명의 반대)로 대통령의 요구에 답했다.[21] 이로써 미국은 참전국(參戰國)이 되었고, 미국의 고립주의(孤立主義)는 종언(終焉)을 고했다. 일본의 공격을 받은 미국이었지만 '유럽 먼저(Europe First)' 전략을 채택했다. 히틀러가 더 위험했고 영국과의 공동전선 구축에 더 큰 비중을

18) Thomas G. Patterson, et. al., *American Foreign Policy: A History*, pp. 380-1.
19) 위의 책.
20) 루즈벨트 대통령의 구체적 외교정책 수행과 태세에 대해서는 Theodore A. Wilson and Richard D. McKinzie, "The Masks of Power: Franklin D. Roosevelt and the Conduct of American Diplomacy", Frank J. Merli and Theodore A. Wilson, ed., *Makers of American Diplomacy: From Theodore Roosevelt to Henry Kissinger*(New York: Charles Scribner's Sons, 1974), pp. 155-87 참조.
21) Thomas G. Patterson, et. al., *American Foreign Policy: A History*, pp. 387-8.

두었기 때문이다(U.S. Army Official Poster: JAP··· You're Next! We'll Finish the Job!).[22)]

이로부터 미국, 영국, 소련 간에 '연합국 외교(the diplomacy of the 'Grand Alliance' of the United States, Britain, and the Soviet Union)'가 전개되었다. 아시아에서 일본과 싸우던 중국도 때로 등장했으나, 국부군과 중공군의 내부적 갈등과 작전수행 능력의 한계에서 비롯된 빈약한 위상으로 주역의 반열(班列)에는 끼어들지 못했다. 나치 독일, 파시스트 이탈리아, 군국주의 일본을 상대로 싸운 연합국의 전시 안보외교는 미국, 영국, 소련이 엮어 냈다.

연합국의 전시외교는 먼저 유럽 전역에서의 공세(攻勢) 반전(反轉), 태평양 전역의 수세(守勢) 역전(逆轉)에 목적을 두고 전개되었다. 독일은 프랑스의 항복을 받아내고(서유럽 전선 독일군 공격: 1940. 5. 10, 프랑스 항복: 1940. 6. 22, 전투 종식: 1940. 6. 25) 영국 내 비행장과 런던을 폭격(1940. 8. 10~10. 31)하면서, 발칸 지역의 유고슬라비아와 그리스를 점령(1941. 4. 6~27)하고 지중해의 불침항모(不沈航母) 격인 크레타 섬까지 점령함에 따라 영국을 제외한 유럽 대륙을 사실상 장악했다. 더구나 독일이 소련을 침공하여 파죽지세(破竹之勢)로 진격하자(초기 전투: 1941. 6. 21~9. 30) 유럽의 전세(戰勢)는 말이 아니었다. 태평양 지역도 마찬가지였다. 전쟁지속 능력 확보와 대동아공영권 확보를 목표로 일본이 전개하고 있던 공세 역시 만만치 않았다. 홍콩이 함락되었고(1941. 12. 25), 괌(12. 10)도 웨이크섬(12. 25)도 일본이 장악했다. 말레이시아와 필리핀에서도 일본군이 공세를 취했으며, 미얀마와 화란(和蘭)령 인도네시아에서도 예외가 아니었다. 즉시 가용한 병력의 우세를 바탕으로 전 방향 동시공격(centrifugal offensive) 형태로 실시된 일본의 공세는 유럽에서의 독일의 것과 견줄 만한 정도로 위협적이었다.[23)] 이렇게 불리한 전황(戰況)을 극복해야 하는 연합국은 유럽에서

---

22) Thomas G. Patterson, et. al., *American Foreign Policy: A History*, p. 388.
23) 육군사관학교 전사학과, *세계전쟁사*, pp. 288-310, 398-412.

공세(攻勢)의 기틀을 마련하여 전세(戰勢)를 반전(反轉)시키고, 태평양 지역에서는 수세(守勢)를 공세(攻勢)로 전환하여 전세(戰勢)를 역전(逆轉)시켜 군사적 승리를 쟁취해야만 했으며, 이를 위한 안보외교와 군사협조를 신속하게 수행해야만 했다.

유럽과 태평양 지역에서의 불리한 전황(戰況)에도 불구하고, 미국과 영국의 정치 및 군사 수뇌(首腦)들은 연합국의 궁극적인 승리를 내다보면서 회동(會同)과 회합(會合)을 가졌다. 일본의 진주만 기습공격을 계기로 현실화된 미국과 영국의 협조와 독일의 소련 공격이 성사시킨 미국・영국・소련의 회동은 수뇌급과 미국의 국무, 영국과 소련의 외상 그리고 그와 병행된 각 국 군사지도자들 간의 회합 등으로 구체화되었다. 이러한 회동과 회합을 통하여 독일과 일본을 패망시키기 위한 정책・전략 등과 군사작전의 형태와 우선순위가 논의되고 결정되었으며, 전쟁 종결의 방식과 전후 질서에 대한 구상도 다듬어져 갔다. 전황에 따라 연합국들 간의 협조가 가시화되기도 했으나 갈등도 노출되었다. 특히, 전후 질서에 관해서는 결코 좁혀지기 어려운 견해차가 드러나기도 했다. 그러한 갈등에도 불구하고 연합국들이 펼친 전시 안보외교에서는 전쟁 수행과 전후 질서 구축을 위한 거의 모든 배열과 조치들이 망라되어 논의되고 전개되었다.

일본의 진주만 기습 후에 개최된 워싱턴 회의(1941. 12. 22~1942. 1. 14)에서 영국 수상 처칠과 루즈벨트 미국 대통령은 전쟁 수행 및 전후 질서에 대한 중대한 결정을 내렸다. 먼저 유럽 우선 원칙에 합의하고 다른 지역에서는 근본적인 이익을 보장하는 데 필요한 병력만을 투입하기로 했다. 그리고 소련이 1942년 9월 이전에 패망하는 경우에는 북서유럽에 연합군을 상륙시킨다는 계획(Op. Sledgehammer)과 북아프리카 카사블랑카에도 상륙한다는 계획(Op. Gymnast)을 수립했다.[24] 그리고 영국군과 미군 간의 원활한 작전협조를 위해서 연합 참모부(Combined Chiefs of Staff: CCS)를 구성

24) 이 두 작전은 후에 Op. Overlord와 Op. Torch로 차례로 기일이 늦추어져 실시되었다.

하기로 합의했다. 당시 독일과 단독으로 싸우고 있던 소련도 미국 주재 소련대사(M. M. Litvinov)를 회의에 수차례 참석시켜 미국과 영국에게 신속한 제2전선을 구축해야 한다는 수상 스탈린의 주장을 전달했다. 워싱턴 회의 중 1942년 1월 1일에는 미국과 영국을 포함한 26개국이 대서양 헌장의 정신에 입각하여 국제연합선언(Declaration of the United Nations)을 발표하여 추축국에 대한 공동투쟁을 약속하고 단독으로 강화하지 않겠다고 밝혔다.[25] 이상과 같이, 일본의 진주만 기습이 성사시킨 워싱턴 회의에서 미국, 영국, 소련을 비롯한 연합국들은 제2차 세계대전 수행 및 종결과 전후 질서 구축 등 주요한 사안들에 대한 원칙적인 합의를 도출했다.

1941년 6월 22일에 독일의 공격을 받아 독일과 단독으로 싸우고 있던 소련은 다급한 안보외교를 전개했다. 소련 수상 스탈린(Joseph Stalin, 1879~1953)은 집중되는 독일군의 예봉(銳鋒)을 분산시키기 위하여 미국과 영국에게 서부 지역에서 제2전선을 형성할 것을 강력하게 주장했다. 이 문제를 협의하기 위하여 스탈린은 외상 몰로토프를 영국과 미국에 파견했다. 몰로토프는 1942년 5월 26일에 런던에서 영국과 20년간 유효한 동맹조약을 체결했다. 이 조약에서 양국은 독일을 상대로 공동으로 전쟁을 수행하고, 독일과 어떠한 교섭도 하지 않으며, 전후에 상호 협조하기로 약속했다. 워싱턴을 방문한 몰로토프는 1942년 안에 제2전선의 형성을 요구했으나, 실질적인 준비상 불가능하다는 마샬(George C. Marshall, 1880~1959) 미 참모총장의 반대로 뜻을 이루지는 못했고, 되도록 1943년에 실시한다는 데 의견의 일치를 보았다.[26] 이처럼 소련에 집중되는 독일군의 예봉을 분산시키기 위한 스탈린의 안보외교 노력은 대단히 절박했다.

영국도 한가한 상황은 아니었다. 이탈리아군이 1940년 8월에 영국령 소말릴란드, 9월에는 이집트에 진격하면서 시작된 북아프리카 전투에서 영국

25) 김용구, *세계외교사*, pp. 816-7.
26) 위의 책, pp. 817-8.

군은 12월에 반격에 나서 이탈리아 군을 격퇴함으로써 1941년 1월에는 리비아를 포함한 북아프리카 지역에서 강력한 작전기반은 구축했다. 이에 히틀러는 소련 침공에 앞서 남부전선의 안정이 필요하다는 판단을 내리고 롬멜(Erwin Rommel, 1891~1944)에게 2개 기갑사단을 주어 이탈리아군을 지원했다. 이탈리아 1개 기갑사단까지 포함하여 아프리카 군단을 지휘한 롬멜은 공격을 통한 방어작전을 수행하기 위하여 영국군을 공격했다. 초전유인전술(初戰誘引戰術)로 자신의 약점을 보강하면서 영국 전차를 유인 격파해 나갔다. 그리하여 롬멜은 '사막의 여우(Desert Fox)'라는 별명까지 얻으면서 영국군을 괴롭히고 1942년 5월에 알렉산드리아(Alexandria) 서쪽 100km 지점인 엘 알라메인(El Alamein)까지 진격했다. 영국은 새로운 8군 사령관(Bernard L. Montgomery, 1887~1976)을 임명하고 수세(守勢)에서 공세(攻勢)로 전세(戰勢)를 바꾸려 했다. 북아프리카의 영국군 8군 사령관으로 부임한 몽고메리는 영국군이 롬멜이라는 이름까지도 두려워한다는 사실을 파악하고 그들에게 승리를 안겨 주는 것만이 가장 효과적인 사기진작책이라는 판단을 내렸다. 그는 주도면밀한 준비를 실시하면서 실제 작전을 분석했다. 그리하여 그는 영국군을 유인하기 위해서 퇴각하는 롬멜군을 추격하여 유인당하지 않음으로써 오히려 독일군을 격퇴했다는 자부심을 영국군에게 심어 주었다. 그리고 그는 '사막의 생쥐(Desert Rat)'라는 별명을 얻게 되었다. 이로써 '사막의 여우'와 '사막의 생쥐' 간의 대결이 펼쳐지게 되었다.[27] 이에 영국의 처칠 수상은 소련을 위한 서부 지역의 제2전선에 앞서 북아프리카에서 영국군을 위한 제2전선 형성이 더욱 시급하다고 판단했다.

북아프리카 지역에서의 제2전선 형성을 위해서 영국의 처칠 수상은 워싱턴을 방문하고 루즈벨트 미국 대통령과 회담을 가졌다(제2차 워싱턴 회의, 1942. 6. 25~27). 이 회의에서 루즈벨트는 참모들의 반대에도 불구하고 북

27) 육군사관학교 전사학과, *세계전쟁사*, pp. 345-57.

아프리카 상륙작전(Op. Torch) 수행에 합의했다. 그러나 스탈린이 계속 주장한 서부 지역에서의 제2전선은 연합군의 준비가 완료되는 1943년 또는 그 이후로 연기하기로 합의하여 스탈린을 실망시키기도 했다. 그리고 이 회의에서 극동에서 일본과 싸우고 있던 장개석(蔣介石) 중국군에 대한 지원도 합의하여 극동에서의 미국과 영국 간 연합전선 구축도 가시화시켰다.[28] 미국으로서는 소련과의 대독 연합전선도 중요했지만 영국과의 동맹과 연합전선의 유지는 더욱 긴요(緊要)한 사안이었다.

북아프리카 상륙작전(Op. Torch, Dwight D. Eisenhower 지휘, 1942. 11. 8~11)이 성공을 거두자, 카사블랑카(Casablanca, Morocco)에서 전략회의가 개최되었다(1943. 1. 14~24). 처칠 수상과 루즈벨트 대통령은 소련의 스탈린 수상도 회의에 초청했으나, 스탈린은 북아프리카 상륙작전(Op. Torch)의 성공을 축하한다는 메시지만 보내면서 스탈린그라드 작전(1942. 6. 28~1943. 2. 3) 문제로 참석하지 않았다. 미국과 영국 수뇌들은 카사블랑카 근교인 안파(Anfa)에 모여 중요한 사항을 결정했다. 북아프리카 작전이 종료된 후에 이탈리아 시실리에 상륙작전(Op. Husky)을 감행하여 이탈리아를 추축국에서 이탈시킴으로써 독일의 남부전선을 압박한다는 전략과 독일, 이탈리아, 일본이 무조건 항복(unconditional surrender)할 때까지 전쟁을 수행한다는 정책을 선포했다. 회의 마지막 날 기자회견에서 루즈벨트 미국 대통령은 "…. 무조건 항복이란 독일·이탈리아·일본의 파괴를 뜻하는 것이 아니라, 정복과 다른 민족을 억압하려는 이들 3국의 철학을 파괴하는 것을 뜻한다"라고 밝혔다.[29] 일단, 성공을 거둔 지점(地點)과 시점(始點)에서 계속적으로 군사적 압박을 가한다는 전략(戰略)과 추축국(樞軸國)들에게 정전(停戰)이나 종전(終戰) 교섭 여지를 허용하지 않겠다는 정략(政略)이 표명된 셈이다.

독일과 거의 단독으로 격전을 치르고 있던 소련 수상 스탈린은 미국과 영

28) 김용구, *세계외교사*, p. 818.
29) 위의 책, pp. 818-9. 인용문은 p. 819에서 재인용.

국이 서부 지역에서 제2전선을 형성하지 않고 있는 것에 대해서 대단한 불만을 감추지 않아, 1943년도에 들어서면서 미국과 영국 그리고 소련 사이에 불편한 관계가 형성되었다. 영국의 처칠 수상과 주영 미국대사(A. Harriman)가 1942년 9월에 모스크바를 방문하여 제2전선 형성 연기 이유를 스탈린 소련 수상에게 설명한 바 있었으나, 스탈린은 미국과 영국이 조기에 제2전선을 형성하지 않는 이유는 소련을 약화시키고 결국 파산시키려는 서방의 음모라고 흥분하였고 미국과 영국이 소련과 상의(相議) 없이 주요한 사안을 결정하고 이를 알려 주는 형식을 취하고 있다는 불만을 표시했다. 이에 대해서 루즈벨트 대통령은 미국의 막대한 원조로 소련이 싸우고 있다는 사실을 알아야 한다는 입장을 취했다.[30] 이러할 즈음에 미국과 영국 정부는 세 차례에 걸쳐 중요한 회담을 갖고 소련의 대서방 의구심을 불식시키려는 노력과 더불어 대일전(對日戰)과 전후 질서에 대해서 논의했다.

영국 외상(A. Eden)의 워싱턴 방문(1943. 3. 12~29), 제3차 워싱턴 회의(1943. 5. 11~27), 제1차 퀘벡 회의(1943. 8. 17~24)가 개최되어 전후 유럽 상황과 국제질서 그리고 태평양전쟁에서의 협조 문제가 논의되었다. 워싱턴을 방문한 영국 외상은 루즈벨트 대통령과 미 국무장관(Cordell Hull) 및 홉킨스(Harry Hopkins) 등을 만나 소련의 발트해 3국과 1914년 이전 러시아 영토였던 베사라비아의 병합을 인정하고, 폴란드와 소련의 국경은 커즌(Curzen) 선으로 하고 독일은 분단한다는 데 합의했다. 시실리 상륙작전이 성공을 거두자, 미국과 영국은 워싱턴에서 회의를 개최하고 프랑스 본토 상륙작전(Op. Overlord)을 1944년 5월 1일에 수행하기로 결정하고, 일본과 싸우고 있는 중국도 계속 지원하기로 했다. 이탈리아에서 무솔리니가 축출된 후 바돌리오(P. Badoglio) 정권이 수립되고 평화협상에 나서기로 함에 따라, 루즈벨트와 처칠은 퀘벡에서 회의를 개최하여 프랑스 상륙작전과 이의 성공을 보장하기 위한 프랑스 남부 상륙작전(Op. Anvil)을 실시하기로

30) Thomas G. Patterson, et. al., *American Foreign Policy: A History*, pp. 390-2.

합의했다. 또한 태평양 지역은 미군이 미얀마 지역은 영국이 주도하여 작전을 수행하는 것으로 결정하고, 전후에 창설될 국제기구에 대한 미국·영국·중국·소련 4개국 선언 초안을 채택했다. 이탈리아에서 무솔리니(Benoto Mussolini, 1883~1945)가 제거되자, 스탈린은 소련군보다 먼저 미국과 영국군이 중부 유럽에 진격할 수도 있다는 점을 우려하여 미국과 영국이 제안한 미국·영국·소련 3개국 외상(外相)회의를 모스크바에서 개최하는 데 동의하고, 앞으로 다시는 중부 유럽이 소련 침공의 회랑(回廊)이 되지 않아야 된다는 견지에서 그 지역에서의 강화된 소련 입지(立地)를 확고하게 다지려 했다.[31] 스탈린이 "이탈리아 지역에서의 전과(戰果)를 확대하는 방향으로 제2전선을 형성하자"는 처칠의 주장이 무엇을 의미하는가를 파악했기 때문이었는지도 모를 일이었다.

미 국무장관(Cordell Hull, 1871~1955), 영국 외상(Anthony Eden, 1897~1977), 소련 외상(V. M. Molotov, 1890~1986)이 모여 2주일에 걸쳐서 진행한 모스크바 3상 회의(1943. 10. 18~11. 1)에서 껄끄러운 설왕설래(說往說來)와 더불어 주요한 사항이 결정되었다. 소련 외상의 주장대로, 이탈리아 문제를 논의하기 위한 자문회의(advisory council)와 전후 유럽의 평화구축을 위한 자문위원회(advisory commission)를 설치하기로 결정했다. 미국과 영국 측이 오스트리아는 자유 독립국가가 되어야 한다고 주장하자, 소련 대표는 20만의 미국 측 전투손실은 대수롭지 않다고 언급하면서, "우리는 매일 점심 전에 그 만큼의 병력을 잃고 있다(…we lose that many each day before lunch…)"며 미국의 적극적인 전투 개입을 촉구하고 소련에게 상응한 보상을 요구하는 듯한 발언을 했다. 이에 미 국무장관은 자신이 어렸을 적에 다른 사람을 괴롭히거나 공갈을 치면서 자기 것을 챙기는 불량학생이 있었는데 결국 그는 "친구 하나 없는 외톨이가 되었다(…he ended up by

31) Thomas G. Patterson, et. al., *American Foreign Policy: A History*, p. 392.

not having a friend in the world…)”라는 비유로 못마땅한 소련 측 태도를 지적했다.[32] 그러나 3상 회의에서 추축국의 무조건 항복과 전후 국제기구 창설 그리고 적당한 시기에 소련도 대일본전에 참여한다는 주요한 사안이 합의되었다. 특히, 스탈린은 장소가 테헤란(Teheran, Iran)이라면 3국 수뇌회의 개최도 찬성한다는 입장을 밝힘으로써 그동안의 불편한 관계를 해소하려는 의사를 표시했다.[33] 나치 독일을 패망시키기 위하여 소련군의 역할이 중요하다는 사실을 알고 있던 미국이나 영국이 소련의 요구를 전적으로 외면할 수만은 없었다.

테헤란 회의(1943. 11. 28∼12. 1)는 미국, 영국, 소련의 수뇌가 처음 회동(會同)한 정상(頂上)회담이었다. 테헤란 회의에 앞서 루즈벨트와 처칠은 이집트 카이로에 들러 중국 장개석(蔣介石)과 3자 회담(카이로 회담, 1943. 11. 22∼26)을 가졌다. 대일본전 문제를 논의한 이 회담에서 3국이 일본의 침략을 응징하기 위한 전투를 계속하고, 영국은 독일 패망 이후에도 대일전을 수행하며, 1894년 이래 일본이 탈취한 지역인 만주 · 타이완 · 팽호(膨湖)열도를 중국에 환원하고 한국(韓國)은 ‘적절한 절차를 거쳐(in due course)’ 독립시킨다는 원칙에 합의했다.[34] 카이로 회담에 이어 미국, 영국, 소련 수뇌들이 개최한 테헤란 회의에서는 이견(異見)이 있을 수 있는 정치적 문제는 접어 두고 군사적 문제를 주로 논의했다. 회의 도중이었던 처칠 생일(11. 30)에는 50회 이상의 건배(乾杯)를 하면서 스탈린이 루즈벨트와 처칠을 전우(戰友: Comrade)라고 호칭하고 미국의 산업이 없었다면 전쟁에 이길 수 없었다는 말을 하기도 했다. 그러면서 스탈린은 서부에서의 대규모 상륙작전과 보조작전을 주장하면서 발칸 반도에 제2전선을 형성하자는 처칠의 주장에 반대하였고, 루즈벨트도 스탈린의 견해에 동의를 표했다. 스탈린이 독

32) Thomas G. Patterson, et. al., *American Foreign Policy: A History*, p. 392.
33) 김용구, *세계외교사*, p. 821.
34) 위의 책, pp. 821-2.

일의 분할에는 동의하였으나, 절차와 방법 등과 전후 국제기구 구성과 극동 문제 등은 깊숙하게 논의되지는 않았다. 루즈벨트 대통령과 처칠 수상은 귀국 길에 카이로에 들려 터키 대통령을 만나(1943. 12. 4~6) 대독 참전을 요청했지만, 터키 대통령은 군사적인 준비가 미흡하다는 이유로 두 정상의 요구를 수용하지 않았다.[35] 이와 같이 테헤란 회의는 대독일전을 수행하고 있었던 연합국인 미국 · 영국 · 소련 정상이 한 자리에 모여 결속을 과시했다는 점에서 커다란 의미를 가졌으며 카이로 회담의 결정을 그대로 수용함으로써 일본의 식민지(한국 포함)처리에 대한 개괄적인 합의는 도출했으나, 이 회의에서 장차 독립될 한국의 모습은 전혀 논의되지 않았다.

독일의 패색(敗色)이 짙어지고 연합국의 승색(勝色)이 가시화되자, 연합국들 간에 잠재(潛在)되어 있던 정색(政色)이 드러나기 시작했다. 소련군은 독일 동부전선의 스탈린그라드 작전에서 승기(勝機)를 잡은 뒤에 진격을 계속하여, 1944년 봄까지 독일군을 1941년 때의 국경선으로 몰아붙였다. 이후에 소련군은 동구권 국가들을 점령했고 그 국가들에 친소 정권의 수립하여 휴전을 성립시켰다. 특히 소련은 1943년 4월에 폴란드 망명정부의 승인을 취소하고, 1944년 8월 바르샤바 진격 직전에는 폴란드 민족해방위원회를 폴란드 정부로 승인하면서 폴란드 내에서 봉기(蜂起)한 민족주의자들도 독일군이 처리하도록 진격속도를 조절하기까지 했다.[36] 이로써 소련은 동부유럽을 완전히 장악하기에 이르렀다. 이와는 대조적으로 서부와 남부전선에서 진격하던 연합군은 소련처럼 일사불란(一絲不亂)한 정치적 배열을 정착시키지 못했다. 이탈리아에서 연합군은 1944년 6월 4일에 로마에 입성했고 8월 12일에는 플로렌스를 장악했으나, 그 후부터 독일이 패망할 때까지는 전선이 교착되었다. 미국과 영국은 드골(Charles A, De Gaulle, 1890~1970)이 이끄는 프랑스 망명정부 대신 연합국 주도하에서 군사정부를 구성

35) 김용구, *세계외교사*, p. 823.
36) 육군사관학교 전사학과, *세계전쟁사*, pp. 330-45.

할 작정이었으나, 프랑스 내 드골의 인기를 과소평가한 과오를 인정하지 않을 수 없었다. 드골은 모스크바를 방문(1944. 12. 2~9)하여 소련과 20년의 동맹조약을 체결하는 등 독자적인 행보를 서슴지 않아 미국과 영국을 크게 자극했다. 1944년 후반기에 접어들면서 미국과 영국은 벨기에, 그리스, 이탈리아에 새로 수립될 정부의 형태와 관련된 문제에서 이견을 내놓았다.[37] 점령 지역 동구권 국가들 내에서 소련이 정착시킨 일사불란한 친소(親蘇) 정권 수립과는 대조적으로 서부 해방 지역 국가들 내에서 미국과 영국의 정치적 배열은 순탄하지 않았다. 게다가 미국과 영국은 폴란드 문제 등으로 소련과 심한 갈등을 겪고 있었다. 공동의 적이 사라지려 함에 따라, 적을 패망시키기 위해서 연합전선을 형성했던 연합국들은 각자의 본색(本色)을 감추지 못했다. 특히 폴란드 문제와 대일본전 수행 그리고 전후 국제질서와 연관된 문제를 논의하기 위하여, 미국·영국·소련은 또 다른 협의를 해야 했다.

스탈린이 전쟁 수행으로 소련을 떠날 수 없다는 입장을 굽히지 않음에 따라 크리미아 반도 얄타(Yalta)에서 개최하기로 하여 얄타 회담(1945. 2. 4~12)이라고 명명된 미국, 영국, 소련 수뇌들 간의 회동(會同)은 제2차 대전 중 가장 중요한 회의 중 하나였다. 회담 장소도 소련 영토였고 당시에는 소련이 동유럽을 석권하고 있던 터라 스탈린은 상당히 유리한 입장에서 회담에 임했으나, 독일군의 대반격으로 빚어진 발지전투(the Battle of Bulge, 1944. 12. 16~1945. 1. 31)를 힙겹게 치르고 라인강으로의 총 진격(1945. 2. 8. 개시)을 계획하고 있던 미국과 영국 수반(首班)들의 입장은 그렇게 유리하지 않았다. 특히, 태평양 지역에서 일본과 어려운 전투를 지속하면서 소련의 참전을 바라고 있던 루즈벨트 미국 대통령은 스탈린의 심기(心氣)를 살펴야 하는 처지였다. 그리하여 얄타 회담에서 소련에게 너무 많은 양보를 했다는 비난이 있는 것도 사실이었으나 이 회담에서 합의된 결정사항은 매

---

37) 김용구, *세계외교사*, pp. 824-5.

우 중요한 내용을 포괄하고 있었다.[38]

국제연합 조직(United Nations Organization)에 관한 원론적 합의가 이루어졌다. 제1차 세계대전 후에 설립된 국제연맹(國際聯盟: The League of Nations)의 전철을 밟지 않으면서 2차 대전 후 국제평화를 유지하는 데 필요하다고 판단하여 설립하기로 한 국제연합(國際聯合: the United Nations)에 관해서는 미국, 영국, 소련, 중국 대표들이 먼저 논의한 후 합의된 초안(草案)을 채택했다(Dumbarton Oaks, Washington, D.C., 1944. 8. 21~10. 7). 얄타 회담에서 3국 수뇌들은 그 제안에 근거하여 1945년 4월 25일에 샌프란시스코에 모여 국제연합 헌장(the Charter of the United Nations)의 작성과 채택을 위한 회의를 개최하기로 합의했다. 그리고 영국과 소련이 의견을 달리했던 안전보장이사회(the Security Council of the United Nations)의 운영 절차에 대한 합의가 이루어졌다. 상임이사국이 분쟁당사국인 경우에는 이사회에 참석하지 않는다는 영국의 제안과 이들 국가들도 거부권(拒否權: veto power)을 행사할 수 있다는 소련의 제안을 수용한 미국의 수정안이 채택되었다. 절차 문제는 안전보장이사회 7개 이사국의 찬성으로 결정하기로 했다.[39] 이상주의에 치우쳐 유명무실(有名無實)하게 된 국제연맹의 운명을 되풀이하지 않기 위해서 국제평화유지에 필요한 국제기구를 설립해야 한다는 이상적(理想的) 당위성(當爲性)과 강권정치(强權政治)적 국제정치의 현실적(現實的) 타당성(妥當性)이 결부된 국가 간 기구로서 국제연합이 탄생된 셈이다.

독일의 분할(分割)과 배상(賠償) 문제도 합의되었다. 루즈벨트, 처칠, 스탈린은 독일을 분할하여 미국 · 영국 · 소련 · 프랑스 4개국이 점령한다는 원칙

38) 김용구, *세계외교사*, pp. 825-7. Thomas G. Patterson, et. al., *American Foreign Policy: A History*, pp. 409-13; Robert H. Ferrell, *American Diplomacy: A History* (New York: W. W. Norton & Company, Inc., 1959), pp. 412-24; Thomas A. Bailey, *A Diplomatic History of the American People*, pp. 762-6.

39) 위의 책.

에 합의했다. 스탈린은 점령국에 프랑스가 포함되는 것을 반대했고, 루즈벨트 역시 이를 달갑지 않게 생각했으나, 루즈벨트는 유럽의 재건에 강력한 프랑스가 필요하다는 홉킨스(Harry Hopkins)의 건의를 받아들였다. 처음에 스탈린은 비시 프랑스(Vichy France)의 역할과 프랑스의 책임론을 거론하면서 프랑스가 전승국의 일원이 되는 것 자체를 반대했으나, 프랑스의 점령지역은 미국과 영국이 점령할 지역의 일부에 국한한다는 조건하에 미국과 영국의 입장을 받아들였다. 그리고 전비 배상은 독일이 해야 한다는 원칙과 소련에 호의적인 입장을 취한다는 원칙에만 합의하고 구체적인 문제는 연합국 배상 위원회(the Reparations Commission)에서 다루기로 했다.[40] 미국과 영국의 후원에 힘입어 프랑스의 국가적 위상이 고양(高揚)된 셈이다.

얄타 회담에서 가장 논란의 대상이 된 주제는 폴란드 문제였다. 스탈린은 1812년 나폴레옹이나 1941년 히틀러의 러시아 침공 때 폴란드가 침공 회랑(回廊)으로 사용되어 왔다는 인식을 가지고 있어서 폴란드에 수립될 정부는 친소적(親蘇的)이어야 한다(…Stalin was emphatic that any Polish government must be eastward leaning…)는 단호한 입장을 고수했다.[41] 그러나 1939년 폴란드의 독립을 보장하지 못한 영국 처칠 수상이나 6백만 명의 폴란드계 미국인(six million Americans of Polish descent)들의 정치적 압력을 느끼고 있던 루즈벨트 미국 대통령은 친서방적인 폴란드 정부 수립을 강하게 바라고 있었다. 그런데 당시 폴란드는 소련군이 점령하고 있었다.[42] 소련은 당초 지지했던 런던의 폴란드 망명정부에 대한 지지를 철회했고, 대신 루블린(the Lublin Committee, a Soviet-sponsored group of Polish-Russian Communists) 임시정부를 지지하면서 폴란드 내 정치세력화를 승인했다. 런던의 임시정부와 루블린 단체의 관계 설정이 문제였다. 결국 미국과

---

40) 앞의 책; 특히 Robert H. Ferrell, *American Diplomacy: A History*, p. 419.
41) Thomas G. Patterson, et. al., *American Foreign Policy: A History*, p. 411.
42) Robert H. Ferrell, *American Diplomacy: A History*, p. 416.

영국과 소련은 폴란드 정부를 일반·비밀·자유 선거로 결정한다는 원칙만 합의했을 뿐, 그 후의 현실은 미국과 영국의 기대와는 정반대로 진행되고 정착되었다.[43] 소련의 안전보장을 우선적으로 고려하여 소련 주변에 '충성스런' 완충(緩衝) 위성국(衛星國)을 확보하려는 스탈린의 집착(執着)이 자유주의(自由主義) 이념과 가치에 대한 루즈벨트나 처칠의 집념(執念)보다 강했기 때문이다.

소련의 대일본전 참전을 원한 루즈벨트 대통령은 독일이 패망한 후 2~3개월 내로 대일본전에 참전하겠다고 한 스탈린에게 많은 보상을 약속해 주었다. 태평양 전역에서 주공의 임무를 맡은 맥아더(Douglas A. MacArthur, 1880~1964) 군은 필리핀에서 일본군이 펼치는 지구전(루존 지구전, 1945. 1~8)을 강요당하고 있었고, 중앙 태평양을 가로질러 공격하던 니미츠(Chester Nimitz, 1885~1966) 군은 오키나와 전역(1945. 4. 1~6. 21)에 앞서 유황도 상륙과 소탕작전(硫黃島 戰役, the Battle of Iwo Jima, 1945. 2. 19~3. 21)을 준비하고 있었기 때문에, 미국은 일본을 패망시킨다는 점에 대해서 결코 회의적이지는 않았으나 소련의 대일전 참전이 필요하다고 판단했다.[44] 스탈린은 "나는 일본이 우리나라로부터 빼앗아 간 것을 단지 되찾기만을 원할 뿐"이라고 공언(公言)했으나, 실제로는 되도록 많은 대가를 확보하려 했다.[45] 루즈벨트가 스탈린에게 양보한 사항은 첫째, 외몽고의 현상유지, 둘째, 1905년 일본에게 양도한 권리인 남부 사할린과 인접 도서의 복구, 중국 대련(大蓮)의 국제화와 소련의 우월적 이익 보장, 여순(旅順)의 조차, 동청 철도와 남만 철도는 차후 설립될 중·소 합작회사가 공동관리, 셋

43) 김용구, *세계외교사*, p. 826. 이러한 소련 정부의 태도는 후에 한반도에서도 재현(再現)되었다. 소련이 한반도를 극동의 폴란드로 간주하여 한반도에 수립될 통일정부는 '소련에 우호적이어야 한다'는 입장을 고수했기 때문이다. 폴란드의 국경은 동부에서는 소련의 주장대로 결정되었고(Curzon Line), 서부에서는 후에 소련이 일방적으로 결정하면서(the Oder-Neisser River Line) 원래 폴란드 영토를 다시 돌려 주었다고 주장했다.

44) 육군사관학교 전사학과, *세계전쟁사*, pp. 427-35.

45) 김용구, *세계외교사*, p. 826.

째, 쿠릴 열도를 소련에 할양한다는 내용이었다. 대일본 참전 대가로 스탈린에게 약속한 중국에 관한 내용은 소련의 참전 사실 자체가 일본에 누설될 가능성 때문에 장개석(蔣介石)과는 전혀 협의되지 않았으며, 중국군이 확보하지도 못한 만주 지역에 관한 문제였기 때문에 중국과 협의할 의도도 가지고 있지 않았다. 루즈벨트는 처칠과 스탈린에게 "중국인에게 말한 것은 무엇이든 24시간 안에 전 세계에 알려진다(…anything told the Chinese 'was known to the whole world in twenty-four hours')"고 말함으로써 비밀유지의 필요성을 언급했다.[46] 결국, 스탈린은 대일본 참전을 약속함으로써 많은 실리(實利)를 챙긴 셈이다.

얄타 회담에서 결정된 사항(事項)과 합의된 사안(事案)에 대해서 많은 의문점과 비판이 있어 왔다. 대부분 미국이 소련에게 너무 많은 양보를 했다는 주장이다. 먼저, 유엔 조직과 구성에서 소련에게 안전보장이사회의 거부권을 주고 유엔 총회에서 3표(the Soviet Union, the Ukraine, and the White Russia)를 허용했다는 점이다. 이 점에 대해서 소련은 안전보장이사회에서의 거부권으로 보장된 상태이기에 총회에서의 추가적인 2표는 커다란 의미가 없다고 보는 견해도 있었다.[47] 두 번째로 폴란드 문제에 대해서 너무 안이했다는 점이다. 루즈벨트가 자유, 비밀, 보통 선거를 통해서 폴란드 정부를 구성하겠다는 스탈린의 주장을 액면 그대로 받아들였다는 비난이다. 이 비난에는 소련군이 실제로 폴란드를 점령한 상태에서 스탈린의 약속을 믿는 것 이외에는 별다른 대안이 없었다는 의견도 개진되었다.[48] 세 번째로 소련의 대일본 참전을 종용하기 위하여 너무 많은 양보를 했다는 주장을 들

---

46) 김용구, *세계외교사*; Robert H. Ferrell, *American Diplomacy: A History*, p. 422; Thomas A. Bailey, *A Diplomatic History of the American People*, p. 765. 소련은 장개석(蔣介石)과 이러한 내용을 포함한 조약을 체결하고 공표했으며(1945. 8. 15), 얄타 회담에서 합의된 내용은 1947년 3월에 미 국무부가 공개했다.

47) Thomas A. Bailey, *A Diplomatic History of the American People*, p. 763.

48) 위의 책, p. 764.

수 있다. 물론 당시 미 군부는 소련의 지원이 필요했기 때문에 루즈벨트도 어쩔 수 없었다는 점도 개진되었다. 미국 군부는 유럽에서의 전쟁은 1945년 7월 1일 정도까지 지속될 것이고, 태평양전쟁은 그로부터 1년 반 정도 후인 1946년 12월까지 계속될 것으로 판단했다. 소련의 참전 없이 태평양전쟁이 얼마나 더 지속될지는 당시 누구도 알지 못했다. 미 군부는 일본군 병력은 증강되고 있는 반면, 미군 피해는 늘어나고 있다고 보았다. 당시 태평양전쟁을 지휘하고 있던 맥아더도 1945년 초에 "일본 침공을 위해서 소련의 지원은 필수적이다(…that Russian support was essential for the invasion of Japan…)"라고 말하면서 소련의 대일본전 참전을 위한 얄타 회담에서의 양보는 '멋진(fantastic)' 것이었다고 평하기도 했다.[49] 이와 같이, 얄타 회담은 그 결과에 대해서 많은 호오(好惡)의 왈가왈부(曰可曰否)가 있어 왔다.

미국이 소련에게 너무 많이 양보했다는 비난(非難)과 함께 당시 상황에서는 다른 도리(道里)가 없었다는 비호(庇護)가 비등(飛騰)했던 얄타 회담(Nicholas II's Livadia Palace, near Yalta in the Crimea, 1945. 2. 4~12)은 제2차 세계대전의 마무리와 전후 처리 문제를 다룬 가장 중요한 회의였다. 얄타에서의 타협 필요성을 지적한 영국의 처칠 수상은 그의 회고록에서 "독일군이 아직 3~4백 개 사단을 가지고 전선에서 싸우고 있는 동안 소련과 말다툼만 하고 있었더라면 무슨 일이 벌어졌겠느냐?(What would have happened if we quarrelled with Russia while the Germans still had three or four hundred divisions on the fighting front?)"고 술회(述懷)하기도 했다.[50] 또한 얄타 회담에서의 합의(the Yalta accords)가 제대로 지켜지지 않은 점에 화를 내기도 했지만, 한 미국 대표(Averall Harriman) 역시 회담의 중요성을 지적하면서, "만약에 우리가 얄타 합의라도 이끌어 내지 못했더라

49) Robert H. Ferrell, *American Diplomacy: A History*, p. 420.

50) Winston Churchill, *Triumph and Tragedy*, p. 402, quoted in *American Foreign Policy: A History*, p. 413.

면 우리는 모든 전후 갈등에 대한 비난을 면치 못했을 것이다(If we hadn't had the Yalta agreement we would have been blamed for all the post-war tensions)"라는 평가를 내놓았다.51)

소련에게 많이 양보했든지 아니든지 간에, 공동의 적이 사라진 2차 세계대전 후에 미국과 소련, 공산세계와 자유세계, 동쪽 진영과 서쪽 진영 간 원만한 협의(協議)와 합의(合議)를 기대하기는 거의 불가능했다. 공동의 적인 독일이 패망한 후에 개최된 미국, 영국, 소련 정상회담(the Potsdam Conference, 1945. 7. 17~8. 2)에서, 대독 연합국(the Grand Alliance) 간 협의는 자국의 안보 이익과 영향력 확대에 초점이 맞추어진 상태에서 진행되었기 때문이다.

국가 간 정치의 기본 속성상, 공동의 적(敵)이 존재하든 하지 않든 혹은 그와 싸우든 싸우지 않든 간에, 개별 국가들은 자국의 이익(利益)·영향력(影響力)·영향권(影響圈)의 유지와 증진을 위한 노력에 집중하기 마련이다. 독일의 히틀러와 공동전선을 편 영국·소련이나 일본의 진주만 기습공격 후 이들과 본격적으로 연합전선을 형성한 미국도 예외가 될 수 없었다. 지중해와 걸프만과 극동 지역에 걸쳐 영향력을 행사해 온 영국의 처칠 수상은 외상(Anthony Eden)에게 미국이 점령한 일본 식민지를 소유하든 안하든 알 바 아니지만, "대영 제국은 건드리지 말라는 것이 우리의 정책 기조('Hands Off the British Empire' is our maxim)"라고 통보했으며, 이러한 맥락에서, 전후 유엔에 의한 과거 식민지들의 일괄적인 신탁통치안도 반대했다.52)

영국이 기존(旣存)의 영향력과 권역(圈域)을 유지하려 했다면, 소련은 동유럽 지역을 자국의 영향권으로 확보하려는 의도를 숨기지 않았다. 소련군이 점령한 동유럽 국가들에 소련이 앞세우거나 소련에 우호적인 정치세력을

51) Quoted in *New York Times*, February 8, 1970, requoted in *American Foreign Policy: A History*, p. 413.

52) Quoted in *American Foreign Policy: A History*, pp. 413-4.

심었으며, 특히 영국 런던에서 구성된 폴란드 망명정부나 그들과 우호적인 폴란드 내 세력을 인정하지 않았다. 1944년 7월 31일, 소련군이 곧 바르샤바에 입성할 것으로 판단한 폴란드 내 민족주의자들은 소련군의 지원을 기대하면서 독일군을 공격했다. 당시 소련군은 바르샤바에서 약 20km(12 miles) 지점까지 진격해 있었으나, 갑자기 공격을 멈추었다. 독일군을 공격한 폴란드 전사(戰士)들이 런던의 망명정부를 지지하고 있었기 때문이었다. 두 달 동안 독일군은 166,000명의 폴란드 전사들을 전멸시켰으며, 바르샤바 자체를 초토화시켜 버렸고, 이 기간 동안 그들을 지원해 달라는 처칠에게 스탈린은 "바르샤바 폭동은 무모하고 쓸모없는 시도(the Warsaw uprising was a reckless, futile undertaking)"라고 일축해 버렸다.[53] 스탈린은 전후 폴란드에 친소(親蘇)정권을 수립하는 데 장애가 되는 정치세력의 제거를 독일군이 수행하도록 방치했던 것이다. 미국 역시 남아메리카 지역에서 독일의 투자와 영향력을 신속하게 제거하고 그 지역의 국가들과의 유대를 강화해 나갔다(the Lima Conference, 1938; the Declaration of Panama, 1939; the Rio de Janeiro Conference, January 1942; the Act of Chapultepec, March 1945).[54] 이러한 연합국(미국, 영국, 소련)들의 속내는 포츠담 회의에서 여실하게 드러났다.

루즈벨트 대통령이 사망하고(1945. 4. 12) 미국 대통령에 취임한 트루먼 대통령(Harry S. Truman, 1884~1972)은 루즈벨트의 특사(特使)로서 스탈린과 안면이 있던 홉킨스(H. Hopkins)를 모스크바에 특사로 파견하여 포츠담 회의에 앞서 전후 문제들에 대한 양국의 입장을 조율하려 했다(1945. 5. 26~6. 7). 트루먼의 특사를 만난 자리에서 스탈린은 미국에 대한 불만을 토로했다. 독일이 패망하자(1945. 5. 8), 미국이 무기대여법에 의한 대소 원조를 중단한 것을 '근원적인 실수(a fundamental mistake)'라고 지적한 스

53) Thomas G. Patterson, et. al., *American Foreign Policy: A History*, p. 415.
54) 위의 책, pp. 415-7.

탈린은 영국이 추진하는 폴란드 내 친서방 정부 수립을 단호하게 거부했다. 소련의 안보상 폴란드는 소련의 영향권하에 있어야 한다는 점을 명백하게 밝힌 셈이다.[55] 얄타 회담의 약속대로 소련은 대일본전에 참전한다고 말한 스탈린은 일본의 식민지였던 한반도에 미국 · 영국 · 소련 · 중국의 4개국에 의한 신탁통치를 거쳐 한국 정부를 수립한다는 원칙에도 합의했다.[56] 그러나 독일의 분할 점령과 무장해제(the occupation and dismantling of Germany), 동부 유럽의 정치적 미래(the political future of Eastern Europe), 소련의 대일본전 참전(a commitment from Russia to help defeat Japan) 문제 등 얄타 회담에서 논의된 주제들을 새로운 상황전개에 맞추어 다시 논의하기 위해서 미국, 영국, 소련 수뇌들은 또 다른 회동(會同)을 할 필요성을 느꼈다. 특히, 루즈벨트에 이어 미국의 대통령으로 취임한 트루먼은 미래 평화를 보장하기 위한 자신의 복안(腹案: ensuring free navigation on all inland waterways and the great canals)을 가지고 있었기 때문이었다.[57]

유럽과 아시아에서 치러진 제2차 세계대전을 마무리하고 전후 질서를 평화롭게 구축하기 위해서 개최된 포츠담 회의(Code-named TERMINAL, 1945. 7. 17~8. 2)도 전후 평화적인 국제질서 구축을 위한 만병통치약(萬病通治藥)을 조제(調製)할 수는 없었다. 미국의 새 대통령을 만난 스탈린은 히틀러가 살아 있고 스페인이나 아르헨티나 어디에 숨어 있을 거라고 믿는다는 말을 하면서, 얄타 협정에 따라 소련은 8월 중순(1945) 경에 대일본전에 참전할 것이라고 말했다. 스탈린의 제의에 따라 트루먼 대통령이 회의를 주재했다. 독일은 미국 · 영국 · 소련과 프랑스가 점령하고, 오스트리아는 소련과 영국이 분할 점령하기로 했다. 가장 많은 피해를 입었다고 판단한 소련은 보다 많은 전비 배상을 원했으나, 미국과 영국은 1차 세계대전의 전례를 되

55) Thomas G. Patterson, et. al., *American Foreign Policy: A History*, pp. 417-8.

56) 김용구, *세계외교사*, pp. 827-8.

57) David McCullough, *Truman*(New York, London, Toronto, Sydney, Tokyo, Singapore: A Touchstone Book, 1992), p. 409.

풀이하지 않는 것이 바람직하다는 판단으로 그 문제는 독일의 배상 능력에 따라 차후에 논의하기로 했다. 그리하여 배상 문제는, 케난(George F. Kennan)의 말대로, '챙길 수 있는 대로 챙긴다(catch as catch can)'로 결론이 난 셈이었다.[58] 폴란드 서쪽 국경은 오데르-니즈 강(the Oder-Neisse River) 선으로 정한다고 합의했으나, 폴란드 정부는 친소적(親蘇的)이어야 한다는 스탈린의 생각은 확고부동했다. 영국의 처칠 수상이 폴란드에 자유 선거가 없다고 말하자, 스탈린은 그리스에 대한 영국의 지배를 지적했다. 그리고 3국 수뇌는 실무적인 사안 도출과 협의를 위해서 3개국 외상회의 구성에 합의했다. 1945년 7월 26일, 선거에서 노동당(the Labor Party)이 승리하자, 처칠은 귀국했고 애틀리(Clement Attlee) 수상이 영국을 대표했다. 그리고 이날 트루먼, 애틀리, 장개석 명의로 '철저한 파괴(utter destruction)' 대신 '무조건 항복(unconditional surrender)'을 선택하라는 내용의 대일본 최후 통첩이 공표됐다.[59] 스탈린은 아프리카의 이탈리아 식민지의 신탁통치, 보스포러스(the Bosporus) 해엽에 소련 해군기지 건설, 독일 루르(Ruhr) 공업 지대의 4대국 통제 등을 원했으나 받아들여지지 않았다. 트루먼이 다뉴브 강을 포함한 모든 내륙 강들과 운하에서의 자유통행을 제안하자, 스탈린은 "정말 동화(童話)같은 이야기요(All fairy tales)!"라고 소리치면서 한마디로 거절해 버렸다. 연합국 수뇌회담에서는 처음으로 스탈린은 영어로("No, I say no!") 자신의 반대 의사를 분명히 했다.[60] 열세 번째로 모인 마지막 회합에서는 공동성명 문구를 가다듬었고, 포츠담 회의는 막을 내렸다.[61] 스탈린은 후일 후루시초프(Nikita Khrushchev)에게 "트루먼은 쓸모없었다(Truman was worthless)"고 말했고, 트루먼은 "내가 생각하기로 그(스탈린)는

58) David McCullough, *Truman*, pp. 418-23; Thomas G. Patterson, et. al., *American Foreign Policy: A History*, pp. 418-9.
59) David McCullough, *Truman*, p. 447.
60) 위의 책, pp. 451, 445.
61) 위의 책, p. 452.

개새끼였다. …그러나 물론 그도 내가 개새끼라고 생각했을 것이다(I thought he was an S. O. B, … But, of course, I guess he thinks I'm one, too)"라고 말했다.[62] 전후(戰後) 평화적인 국제질서를 구축해야 할 두 장본인의 상대에 대한 평가였다. 그 이후 이 두 사람은 다시 만나지 않았다. 포츠담 회의에서의 회동(會同)이 둘의 최초(最初)이자 최후(最後)의 만남이었다.

포츠담 회담에서의 은밀(隱密)한 주제 중 하나는 미국의 핵무기였다. 트루먼 대통령을 수행하여 베를린에 도착한 미 국방장관(Henry L. Stimson, 1867~1950, Secretary of War, 당시 해군장관은 별도로 있었고, 공군은 육군 항공대로 존재했다가 독자적인 조직으로 개편됐음, 1947년에 3군이 Department of Defense로 명명된 국방부로 통합됨)은 1945년 7월 16일 오후 7시 30분에 워싱턴으로부터 극비 전문(a top-secret telegram)을 받았다. 그날 오전 5시 29분(베를린 시간으로는 오후 1시 29분)에 미국 뉴멕시코 주에서 실시된 원자탄 실험에 관한 내용이었다. 스팀슨(Stimson)은 즉시 전문을 가지고 트루먼 대통령에게 갔다. 전문은 "오늘 아침 실시했음. 분석은 아직 완료되지 않았으나 결과는 만족스럽고 이미 기대를 초월했음. 세부사항 보고는 계속될 것임(Operated on this morning. Diagnosis not yet complete but results seem satisfactory and already exceed expectations. Details would follow)"이라는 내용을 담고 있었다. 미국이 세계 최초의 핵무기 보유국이 되었다는 내용이었다. 7월 21일 정오 직전에 스팀슨은 특별전령으로부터 원자탄 실험보고서를 받고 육군 참모총장 마샬(George C. Marshall, 1880~1959) 장군과 이를 검토했다. 그날 오후 3시 30분경, 그는 번즈(James Byrnes, 1879~1972) 국무장관이 배석한 가운데 트루먼 대통령 앞에서 1시간에 걸쳐서 보고서를 읽었다. "아무도 기대하지 않았던 철

---

62) David McCullough, *Truman*, Quoted in *American Foreign Policy: A History*, p. 418; Robert H. Ferrell, ed., *Off the Record: The Private Papers of Harry S. Truman*(New York: Harper & Row, Publishers, 1980), pp. 348-9.

제 건물이 파괴된 것 같고, …방출된 에너지는 TNT 15-20KT과 맞먹는 것으로 추정된다(…unshielded permanent and masonry buildings would have been destroyed…. None of us had expected it to be damaged. … The 'energy generated' was estimated to be the equivalent of 15,000 to 20,000 tons of TNT)"는 내용이었다.[63] 다음 날, 내용을 알게 된 처칠은 트루먼의 달라진 태도를 느낄 수 있었다고 말하면서, "스팀슨, 흑색화약이 뭐야? 전기가 뭐야? 무의미한 것이야. 이 원자탄은 하느님의 두 번째 진노(震怒)야(Stimson, what was gunpowder? What was electricity? Meaningless. This atomic bomb is the Second Coming in Wrath)"라고 외쳤다.[64] 1945년 7월 24일 늦은 오후, 회의가 끝난 직후, 트루먼은 통역과 함께 서 있던 스탈린 옆으로 다가가서 대수롭지 않게 "우리는 보통이 아닌 파괴력을 가진 새로운 무기를 가졌다(we had a new weapon of unusual destructive force)"라고 말했다. 스탈린 역시 "들어서 반갑습니다. 우리가 일본에게 그걸 잘 활용할 수 있기를 바랍니다(…glad to hear it and hoped we would make 'good use of it against the Japanese')"라고 대수롭지 않은 듯 말했으나, 그날 저녁 베리아(Laventri Beria, 1899~1954, the Soviet Secret Police Chief, 1938~1953)에게 원자탄 개발 계획(the Soviet atomic project) 추진에 박차를 가하라(to put the pressure)는 전문을 발송하도록 지시했다.[65] 미국이 핵보유국이 되었다는 사실은 이와 같이 은밀하게, 그러

63) David McCullough, *Truman*, pp. 430-1. 1941년 12월에 미국이 전쟁에 개입하면서 시작된 미국의 핵폭탄 개발에는 약 20억 달러의 비용이 들었고, 가장 많았을 때는 13만여 명이 투입되기도 했다. 그리고 1945년 7월 16일 새벽, 원자탄 실험에 성공했다. 처음에 과학자들은 TNT 5,000톤에 해당되는 파괴력을 기대했었으나, 실제로는 15,000~20,000톤에 상당하는 위력이었다.

64) 위의 책, p. 432.

65) 위의 책, pp. 442-3. 소련은 1942년에 핵무기 연구를 시작하여 1945년 8월 중에 원자탄 실험에 성공했다. 따라서 스탈린은 트루먼이 말했던 '보통이 아닌 파괴력을 가진 새로운 무기'가 무엇인지 잘 알고 있었다.

나 형식적으로는 대수롭지 않은 방식으로 전파되었다.

포츠담 회의(the Potsdam Conference, 1945. 7. 17~8. 2)에 참석한 미국, 영국, 소련 관료나 군인 중 어느 누구도 독일인이나 일본인들에게 동정적(同情的)이지 않았다. 미국 대통령이나 관료 및 군인들 중 어느 누구도 핵의 사용을 주저하거나 만류하지 않았다. 1945년 7월 23일에 또 하나의 전문이 도착했다. 8월 1일과 3일 사이 작전 가능, 8월 4일과 5일은 작전 충분히 가능, 8월 10일 이전까지는 작전 완전 가능하다는 내용이었다.[66] 전문 내용을 보고 받은 트루먼은 "그게 바로 내가 원하는 것이야(that is just what I want)"라며 기뻐했다.[67] 포츠담 회의에 참석했던 주요 미국 대표단(James Byrnes, Henry L. Stimson, Admiral William Leahy, General George C. Marshall, and General Henry H. Arnold)은 모두 원자탄이 사용되어야 한다는 데 의견을 같이 했다. 특히 육군 참모총장은 일본 상륙작전에 약 25만 명의 손실을 예상하고 있었는데, 원자탄 사용에 대해서 심사숙고(深思熟考)한 후에 원자탄 사용에 동의했다. 일본과의 전쟁이 막바지에 접어들자 미군의 피해는 증가해 갔으며, 트루먼이 대통령에 취임한 후 3개월 간의 전투 손실은 이전 3년간 손실의 반절에 육박할 정도였다.[68] 1945년 7월 24일 11시 30분, 트루먼과 처칠 그리고 그들의 군사 고문들이 한 자리에 모였다. 이 자리에서 몇 주일 안에 원자탄을 사용하기로 의견이 모아졌다. 7월 24일과 8월 10일 사이에 교토(Kyoto)와 도쿄(Tokyo)를 제외한 군사 목표에 사용하라는 지시가 하달됐다.[69] 그런 후에 트루먼은 소련의 스탈린에게도 미국이 새로운 무기를 보유하고 있다는 사실을 대수롭지 않게 얘기했다. 이로써 일본에 대한 원자탄 사용이 결정되었다.

두 개의 원자탄(a uranium bomb: "Little Boy", a plutonium bomb:

66) David McCullough, *Truman*, p. 437.
67) 위의 책.
68) 위의 책.
69) 위의 책, pp. 442, 444.

"Fat Man")이 일본에 투하됐다. 1945년 8월 6일 새벽 1시 37분, 기상 관측 비행기 3대가 히로시마(Hiroshima), 고쿠라(Kokura), 니가타(Niigata)를 향해 활주로를 떠났다. 뒤이어 새벽 2시 45분, 원자탄(Little Boy)을 탑재한 B-29(the Enola Gay)가 티니안섬 활주로(the Tinian runway)에서 이륙했다. 7시 30분경에 일본 해안에 도달한 B-29는 기상 관측기로부터 목표로 지정된 히로시마로 향했다. 8시 15분, 원자탄은 투하되어 50초 후에 지상 2000feet 상공에서 폭발했다. 피해는 대단하여 70,000~80,000명이 즉사했고, 50,000~60,000명이 수개월 내에 사망했으며, 80% 이상의 건물이 파괴됐다. 8월 9일에는 두 번째 원자탄(Fat Man)이 나가사키(Nagasaki)에 투하되어 35,000명 이상이 사망했다. 원자탄 투하를 결정했던 트루먼은 "역사적으로 가장 중요한 사건(this is the greatest thing in history)"이라고 평했으나, 그의 참모 중에는(Admiral William D. Leahy) "…나는 전쟁을 이러한 식으로 수행하라고 배우진 않았다(…I was not taught to make war in that fashion)…"라고 말하면서 유보적인 입장을 보여 주기도 했다.[70] 개별적 입장이야 어찌됐든지 간에, 일본에 대한 원자탄 투하는 새로운 시대, 즉 핵시대(the Nuclear Age)를 가져왔다. 전쟁(戰爭)과 평화(平和), 전략(戰略: strategy)과 외교(外交: diplomacy), 특히 안보외교(安保外交: security diplomacy)에 새로운 지평(地平)을 열었으며 모든 국가의 안보외교는 새로운 적응(適應)이 필요했다.

역사상 최초로 핵 공격을 당한 일본의 충격은 진주만 기습(1941. 12. 7)을 받은 미국의 것과 비슷했다. 히로시마에 이어 나가가키에 원자탄 공격을 받은 지 하루 만에 일본 천황은 '모든 책임을 지고 항복하기로(bear the unbearable and surrender)' 결정했다. 1945년 8월 10일 오전 6시 30분, 트루먼은 미 국방부가 청취한 '일본 천황의 위치가 보장된다면 포츠담 선언을

70) Thomas G. Patterson, et. al., *American Foreign Policy: A History*, pp. 429-31; David McCullough, *Truman*, pp. 454-9.

수용한다'는 일본 정부의 입장을 담은 내용의 라디오 메시지를 받아 보고, 오전 9시에 보좌관 회의를 소집했다.[71] 트루먼 참모들의 의견은 엇갈렸다. 국방장관(Stimson)은 일본 천황을 그대로 머물게 하자는 의견을 내놓으면서 그 방법이 "분별(分別) 있는 대책(the only prudent course)"이라고 말했다. 그러나 국무장관(Byrnes)은 이에 반대했다. 무조건 항복을 전제한 포츠담 선언대로 강요하자는 의견이었다. 이때 해군장관(James Forrestal, 1892~1949)이 일본 천황의 위치를 규정하고 일본의 항복을 받아들이자는 절충안을 내놓았다. 트루먼의 결정에 따라, 일본 천황은 그대로 두되 '연합군 총사령관의 지휘를 받도록 한다(…subject to the Supreme Commander of the Allied Powers)'는 조건하에 일본의 항복을 받아 주기로 했다.[72] 1945년 8월 15일(워싱턴 시간으로 8. 14), 일본은 항복했다. 태평양전쟁(1941~1945)이 끝난 셈이다. 진주만 기습공격이 미국을 제2차 세계대전 참전국(參戰國)으로 만들었다면, 원자탄 공격은 패색(敗色)이 짙던 일본을 태평양전쟁의 패전국(敗戰國)으로 만드는 것을 앞당겼다.

일본의 항복이 임박해면서 소련이 바빠졌고, 미국도 바빠졌다. 소련은 되도록 빨리 군대를 남진시켜야 했고, 미국은 이들의 남진을 빨리 저지시켜야 했기 때문이다. 일본이 항복을 공식화하기 전에 일본에게 선전포고(宣戰布告, 1945. 8. 9)를 한 소련은 군을 신속하게 만주와 한반도에 투입했다. 유

71) U.S. Department of State, *Bulletin*, XIII, p. 205.

72) David McCullough, *Truman*, pp. 459-61. 미국의 원자탄 투하 동기에 대해서는 첫째, 진주만 기습공격에 대한 보복이라는 감정적 요인과 둘째, 미국의 피해를 줄이고 전쟁을 빨리 끝내겠다는 군사적 요인 및 원자탄 자체도 군사적 목적으로 개발되었기 때문에 그의 사용은 하나의 개발 과정으로 간주될 수 있다는 요인과 셋째, 막강한 파괴력을 가진 원자탄 보유 사실을 실증적으로 입증함으로써 전후 소련 및 다른 국가들과의 관계에서 외교적 이점을 추구했다는 요인 등을 들고 있다. Thomas G. Patterson, et. al., *American Foreign Policy: A History*, pp. 432-5 참조. 그러나 미국의 사상자를 줄이고 전쟁을 빨리 마무리하면서, 대일 선전포고를 하고 군대를 신속하게 남진시키는 소련의 일본 점령 자체를 일단 불가능하게 만들어야 한다는 상황 판단이 원자탄 투하를 결정한 주요한 요인이 되었다.

럽에서 독일이 패망한 후(1945. 5. 9) 폴란드 등 동구권(東歐圈), 독일과 오스트리아, 특히 폴란드와 오스트리아에서 보여 준 소련의 행태(行態)를 보고 경험한 바 있던 미국의 민·군 정책결정자들은 소련을 일본의 점령과 군정(軍政)에 참여시키지 않는 것이 좋다는 '무언의 합의(tacit agreement)'를 하고 있었다. 또 전후 한반도의 신탁통치를 위해서도 미국이 한반도에서 충분한 공간을 확보해야 한다는 '인식(認識)도 공유(共有)'하고 있었다. 소련군이 신속하게 남진(南進)하는 상황에서 미국의 정책입안 및 결정자들은 일본을 패망시키기 위한 계획을 일본의 항복을 접수할 계획으로 신속하게 전환해야만 했다. 먼저 극동에서의 미군과 소련군의 작전 한계선과 일본군의 항복을 접수할 지역을 결정하는 것이 급선무(急先務)였다. 다른 문제와 마찬가지로 이 문제도 3성 조정위원회(SWNCC: State-War-Navy Coordinating Committee)에서 먼저 논의되었다. 1945년 8월 10~11일 자정이 조금 지난 후, 국방부 정책실무자(Colonel Charles Bonsteel and Major Dean Rusk)는 38도선을 제시했다. 위원회 논의 과정에서 해군은 요동반도(遼東半島)의 여순(旅順)과 대련(大蓮)을 미군의 작전지역 내에 포함할 수 있는 39도선을 주장했으나, 미군이 한반도로부터 600마일 떨어진 오키나와에 있다는 점과 스탈린이 이를 받아들이지 않을 수 있다는 판단하에 위원회(SWNCC)는 38도선을 작전분할 및 일본군의 항복 지역 경계선으로 적합하다는 결론을 내렸다. 미 합동참모본부의 동의에 이어 국무, 국방, 해군부도 이를 승인하고 트루먼이 이를 결정했다.[73] 소련의 스탈린도 이 조항에 대해서 이의를 제기하지 않아, 미 합참본부는 이 조항을 담은 '일반 명령 1호(General Order No. 1)'를 맥아더 사령관에게 전달했다.[74] 유럽전쟁에서는 전쟁 당사국인 독일이

73) SWNCC Meeting Minutes, August 12, 1945, *FRUS*, 1945, VI, p. 645; Memo by Dean Rusk, July 12, 1950, *FRUS*, 1945, VI, p. 1039; James F. Schnabel, *Policy and Direction: The First Year*(Washington, D.C.: G. P. O., 1972), pp. 8-9.

74) Stalin to Truman, telegram, August 16, 1945, enclosed in Memo, From Admiral Leahy to General Marshall, April 29, 1947, Record Group(RG) 59, 740.00119

분할되었지만, 태평양 지역에서는 전쟁 당사국 일본 대신 일본의 식민지인 한반도가 분할되었다. 바삐 서두른 소련은 대일본전에 별 다르게 기여한 바가 없었는데도 대단한 몫을 챙겼고, 바삐 서두른 미국은 일본 본토에서 멀리 떨어진 선에서 소련군의 진격을 멈추게 할 수 있었다.

극동 지역에서 미군과 소련군 간의 작전 분할과 일본의 항복 접수를 위해서 편이적(便易的)으로 책정된 북위 38도선은 유럽에서 설정된 서독과 동독 경계 및 서구권과 동구권으로 분리된 국가들의 국경선과 더불어 소련과 미국이 맹주(盟主)가 된 동서(東西) 양대 진영(陣營)의 경계선이 되었다. 동쪽 진영에서 패자(覇者)로 등장한 소련(蘇聯)과 서쪽 진영의 주자(主者)로 자리를 굳힌 미국(美國)은 공동의 적인 나치 독일과 군국주의 일본을 상대로 연합전선을 형성한 연합국의 관계를 접고, 동서 양 진영의 결속과 유대 강화를 도모하면서 세력과 영향력을 다져 나갔으며 국제적으로 냉전(冷戰: the Cold War) 질서를 형성했다.

지향하는 가치나 이를 구현할 정치, 경제, 사회, 문화 체제 면에서 어느 것 하나 공통적인 요소를 가지고 있지 않았던 미국과 소련은 2차 세계대전과 같은 재래식 전면전(在來式全面戰: conventional global war)을 피해야 한다는 '묵시적 거래(tacit bargaining)'에 근거하여 세계적인 차원의 열전(熱戰)은 자제했다. 그러나 진영 간 접경 지역의 토착 정치세력들을 앞세운 '인민해방전쟁(人民解放戰爭)'의 논리에 입각한 현상변경 시도에 근거한 분쟁(紛爭)을 마다하지 않은 소련의 잠식(蠶食)을 미국은 봉쇄(封鎖: containment)하는 정책과 전략을 구체화시켜 나갔다. 따라서, 냉전(冷戰)이라고 이름 붙인 2차 세계대전 후의 국제질서는 비록 공산진영과 자유진영 간에 전면적인 대결(對決)은 없었으나, 지역적인 열전(熱戰)을 포함하고 있는 성격의 대결구조로서 1989년 12월 2일과 3일에 말타(Malta) 섬 연해에 정박된 소련

Control(Japan)/4-2947, National Archives(NA), Washington, D.C., USA. 트루먼 대통령은 승인된 일반 명령 1호 내용을 영국 수상에게 1945년 8월 15일에 전달했다.

의 호화 여객선(Maxim Gorky)에서 미국과 소련 양국 정상(George Bush, Mikhail Gorbachev)이 종식을 선언할 때까지 존속되었다.[75] 이른바 '얄타(Yalta)체제'라고 불렸던 냉전(冷戰)은 '말타(Malta)체제'라고 불린 탈냉전(脫冷戰) 질서로 탈바꿈할 때까지 존속된 셈이다.

추축국(樞軸國)들을 상대로 형성된 연합국(聯合國)들이 펼친 전시 안보외교는 안보외교의 몇 가지 본질적 성격과 특징을 실증적으로 보여 주었다.

먼저, 안보외교에서 우적(友敵)개념이나 호오(好惡) 감정은 항상(恒常)적이기 보다는 무상(無常)하다는 점이 드러났다. 미국과 소련은 가치(價値)와 체제(體制) 면에서 공유(共有)하거나 공감(共感)할 수 있는 요인을 지니고 있지 않았음에도 불구하고, 독일과 일본에 대항하는 연합국으로서 공동전선을 펴면서 싸웠다. 그러나 공동의 적인 나치 독일과 군국주의 일본이 사라지자, 국가 간 정치의 본성인 강권정치(强權政治: power politics)의 속성과 병립(竝立) 자체가 불가능한 사상(思想) 및 이념(理念) 대립까지 겻들인 대치(對峙)관계를 전 세계적으로 확산시켜 각자 자국 중심의 진영(陣營)을 형성했다. 국가적 영향력(影響力)에 기반을 둔 영향권(影響圈)까지 형성했다는 뜻이다. 독일이나 일본이 형성하려 했던 생활권(生活圈)이나 대동아공영권(大東亞共榮圈)의 구축을 전쟁에서 승리함으로써 막았던 이들 양국은 자국이 중심이 된 동서 양대 진영을 형성하는 데 아무런 주저함이 없었다. 국제정치의 강권정치(强權政治)적 속성이었다. 그러면서 미국과 소련은 전면적 이념 대립까지 곁들여 냉전(冷戰)이라는 국제질서를 빚어냈다. 독일은 양분되어 서독은 서구 자유진영, 동독은 동구 공산진영에 속하게 되었고, 미국이 군정을 전담한 일본은 미국이 주도하는 자유진영에 속하게 되었다. 미국은 자국의 내해(內海)처럼 간주해 온 태평양(太平洋) 극동방위선을 일본 확보로

75) *The Korea Times*, December 3, 4, 1989; *조선일보*, *동아일보*, 1989. 12. 3, 4.

안정시켰고, 소련은 동유럽을 영향권(影響圈: sphere of influence)으로 장악하여 서부 세계에 대한 안보상 완충지대를 확보하기에 이르렀다. 그리하여 미국과 소련은 전쟁 중 연합국으로서 구축된 협조관계를 전후 냉전적(冷戰的) 대립관계로 변질시킨 두 패권국(霸權國)이 되었다. 이와 같이, 2차 세계대전 중 연합국, 특히 미국과 소련이 펼친 협조관계와 전쟁 후의 대립관계는 안보외교에서 우적(友敵)개념이 얼마나 가변적(可變的)일 수 있는가를 보여 주는 사례(事例)로 기록되었다.

두 번째로, 제2차 세계대전 중에 펼친 연합국 간 수많은 회동·회합과 협의·합의 그리고 그에 근거한 작전 수행은 안보외교의 양태가 다양(多樣)하고 그것이 동원할 수 있는 수단이 얼마나 다채(多彩)로운가를 보여 주었다. 2차 세계대전을 치르던 미국, 영국, 소련은 각종 장소와 다양한 형태의 정상회담과 실무회담을 통하여 다채로운 정치적·군사적 수단을 동원하여 국제적 평온함과 자국들의 군사적·군사 외적 이익을 챙기려는 안보외교를 구사(驅使)했다.

세 번째로, 2차 세계대전 중에 연합국들의 정치·군사 지도자들이 실시한 온갖 회동과 협조는 전시 안보외교의 궁극적인 목표의 핵심(核心)도 결국 자국(自國)들의 안보(安保) 및 이익(利益) 보장(保障)이라는 점을 극명하게 드러내 주었다.

지향하는 가치·이념·정책 및 모든 분야의 체제가 서로 다름에도 불구하고, 독일의 위협에 대해서 영국이나 미국과 소련이 형성한 연합전선 자체가 각국의 안전과 국가이익의 보장을 위한 배열(排列)이었던 것이다. 전통적으로 유럽 대륙에 대해서 세력균형 정책(balance of power policy)을 펼치면서 대륙 밖의 전 세계를 상대로 식민지 확보를 통한 제국을 건설해 온 영국으로서는 유럽 대륙을 나치 독일이 장악한다는 것을 용인할 수 없었다. 더구나 소련은 나치 독일이 유럽 지역의 소련(우랄 산맥 서쪽)을 생활권(lebensraum)으로 책정하고 차지하려 한 이상 이를 용납할 수는 없었다. 미국 역시 유럽 대륙이 국가 사회주의를 표방한 나치 독일에 좌지우지(左之右之)되는 상황과 아시아의 일본이 배타적인 대동아공영권(大東亞共榮圈)을 형성하는 것을 받아들일 수 없었다. 이와 같이 미국, 영국, 소련이 형성한 대독일 및 일본 연합전선과 이를 효율적으로 유지시켜 나치 독일과 군국주의 일본을 패망시키려 한 자체가 각국의 안보와 국가이익을 보장하려 한 본원적(本源的) 성격을 지니고 있었다.

연합국들 간의 효율적인 전쟁 수행을 협조나 평화로운 전후 배열로 구축하기 위한 과정에서도 미국, 영국, 소련은 우선 자국의 안전보장(安全保障)과 국가이익(國家利益)을 확보·증진시키는 방향의 노력을 결코 게을리하지 않았다. 전후 독일이나 일본의 식민지를 포함한 과거 식민지들을 일괄적인 신탁통치를 통하여 자치능력을 배양하게 한 후 독립시키자는 미국의 의견에 영국은 반대 의사를 분명하게 밝혔다. 대영 제국의 위상이 훼손되는 전후 배열을 반대한 것이다. 또한 폴란드를 포함한 동구권에서의 친소 정권 수립을 통한 완충지대를 확보한 소련은 아시아에서 전리품(戰利品: the spoils)을 확보하기 위하여 일본 정부가 항복을 공식화하기 전에 서둘러서 대일본 선전포고를 하는 기민함을 보여 주었다. 그리고 미국, 영국, 소련은 새로 창설될 국제연합 안전보장이사회에서 상임이사국으로서 거부권을 행사하기로 합의하기도 하여 자국들의 위상을 확고하게 다졌으며, 후일 중국과 프랑스까지 포함시켜 자신들의 구상을 현실적으로 정당화시키는 조치를 취하기도 했다. 국제연합 총회에서 영국은 6개, 소련은 3개의 기표권(voting right)을 챙기고 미국도 미 상원의 태도에 따라 3개의 기표권을 챙길 수 있다는 대내 교섭용 대안을 지니고 있었으나, 미 상원이 미국의 국제연합 가입을 기정사실로 받아들임에 따라 없었던 대안으로 폐기시키기도 했다. 이처럼 연합국으로서 대독·대일본 공동전선을 형성했던 미국, 영국, 소련은 2차 세계대전의 전리품을 챙기거나 전후 자국들의 위상을 확고하게 다지는 작업을 결코 소홀히 하지 않았다.

이와 같이 독일 중심의 일방적인 추축국(樞軸國: The Axis Powers)들의 전시외교나 미국, 영국, 소련이 형성한 연합국(聯合國: The Allied Powers)들의 협조를 전제로 한 전시 안보외교에서는 밀접하든지 느슨하든지 간에 전쟁의 능률적인 수행을 통한 승리 쟁취를 목적으로 회동, 회합, 회담이 이루어졌다. 공동의 적을 패배시키기 위한 전시 안보외교는 평시에는 상정하기 어려운 미국과 소련의 연합전선도 형성시켰고, 그에 근거한 연합작전과 상호원조도 구체화시켰으나, 패색(敗色)이 짙은 공동의 적을 눈앞에 둔 시점에서부터는 자국들의 국가적 이익과 안보상 이점을 확보하려는 전통적인 안보외교의 본색(本色)을 드러내기에 주저함이 없었다. 따라서 전시 안보외교에서는 현재적(現在的)인 적과 싸우고 있는 잠재적(潛在的)인 적은 우방(友邦)으로 간주될 수 있다는 가능성이 평시 안보외교보다 더욱 짙게 나타난다. 그러나 공동의 적이 사라진 후에는 전시외교일지라도 자국 중심의 평시 안보외교의 성격과 본질에 근거한 국가 중심의 성격으로 환원되는 성향(性向)을 보여 준다. 제2차 세계대전 시 연합국들이 펼친 전시 안보외교가 이를 확실하게 해 주었다.

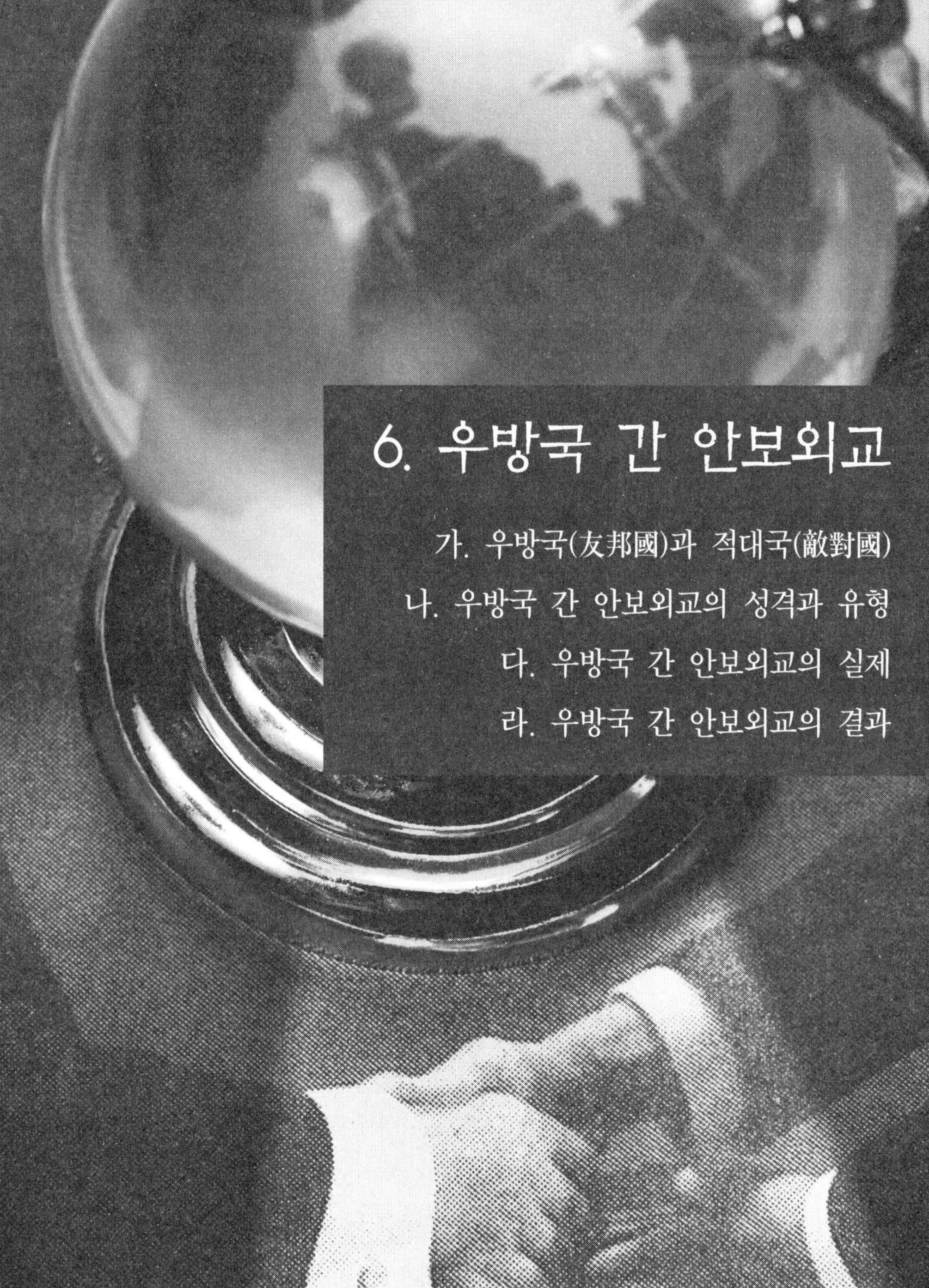

6. 우방국 간 안보외교

가. 우방국(友邦國)과 적대국(敵對國)

나. 우방국 간 안보외교의 성격과 유형

다. 우방국 간 안보외교의 실제

라. 우방국 간 안보외교의 결과

6. 우방국 간 안보외교

가. 우방국(友邦國)과 적대국(敵對國)

국제사회에서 정치집단의 전형(典型)으로 자리를 굳힌 국가군(國家群)은 감정적 호오(好惡), 정서적 친소(親疎), 타산적 이해(利害)에 따라 우방국(友邦國: friendly nation)과 적대국(敵對國: hostile nation), 동맹국(同盟國: allied nation)과 중립국(中立國: neutral nation or non-allied nation) 등으로 불릴 수 있는 관계를 유지하고 있다. 이러한 국가군 간 관계는 그들이 지향하는 가치(價値)와 이념(理念), 추구하는 목적(目的)과 달성하고자 하는 목표(目標), 중점을 두는 분야(分野)와 사안(事案)에 따라 양태(樣態)와 수준(水準)이 매우 다양하게 현재화(顯在化)되어, 일시적(一時的)으로 잠정적(暫定的)으로 혹은 상당히 지속적(持續的)으로 정착된다. 또한 여러 가지 관계요소의 조합으로 형성되어 정착된 국가군 간 관계는 관련국을 통치하는 정치세력의 성향(性向)과 지성적(知性的) 색깔과 수준에 따라 동일한 범주 내에서도 정착된 모양이 다르게 나타날 수 있다. 국가 자체의 존립(存立)과 번영(繁榮)에 중점을 두고 통치를 하는 정치세력이 국가 권력을 대변할 경우와 파당적(派黨的) 생존과 이익을 앞세워 국내 정치를 좌지우지(左之右之)하는 통치집단이 주도하는 국가가 빚어내는 대외관계는 그 성격과 모습이 완연(完然)히 다르게 정착될 수 있기 때문이다. 어찌됐든지 간에, 국제사회에서 국가군(國家群)이 형성한 우방(友邦), 적대(敵對) 혹은 동맹(同盟), 중립(中立) 등의 관계는 국가군 간의 관계 자체가 지니고 있는 가변성(可變性)과 그 국가들을 대변하는 국내 정치세력들의 성향, 목표, 지적 · 정서적 수준에 따라 항상적(恒常的)이지 않은 특성을 지니면서 현재(現在) 정착되어 있는 셈이다.

전반적으로, 우방국(友邦國)이나 적대국(敵對國)으로 간주되어 형성된 국가군 간 관계는 여러 분야에서 각양각색(各樣各色)의 모습과 수준으로 가시화된다. 제2차 세계대전에서 동구권을 점령하고 그 지역 국가들에서 친소(親蘇)정권을 수립한 소련은 그들과의 우호(友好)관계를 주로 완력(腕力)으로 유지해 나갔다.[1] 이러한 우호관계는 1956년에 헝가리 반공의거를 진압하기 위하여 소련군을 파견하고, 1968년에는 체코의 자유화 운동을 무력화시키기 위하여 바르샤바 동맹군을 파견함으로써 유지되는 모양새를 보였다. 공산진영의 결속을 진영 내 개별국가의 주권보다 우선시한 이러한 우방(友邦)관계는 후에 브레즈네프 독트린(the Brezhnev Doctrine)으로 이론화되어 정립되기에 이르렀다. 자유진영의 패자로 군림한 미국도 자유진영 내 국가들의 결속과 우호관계를 유지하기 위하여 핵우산(核雨傘: the nuclear umbrella)에 의한 안전보장과 대외원조(對外援助: foreign aid)를 통한 경제발전을 유인책으로 활용했다.[2] 2차 세계대전 시 대독일 공동 대응을 목적으로 연합전선을 형성하여 연합국으로서 우호관계를 형성했던 미국과 소련은 전후에 대립

1) 소련 수상 스탈린은 2차 세계대전 중에 열린 테헤란 회담(1943. 11. 27~12. 1)에서 서부 지역의 조속한 제2전선 형성을 요구했다. 이에 영국 수상 처칠이 프랑스에서의 너무 성급한 제2전선 형성은 정당화될 수 없는 수많은 인명피해만 가져다 줄 뿐이라고 말하면서 조급한 제2전선 형성을 반대했다. 스탈린은 이에 "한 사람이 죽으면 그것은 비극이다. 수천 명이 죽으면 그것은 통계 숫자일 뿐이다(When one man dies it is a tragedy, when thousands die it's statistics)"라고 말할 정도로 냉혹(冷酷)한 인간이었다. 그는 후에 동구권을 점령하고 공산정권을 수립한 장본인이었다. David McCullough, *Truman*, pp. 419-20 참조.

2) Thomas G. Patterson, et. al., *American Foreign Policy: A History*(Lexington, Mass.: D. C. Heath and Company, 1977), pp. 463-6.

관계를 전 세계적으로 정착시킨 냉전(冷戰)이라는 국제질서를 빚어내기도 했으며, 베트남 전쟁(1954~1975)에서 동맹관계를 유지하며 미국과 싸우던 월맹(越盟)을 지원했던 중국은 전후에 베트남 내 중국 화교들에 대한 베트남 정부의 정책과 조치 그리고 친소(親蘇) 편향 정책과 전략을 응징(膺懲)한다는 명분으로 베트남을 침공(1979)하기도 했다.[3] 근래(近來)에 이르러 오일 달러를 앞세워 유엔 회원국을 상대로 큰소리쳤던 카다피가 이끌던 리비아가 형성했던 우적(友敵)관계와, 카다피 정권을 무너뜨린 새로운 리비아 정부와 그들을 지원했던 NATO 국가들의 우적관계는 혼란스러우면서도 다양한 면모(面貌)를 드러내기도 했다. 핵과 미사일 등을 앞세운 냉전적(冷戰的) 수단과 방법으로 탈냉전(脫冷戰)시대에서 정권의 생존을 보장받으려는 북한(北韓)이 빚어내고 있는 대외관계는 매우 우스꽝스러운 우적(友敵)관계의 모습과 수준을 보여 주고 있다. 관광이나 개성공단을 통해서 북한을 지원해 온 한국에게는 군사적 위협과 공갈을 서슴지 않고, 전통적인 우방으로 간주하고 있는 중국도 불안하게 만들면서 러시아에 접근하기도 하며, 미국에게는 험담과 미소를 동시에 흘려보내는 희한(稀罕)한 성격과 양상의 관계를 빚어내고 있다. 이와 같이, 우호적이든 적대적이든 국가군(國家群) 간에 형성된 우적관계는 시간과 공간적 상황과 행위 주체가 된 국가들의 위상 및 그들을 대변하는 정치세력들의 지적·정서적·이념적 수준에 따라 각양각색(各樣各色)으로 현실화(現實化)된다.

우방국(友邦國)으로 일괄(一括) 분류된 국가들 간의 관계도 여러 가지 복합적인 요소들에 의해서 성격과 모습이 갖추어진다. 시공간적(時空間的) 상황과 특정한 사안별 요소들에 의해서 우호관계(友好關係)의 성격과 모습이 정해진다는 뜻이다. 폭력(暴力)과 완력(腕力) 그리고 때로는 금력(金力)으로 공산진영 내 국가들과의 우호관계를 유지했던 소련식도 있고, 핵이나 재래

---

3) 金幸福 외, *20世紀 地球村戰爭*(兵學社, 1996), pp. 660-4.

식 억제력의 대여(貸與)나 그것의 공약(公約)을 통한 안전보장이나 자본 및 기술의 원조를 통한 경제발전 유인책을 통해서 우방(友邦)을 확보하는 미국식도 있으며, 과거 리비아나 오늘의 북한처럼 '막무가내(莫無可奈)' 식으로 우방국(友邦國)이나 적대국(敵對國)을 싸잡아서 혼란스럽게 만든 결과를 활용하는 방식도 있다. 어떠한 방식으로 구체화된 국가군(國家群) 관계든지 간에, 우방국 간 안보외교는 평시와 위기시는 물론 전시에도 진행되어 독특한 성격과 다양한 유형의 사례(事例)를 기록해 놓았다.

나. 우방국 간 안보외교의 성격과 유형

우방국 간 안보외교는 어떤 분야(分野)에서 어떤 부류(部類)의 안보관계를 형성하고 있느냐와 그 정도(程度)와 수준(水準)에 따라 성격과 유형이 형성된다. 자국의 안전을 보장하기 위한 주변 완충지역을 확보하기 위한 조치나 배열이냐 아니면 주변의 현재적·잠재적 위협을 견제하거나 상쇄시키기 위한 안보외교냐에 따라 그 성격과 유형이 다양하게 구체화될 수 있으며, 지역이나 전 지구 차원에서 군사적·군사 외적 실리를 확보하기 위한 일련의 국가 노력으로서 안보외교를 전개하고 있다면 그에 맞는 성격과 유형을 나타내게 마련이다. 그리고 비교적 강력한 군사적·군사 외적 수단을 활용할 수 있는 국가들이 펼치는 세력권이나 공동 가치를 추구하는 권역을 확보·확장하는 노력의 하나로 안보외교를 상정할 경우와, 그러한 강대국들이 주도하는 사안·사건·분쟁 처리 노력에 동조하거나 동참함으로써 자국의 안전·이익·위상을 유지하려는 국가들이 펼치는 안보외교는 상이한 성격과 유형을 기록할 것이고 또 그래 왔다. 이와 같이 우방국 간 안보외교의 성격과 유형은, 그 자체가 지닌 본래의 것과 더불어 자국의 안보 이익, 우방관계에서의 상대적 위치, 추구하고자 하는 군사적·군사 외적 이해관계에 따라 내용과 모습이 다양하게 현재화(顯在化)된다.

한 국가의 안보외교는 자국 중심으로 전개되는데, 우방국 간 안보외교도 예외가 아니다. 그 성격도 자국의 안전을 보장하고, 가치와 이익을 증진시키며, 위상을 제고시키는 방향으로 초점이 맞추어진다. 그리하여 우방국 간 안보외교는 첫째, 당시에 존재하는 직접적이고 현재적(現在的)인 위협에 대해서 국가의 안전을 공고하게 보장하고, 둘째, 현재적(顯在的) 위협을 약화 또는 무력화시키며, 셋째, 공동 가치 · 이념 · 이익을 추구하는 데 보조를 맞출 수 있고, 넷째, 국가의 위상을 제고시켜 지역적 · 국제적 협조를 용이하게 확보할 수 있는 배열과 조치의 일환(一環)이라는 성격을 지닌다. 다시 말하면 우방국 간 안보외교는 직접적 위협을 제거하고, 잠재적 위협을 약화시키며, 공동 가치와 이익을 증진시켜, 국가적 위상을 고양시키고 국제 협력을 확보하려는 기본 성격을 지니고 있다.

첫 번째 우방국 간 안보외교의 기본 성격으로서 직접적인 위협을 제거하고 자국의 안전보장을 확고하게 다지려는 한 국가의 총체적 노력이라는 점을 들 수 있다.

직접적 위협을 제거하는 노력에는 나폴레옹 전쟁이나 양차 세계대전에서와 같이 연합전선을 형성하여 그것을 제거하는 방법이 있다. 이러한 배열은 직접적 위협을 제거하기 위하여 잠재적 위협세력과도 연합전선을 형성한다는 것을 뜻한다. 프랑스 혁명(1789~1799)에서 분출된 프랑스 국민들의 동력(動力)을 활용하여 전개된 나폴레옹 전쟁(1792~1815)에서, 영국은 경쟁과 대립관계를 형성해 온 프러시아 · 러시아와 연합전선을 형성하여 유럽 대륙에서 프랑스의 독점적 권력행사와 그에서 비롯될 수 있는 영국에 대한 위협을 제거했다. 1차 세계대전에서 영국은 보오전쟁(1866)과 보불전쟁(1870~1871)을 통하여 프러시아에서 제국이 된 독일에 대항하여 프랑스 · 러시아와 연합전선을 구축하고, 중국에서의 이권 확보에 혈안(血眼)이 된 일본과 독일의 무제한 잠수함 작전으로 열이 오른 미국까지 끌어들여 독일을 패망시킴으로써 유럽 대륙이 독일의 배타적이고 독점적인 영향력하에 전락(顚落)

되는 것을 거부했다. 제2차 세계대전에서는 나치 독일, 파시스트 이탈리아, 군국주의 일본의 정체(政體)를 파괴하기 위하여 영국, 러시아, 미국이 서로 다른 사상 · 이념 · 가치체계 · 정치 및 경제 체제상 차이를 접어 두고 연합전선을 형성하여 이른바 추축국(樞軸國)이 제기한 위협을 무력화시켰다. 이와 같이, 한 국가 혹은 국가군(國家群)은 직접적 위협을 제거하기 위하여 잠재적 위협으로 변화될 수 있는 국가 혹은 국가군과도 연합전선을 형성하여 우방국으로서 안보외교를 전개한다.

자국 안전보장에 직접적 위협이 되는 주변 국가 혹은 세력들을 무력화시키는 안보외교의 한 방법은 각개격파(各個擊破) 방식이다. 독립(1949. 5. 14) 선물로 주변 아랍 7개국들의 군대 35,000명의 공격을 받은 이스라엘은 자국의 안전보장을 위해서 주변국과의 협의나 협상의 여지를 발견하지 못한 채 안보외교의 수단으로 군사력을 활용할 수밖에 없었다. 주변 아랍국들(이집트, 레바논, 시리아, 요르단 등)이 연합전선을 형성하여 협공을 해왔기 때문에 포위(包圍)와 협살(挾殺)을 면하기 위해서 집중(集重)과 각개격파(各個擊破)를 해야만 했다. 작전선(作戰線)이 부챗살 모양으로 퍼지는 내선(內線)의 이점(利點)을 활용하여 더 다급한 전선에 전력을 집중하여 공세(攻勢)를 취하고 덜 다급한 전선에서는 수세(守勢)로 방어작전을 수행한 다음에, 전력을 전환하여 공세와 수세를 바꾸는 형식의 작전을 수행하여 국가의 영토(領土)를 확장하고 주권(主權)을 수호해 나갔다. 그리하여 이스라엘은 전쟁에서 승리했고, 주변 아랍국들의 연합국가 및 전선의 형성을 차단하였다. 먼저 레바논과 요르단을 대이스라엘 전선에서 이탈시켰고, 그 다음에 이집트와 평화적 관계를 수립함으로써 시리아를 고립시킨 후 시리아의 핵무장 가능성까지 차단했다. 이스라엘의 우방국인 미국은 이를 알고도 모른 척했다.[4] 이스

---

4) 이스라엘은 2007년 9월 6일에 시리아에서 건설 중인 핵 원자로를 공격하여 무력화시켰다. 시리아는 이스라엘의 공습사실만 언급했을 뿐 자세한 내용은 밝히지 않았으며, 미국 주요 정책결정자나 이스라엘 관료들도 아무 언급이 없었고, 시리아 정부 역시 공

라엘은 주변 아랍 국가들을 상대로 한 전쟁 수행에서는 물론, 그들과의 외교에서도 각개격파를 도모하는 안보외교를 구사하고 있으며 이스라엘에 우호적인 미국은 이를 묵인(默認)해 오고 있다.

자국의 안보를 위해서 선제타격(先制打擊)도 불사하고 그 전과(戰果)를 활용하여 우방국에게 중재(仲裁) 수단을 제공하면서 적대적인 관계를 호혜적인 평화관계로 바꾸는 안보외교의 한 면모와 성격도 엿볼 수 있다. 이것 역시 이스라엘이 빚어낸 사례(史例)였다. 사방을 적대적인 아랍국들에게 둘러싸인 이스라엘은 실로 사면초가(四面楚歌) 상태에서 국가의 존립(存立)을 스스로 보장해야만 했다. 갓 탄생한 이스라엘(1948. 5. 14)을 제거하기 위하여 그들을 공격한 아랍 국가들은 제거는커녕 오히려 그들에게 5,900km^{2}의 영토를 빼앗기고(최초 팔레스타인 분할안인 영토 14,900km^{2}에 5,900km^{2}가 더해짐) 많은 피난민 문제까지 해결해야 하는 곤혹스런 입장에 처하게 되었다. 1954년에 이집트 정권을 장악한 나세르(Gamal Abdel Nasser, 1918~1970) 대통령은 수에즈 운하를 국유화하고 1956년 10월에 아카바만을 봉쇄하여 이스라엘 선박의 통행을 금지함으로써 이스라엘에서 홍해(Red Sea)로 연결되는 해로(海路)를 차단했다. 그리고 그는 주변 아랍국 군대를 동원하여 이스라엘 공격태세를 가다듬었다. 수에즈 운하 국유화로 영국과 프랑스가 개입할 움직임이 드러나자, 이스라엘은 시리아와 요르단 전선을 방어하면서 주력을 이집트로 투입했다(1956. 10. 29). 작전 개시 5일 만에 시나이 반도를 점령한 이스라엘은 미국과 소련의 조정과 위협으로 시나이 반도에서 철수하고 이른바 수에즈 전쟁(1956. 10. 29~11. 4)을 종결지었다. 이후 나세르는 소련으로부터 잠수함, MIG기, TU-16 제트 폭격기, SAM-2 미사일 등을 구입하여 군사력을 강화해 나갔다. 이에 이스라엘은 '후에

격을 받은 장소를 깨끗이 정리하여 원상 복귀시키고 난 후에는 아무 말이 없다. *New York Times*, October 13, 2007. 이는 시리아의 핵무장 자체를 원천 봉쇄하겠다는 이스라엘의 단호한 정책의지의 표명이었다.

강요될 불리한 전쟁보다 현재 유리한 전쟁'을 택했다(3차 중동전쟁: 6일전쟁, 1967. 6. 5~10). 앞서 언급했듯이 예방전쟁(preventive war)이라는 개념의 6일전쟁에서 이스라엘은 시나이 반도를 점령했고, 요르단 강 서안(西岸)과 골란고원을 장악하여 예루살렘을 완전히 확보했다. 이로 인하여 이스라엘은 4차 중동전쟁(the Yom Kippur War, 1973. 10. 6~24)을 강요당했으나, 이집트와의 적대관계를 변화시킬 수 있는 전과(戰果, bargaining chip)를 놓치지는 않았다.[5] 요르단을 연합전선에서 이탈시키고 우방국인 미국의 중재로 시나이 반도를 이집트에 반환하고, 1979년 3월 26일에 이집트와 평화협정을 체결했기 때문이다. 그 이후 이스라엘은 남부전선을 안정시킴으로써 주변 아랍국의 연합공격을 불가능하게 만들면서 통제 가능한 팔레스타인 문제만 과제로 남겨 놓을 수 있었고, 국방예산도 줄일 수 있었다(GDP 1978년: 25%→2008년: 7%). 그러나 정권교체된 이집트, 레바논의 헤즈볼라, 가자 지구 구호선 공격사건(2010. 5)으로 소원해진 터키, 하마스의 팔레스타인, 시리아와 시리아를 지원하고 있는 이란 등으로 둘러싸인 이스라엘은 여전히 사면초가(四面楚歌) 상태를 벗어나지 못하고 있다. 그러나 핵(核) 전력을 포함한 자위력과 우방국인 미국의 지원으로 이스라엘은 자국의 안전을 보장하고 있으며, 선제타격(先制打擊) 가능성을 열어 두고 있다. 전과(戰果)를 활용한 우방국 안보외교 성격의 한 면을 보여 준다.

이와 같이 우방국 간 안보외교는 현재 자국안보를 확고하게 다지려는 기본 성격을 지니고 있으며, 그것을 위해서 연합전선 형성을 통한 공동격파·각개격파·선제격파 등의 무력사용도 불사(不辭)한다.

우방국 간 안보외교의 두 번째 성격은 직접적인 위협을 견제하거나 무력화 혹은 제거하는 방향으로 지향된다는 점이다. 중국이 고래(古來)로 활용해 온 주변 위협세력 대처 개념은 이이제이(以夷制夷)와 순망치한(脣亡齒寒)이다. 주변에 위협적인 정치집단이 세(勢)를 규합하여 중원(中原)을 넘보지 못

---

5) 육군사관학교 전사학과, *세계전쟁사*(서울: 황금알, 2005) pp. 473-86.

하도록 주변 세력들끼리 상호 불목(不睦)과 반목(反睦)관계를 유지하도록 하여 상호 견제하는 데 그들의 노력을 허비(虛費)시킨다는 개념과 주변의 완충지대(緩衝地帶)를 확보하기 위해서 자위(自衛)수단을 활용한다는 개념이다. 이러한 개념에 입각하여 고대 중국은 한반도의 삼국(고구려, 신라, 백제)을 활용했고, 신라의 요청에 따라 백제와 고구려를 멸망시켰으며, 통일 신라에 대해서는 고구려 유민들이 세운 발해(渤海, 699~926)로 하여금 견제하도록 했다. 한국전쟁(1950~1953: 6·25전쟁) 시에도 소련의 종용으로 전쟁에 직접 개입하면서 '항미원조(抗美援朝) 보가위국(保家衛國)'이라는 기치 아래 북한을 신생 중국에 대한 완충지역으로 확보해야 한다는 순망치한(脣亡齒寒)의 개념을 적용했다. 이러한 중국의 대북한 정책과 전략은 정치 이념이나 그것을 뒷받침하는 사회체제 차원에서 지금까지도 유효(有效)한 면이 결코 적지 않다.

두 전쟁(보오전쟁, 보불전쟁)으로 독일 공국에 미치는 오스트리아와 프랑스의 영향력을 제거하고 프로이센을 핵심으로 독일 제국을 건설한 비스마르크는 새로 탄생한 독일 제국을 상대로 프랑스와 러시아가 연합전선을 형성하지 못하도록 하기 위하여, 독일·오스트리아·러시아 3국의 3제 협상을 체결하고 그것을 독일·오스트리아·이탈리아의 3국 동맹으로 연결시켜 2중 보장외교를 구체화시켰다.[6] 전통적으로 영국은 유럽 대륙을 어느 한 국가가 장악하지 못하도록 하여 대륙 밖에서 누려 온 영국의 지위를 유지하기 위하여, 대륙 국가들에 대해서 세력균형(勢力均衡: balance of power) 정책과 전략을 구사했다. 그에 따라 나폴레옹이 대변하는 프랑스에 맞선 오스트리아·러시아·프러시아 편에 가담하여 나폴레옹을 축출하고, 프랑스의 약화를 저지하여 프러시아와 러시아에 대항하는 세력으로서 역할을 수행하도록 중재하기도 했다. 양차 세계대전 시에도 영국의 대유럽 견제와 균형 정책과 전략은 그대로 유지되어 적용되었다. 이뿐만 아니라, 2차 세계대전 시

6) 김용구, *세계외교사*(서울대학교 출판부, 2008) pp. 143-68.

에 형성된 미국, 영국, 소련 간의 연합국(the Grand Alliance) 형성은 직접적 위협을 무력화시키기 위하여 잠재적 위협세력과도 우방국으로 연합전선을 형성할 수 있다는 안보외교의 전형을 보여 주었다. 이란-이라크 전쟁(1980~1988) 시, 이스라엘은 더 직접적인 적국인 이라크의 위협을 무력화시키기 위하여 그와 싸우는 이격(離隔)된 적국인 이란에게 미국제 무기의 수리 부속품을 은밀하게 제공하는 행위를 마다하지 않았다. 이와 같이 국가의 안보외교는 직접적인 위협을 무력화하고 제거하기 위하여 잠재적 적국과도 우방관계를 형성하여 잠정적이나마 협상이나 협의를 진행시켜 우방국 간 안보외교의 성격을 띠게 한다.

우방국 간 안보외교의 세 번째 성격은 통상 공동 가치 · 이념 · 이익을 추구하는 국가들이 주도하는 국가행위라는 점이다. 국제사회에서 우적(友敵)관계는 사안(事案)에 따라 변하는 것은 사실이다. 그러나 사안의 성격상 잠정적으로 우방관계를 유지해 온 국가 간 관계는 지속적이지 못했다. 연합국으로서 나치 독일과 파시스트 이탈리아, 군국주의 일본을 패망시키기 위해서 공동전선을 형성했던 미국과 소련의 관계가 그러했다. 오히려 오늘날에는 전체주의 요소가 제거된 독일이나 군국주의 색채가 사라진 일본이, 2차 세계대전 시 싸운 미국과 영국 등과 우호적인 관계를 유지하고 있다. 통일된 독일은 NATO 회원국으로 서방 자유세계에 속하고 있으며, 일본은 미국과 동맹관계를 유지하고 있기 때문이다. 특히, 미국은 프랑스의 도움을 받아 영국과의 전쟁을 통하여 독립을 쟁취한 국가이지만 거의 모든 국제분쟁에서 영국과 공동보조를 취하면서 우방국 관계를 유지하고 그에 맞는 안보외교를 전개해 오고 있다. 양국이 확보하려는 이익은 차이가 있지만 추구하는 가치나 이념은 상호 공유하는 경우가 많기 때문이다. 미국과 이스라엘 관계 역시 사사건건(事事件件) 공동보조를 취하지는 않으나, 중동에서 민주적인 이념과 체제를 정착시킨 이스라엘은 미국과 공유할 수 있는 가치 요소가 많아 둘은 우방관계를 지속시키고 있으며, 그에 합당한 안보외교를 전개해 오고 있다. 제2차 세계대전 후에 형성된 공산(共産)진영과 자유(自由)진영은 자발적이든 강요에 의해서든 지향하는 가치와 이념, 추구하는 이익이 상충되어 냉전(冷戰)이라는 국제질서를 빚어냈다. 탈냉전(脫冷戰)시대라고 일컬어지는 오늘에도 그 잔영(殘影)이 남아 있어 국가 간 관계에서 협력(協力) 속의 한 대립(對立)요소가 되고 있다. 이와 같이, 우방국 간의 안보외교는 공동 가치 · 이념을 지향하고 상호 이익을 추구하는 국가들 간에서 의미 있게 행해지는 국가행위의 성격을 지니고 있다.

네 번째로, 우방국이나 우호적인 국가 사이의 안보외교는 국제사회에서 한 국가의 위상(位相)을 제고(提高)시키는 조치의 하나로 행해지는 성격을 가지고 있다. 2차 세계대전 후에 구축된 냉전적 대립 구조에서 자유진영과 공산진영에 속한 국가들은 양대 진영의 패권국(覇權國)인 미국과 소련의 군사적 안전보장과 경제적 원조확보를 위해서 나름대로의 역할을 수행하면서 진영 내 위상을 유지해 나갔다. 냉전적 국제질서에서 치러진 한국전쟁(1950~1953)에서 유엔군을 주도적으로 형성한 미국은 국제평화를 유지하려는 유엔의 평화유지와 회복노력을 정당화시키기 위하여 유엔 회원국들의 많은 참여를 필요로 했다. 유엔 참전 16개국은 국제사회에서의 적절한 위상확보를 위한 명분적 이유와 대미국 지원확보를 목적으로 한 실질적 이유로 한국전쟁에 참전을 결정하고 전투병력과 후방지원 등을 제공했다. 소련의 종용을 받아 한국전쟁에 개입한 중공 역시 자국(自國)의 안전보장을 위한 완충지역 및 우호적 정부의 확보와 국가발전에 필요한 소련의 지원을 획득하기 위해서, 신생국으로서(1949. 10. 1. 중공정권 수립) 미국과 직접 대결한 이른바 항미원조(抗美援朝) 전쟁(1950. 10. 25~1953. 7. 27)을 마다하지 않았다. 베트남 전쟁(1956~1975)에 미국과 함께 참전한 한국을 비롯한 태평양 지역 국가들은, 공산주의 확대를 방지하고 태평양 지역의 평화를 유지한다는 명분(名分)과 더불어 미국과의 우호적 관계를 증진시킨다는 현실적 실리(實利)에 근거한 우방국 간 안보외교를 구사(驅使)한 셈이다. 걸프전쟁(1991)

에서 미국이 결성한 다국적군에 참여한 국가군(國家群) 역시 걸프만 지역에서 패자(霸者)의 등장을 저시하여 사국들의 안전을 보장하고 원유공급을 원활하게 한다는 실질적 이유와 미국과의 우호적인 관계를 증진시켜 자국들의 상대적 위상을 높인다는 실제적 명분을 동시에 고려한 안보외교를 현실화했다고 볼 수 있다. 9 · 11 테러(2001) 이후에 미국이 주도한 아프가니스탄 전쟁(2002), 이라크 전쟁(2003) 등에 미국과 공동보조를 취한 영국을 비롯한 미국의 우방국가들 역시 국제사회에서 자국의 위상과 이익을 보장하려는 의도하에 대테러 · 대미국 우방 안보외교를 전개하고 있는 셈이다. 우방국 간 안보외교는 자국의 상대적인 위상 제고와 그에 따른 안보 및 이익의 보장이라는 또 하나의 성격을 지니고 있다.

이와 같이 우방국 간 안보외교는 당시 자국안보를 확고히 하고, 잠재적 위협을 무력화시켜 잠재적 안전보장도 확보하며, 공동 가치 · 이념 · 이익을 추구하고, 대외 국가위상을 제고시켜 국가적 명분과 이익을 보장하기 위하여 전개되는 성격을 가지고 있다.

우방국 간 안보외교가 실제로 전개되는 유형(類型)도 몇 가지로 정리할 수 있다. 첫째로, 군사력 사용을 포함한 직접적 군사개입이나 지원을 들 수 있다. 이러한 직접적 군사지원이나 개입은 물론 안보외교의 성격을 포괄하고 있으며, 현재적 · 잠재적 위협의 제거 혹은 약화를 목적으로 실시되거나 공동 가치나 이념의 수호 혹은 국가의 위상을 유지 · 제고시키기 위하여 현실화됨은 두말할 나위가 없다. 두 번째로, 무력시위 혹은 군사적 봉쇄 등 직접 군사개입보다는 덜 직접적인 형태의 유형을 들 수 있다. 세 번째로, 간접적 군사지원을 들 수 있다. 호의적 중립 이상의 태세를 취하면서 무기와 장비 및 보급품을 지원하는 형태이다. 네 번째로, 평시 군사교류 · 훈련 및 기동 연습을 시행하는 유형이 있다. 물론 군사교류나 훈련 및 기동 연습은 반드시 우방국 간에서만 이루어지는 형태의 군사협조는 아니나 우방국 간에 이루어지는 이러한 교류와 협조는 보다 구체적인 성격을 띠는 것이 통상이다. 이와 같이, 우방국 간 안보외교에서 현실화된 협조는 직간접 혹은 암시적인 형태를 망라하여 가시화된다.

첫 번째로, 우방국 간 안보외교의 직접적 형태는 군사력 사용과 군사적 개입이다. 잠정적이든 비교적 지속적이든 우방국으로 간주된 국가의 안보나 세계적 · 지역적 차원의 평화와 전략적 균형이 위협에 직면했을 때 구체화되는 개입 형태는 군사력 사용을 포함한 군사적 개입이다. 군사력 사용은 직접적인 투입 형식을 취하기도 하고 간접적 지원 방식으로 사용되기도 한다. 2차 세계대전 시 미국, 영국, 소련은 그들이 추구하는 가치와 이념 그리고 그것을 구현시킬 체제의 상이점에도 불구하고, 유럽과 아시아 지역에서 영향권을 구축하여 배타독점적(排他獨占的)인 영향력을 행사하려는 나치 독일과 군국주의 일본을 패망(敗亡)시키기 위하여 연합전선을 형성하여 군사력을 직접 사용했다. 이러한 직접적 군사력 사용은 인류 역사나 전쟁사에서 얼마든지 사례를 찾아볼 수 있는 우방국 간 안보외교의 한 수단이다.

군사력을 사용하되 간접 접근 방식으로 사용한 형태도 있어 왔다. 중국의 전국시대(기원전 475～221) 제후국(諸侯國)들의 각축은 일상적인 현상이었으며, 합종연횡(合從連橫)으로 특징지어진 7개국(秦, 楚. 燕, 齊, 韓, 魏, 趙)의 각축전은 우적(友敵)개념의 무상함을 극명하게 말해 주면서 병력사용의 다른 방법을 제시해 주고 있었다. 제후국 간 각축(角逐) 과정에서 방연(龐涓)을 군사(軍師)로 영입하여 병력을 증강한 위(魏) 혜왕(기원전 369～319)은 자못 기세가 등등하여 조(趙)나라를 침공했다. 이에 조가 제(齊)에 구원을 요청했다. 이때 제나라는 방연의 학우(學友)로서 그의 초청을 받았다가 방연의 시기와 모함으로 두 다리를 잘리는 형별을 받았던 손빈(孫臏)이 군사(軍師)로 있었다.[7] 손빈은 방연이 조나라를 침공하기 위하여 본국의 방어를 소홀

7) 손무(孫武)의 손자로 알려진 손빈은 어려서 방연과 함께 병법을 배웠다. 위나라의 장군이 된 방연이 손빈을 위나라로 초청하였으나, 그의 재능이 자신보다 월등하다는 것을

히 했을 것이라고 판단하고 위의 수도를 공격했다. 자국 수도가 공격을 받은 위나라 군대는 조나라 수도의 포위망을 풀고 철수하기 시작했다. 손빈은 철수하는 위군을 계능(桂陵)에서 대파했다(기원전 353). 그로부터 13년 뒤 위와 조는 연합해서 이웃의 한(韓)나라를 공격했다. 한은 제나라에 구원을 요청했다. 손빈은 이번에도 한나라 대신 위나라 수도를 향해 제군(齊軍)을 진격시켰다. 방연(龐涓)은 제군의 진격소식을 듣고 급히 철수하면서 이번에는 제군을 섬멸하려는 계획을 세웠다. 이를 파악한 손빈(孫臏)은 제나라 병사들이 겁쟁이라고 업신여기는 방연의 위군(魏軍)을 유인하여 섬멸하려는 계획을 세우고, 10만 명의 아궁이를 하루 지난 다음에 5만 개, 그 다음날에는 3만 개로 줄여 나갔다. 이를 본 방연은 제나라 병사들이 하루가 멀다 하고 도망을 갔다는 판단을 하고 도보부대를 뒤에 남긴 채 직접 정예부대만을 지휘하여 밤낮없이 제군을 추격했다. 손빈(孫臏)은 마릉(馬陵)에서 매복작전으로 방연(龐涓)을 사살함으로써 개인적 원한을 풀고 위군을 격파하여 한(韓)을 간접 접근 방식으로 도왔다.[8)]

이와 같이, 군사력을 사용하는 직접 개입 방식은 연합전선을 형성하여 작전을 공동으로 수행하거나 개별 전선에서 상대의 약점을 공격하는 간접 접근으로 우방국의 안전보장을 도모하는 형식을 취하기도 한다.

두 번째로, 우방국 간 안보외교의 또 다른 유형은 무력시위 및 군사적 봉쇄를 들 수 있다. 무력시위는 잠재적이거나 가상인 적대국에게는 위협적이지만 우방국들에게는 안보관계의 신뢰를 증진시키는 이중적인 성격을 띠면서 가시화(可視化)된다. 과거 소련을 비롯한 오늘의 북한 등 공산국가들은

잘 알고 있던 방연이 손빈을 첩자로 몰아 양다리를 자르고 이마에 문신을 넣는 형벌을 받게 하여 그를 영원히 매장시키려 했다. 방탕한 생활로 방연을 안심시키고 지내다가 은밀하게 제나라 사신을 따라 귀국한 손빈은 제나라 장군(田忌)의 군사(軍師)가 되어 방연에 대한 개인적인 복수와 조(趙)를 도우라는 명을 집행하기 위하여 출진했다. 陸軍本部, *東洋古代戰略思想*(1987), pp. 37-42.

8) 위의 책.

혁명기념일, 공산당 창건일, 정부 수립일 등이나 그들이 정한 특정일에 열병이나 분열 형식을 택하여 우방국들의 대표를 초청하고 그들에게 새롭거나 특정한 무기를 공개함으로써 그들의 신뢰를 확보하려는 노력을 기울여 왔다. 이와 대조적으로 서방 자유국가들은 새로운 무기체계 등을 시험하는 행사 자체와 그 결과를 숨기지 않음으로써 우방국들에 대한 안보개입의 신뢰를 증진시키고, 필요시 무기체계의 공급 가능성을 열어 두고 있다. 또한 우방국들이 주최하는 국제적인 행사를 지원하기 위하여 함대(艦隊)와 전대(戰隊) 등을 파견하여 행사를 방해하지 못하도록 하는 무력시위를 하는 경우도 있다. 한국이 주관하는 올림픽 게임이나 정상회의 등의 안전을 보장하기 위하여 미국이 핵 항모함대 등을 동해에 파견하는 경우가 이 범주에 해당한다.

적대국의 적대행위를 차단하기 위하여 실시되는 군사적 봉쇄 역시 적대국에게 억제 수단으로 활용되지만 우방국들에게는 군사적 봉쇄를 실시하는 국가의 안보개입에 대한 신뢰성을 증진시키는 수단으로 활용되기도 한다. 쿠바 미사일 위기(1962. 10. 16~28) 시 미국은 쿠바에 건설되는 소련제 미사일을 철수시키기 위하여 쿠바를 해상에서 봉쇄하여 미사일 건설에 필요한 자재의 반입을 차단했다. 결국 터키에 위치한 미국 미사일의 철수라는 명분적 거래(nominal bargaining)를 통하여 소련의 쿠바 내 미사일 기지 건설은 중단되었다. 미국은 남북 아메리카 국가들의 '지나친' 대소련 접근을 경고하는 메시지를 전달했고 소련은 우방(友邦)을 버리는 '수정주의' 국가라는 비난을 감수해야만 했으나, 미국과 소련의 직접적인 핵 충돌은 피할 수가 있었다.[9] 이 결과, 공산권 우방국들에 대한 소련의 안보개입 신뢰도는 약간

9) Graham T. Allison, *Essence of Decision: Explaining the Cuban Missile Crisis*(Boston: Little, Brown and Company, 1971), pp. 10-66. 당시 미국은 터키에 배치한 미사일의 수리가 필요한 상황이어서 '소련의 턱밑에 배치된 미국 미사일의 철수'를 주장하는 소련의 입장을 수용함으로써 소련의 쿠바 내 미사일 기지 건설을 중단하도록 물밑 교섭을 진행시켜 위기를 안정시킬 수 있었다. Allison 교수는 이 결과를 '합리적인 행위자 모델(the rational actor model)'로 설명할 수 있다고 보았다.

훼손되었다고 판단되어 '수정주의 국가'라는 비난을 면치 못했으나, 미국의 대서방 우방국의 미국에 대한 신뢰는 그만큼 증진된 셈이 되었다. 이와 같이 무력시위나 군사적 봉쇄 등도 우방국 간 안보외교의 한 유형을 보여 준다.

세 번째 우방국 간 안보외교 유형은 간접적 군사지원이다. 양상과 수준이 다른 두 우방국이 전쟁을 수행할 경우에 제3국가는 그들이 원만하게 전쟁을 종결할 수 있도록 중재를 하거나, 그것이 불가능할 경우에는 호의적 중립국가로서 군사지원을 제외한 상호 지원을 하거나 아니면 우방(友邦)의 정도가 더욱 높은 국가를 간접적으로 지원하게 되는 경우가 있다. 미국의 두 우방국인 영국과 아르헨티나가 포클랜드 섬(Falklands Islands: Malvinas Islands)의 영유권을 주장하면서 벌인 전쟁(the Falkland War, 1982)에서 미국은 중재를 통해 사태를 진정시키려 했으나 실패했다. 그러자 미국은 인공위성으로 획득한 표적 정보를 영국에 제공했고, 소련은 그에 맞서 영국 군함의 위치 정보를 아르헨티나에 제공했다. 미국에 대한 영국과 아르헨티나의 우방 정도가 달랐고, 미국이 영국을 간접적으로 지원하자 소련은 아르헨티나를 같은 방식으로 지원하여 미국의 입장을 난처하게 만드는 것을 결코 주저하지 않은 것이다.[10] 제2차 세계대전 초기에 일본이 진주만 기습을 감행하기 전, 미국 정부와 국민은 전쟁 당사국이 아니었기 때문에 연합국(나치 독일과 싸우던 영국과 자유 프랑스)의 승리를 원하고 있었으나 직접 참전(參戰)은 꺼리고 있었다. 그런 어정쩡한 상태에서 루즈벨트 미국 대통령은 미국 의회에서 '무기대여법(the Lend-Lease Act, 1941. the formal title of the bill: An Act to Promote the Defense of the United States)'을 통과시켜 영국과 그 후에 독일의 공격을 받은 소련에게 무기를 지원했다.[11] 미국은 우방국인 영국(소련까지 포함된 상태)에게 간접적인 군사지원, 즉 직접적인 무기 및 장비 지원을 한 셈이 되었다.

10) 육군사관학교 전사학과, *세계전쟁사*, pp. 487-504.
11) Thomas G. Patterson, et. al., *American Foreign Policy: A History*, pp. 380-3.

복합적으로 정의된 이른바 우방국에게, 매우 복합적으로 군사지원을 수행한 사례는 이란–이라크 전쟁(1980~1988) 중에 은밀하게 이루어졌다. 미국은 이란 혁명(1979)으로 팔레비 왕정을 대신한 호메이니 이슬람 혁명정부와 적대적인 관계를 유지하고 있었다. 그러던 중 1985년에 레바논의 친이란계 무장단체가 미국인을 인질로 잡아 갔다. 당시 이란은 팔레비 왕이 구입한 미국 무기체계의 수리 부속품이 필요했다. 미국은 미국 인질을 구출하기 위하여 이란의 이러한 현실적인 문제를 간파(看破)했고, 약간 덜 직접적인 적 이란을 통해서 더 직접적인 적인 이라크를 견제할 필요를 느끼고 있던 이스라엘의 입장을 파악(把握)했다. 미국은 인질을 구출하기 위하여 이스라엘을 통하여 이란에 고성능 미사일과 수천 톤의 무기 등을 수출했다. 그 결과 인질들은 하나둘씩 석방됐다. 미국의 국가안전보장회의(the National Security Council)는 이란에 무기를 판매한 대금을 당시 니카라과 공산정권(the Sandinista Government)과 싸우던 콘트라 반군에게 지원했다.[12] 미국 정부는 인질을 구출할 필요가 있었고, 이란은 미국의 무기와 부속품이 필요했고, 이스라엘은 이라크의 전승(全勝)을 저지할 필요가 있었던 상황이 간접적인 군사지원의 한 복합적인 형태를 빚어낸 셈이다. 이와 같이, 우방국 간 안보외교는 간접적인 군사지원을 한 유형으로 지니고 있다.

네 번째의 유형은 평시 군사교류와 연습 그리고 군사훈련 등을 들 수 있다. 우방국 간 평시 군사교류는 군의 주요 인사들의 친선 방문 및 시찰, 군 간부들의 파견 교육과 현장 훈련 참가 등의 형태로 이루어진다. 군사 연습은 지휘소 연습(CPX), 군수지원 연습, 병력 충원 및 지원과 연관된 도상 연

12) 당시 미국 의회는 니카라과의 반군에 대한 군사지원을 거부한 상태였다. 결국, 니카라과에서는 미국의 지원을 받은 차모로(Violeta Marrios de Chamorro)가 1990년에 대통령에 당선되었고, 불법 지원 사건을 파헤치기 위하여 1986년 12월에 미국 역사상 7번째로 특별검사(Lawrence Walsh)가 임명되어 불법 지원과 연루된 NSC 보좌관인 John Poindexter, Col. Oliver North 등을 기소했으나, 1992년에 부시 대통령이 그들을 모두 사면함으로써 진실을 명쾌하게 밝히지 못한 채 역사적인 사건으로만 남게 되었다.

습 등을 통하여 실제 군사훈련이나 작전 시에 대비하는 사전 연습을 총괄한다. 우방국은 또한 합동 및 연합 훈련을 실시하여 우방국 간 연합작전 능력과 태세(interoperability)를 향상시켜 유사시의 협동 작전을 원활하게 수행하려는 목적을 지니고 구체화한다. 이러한 군사 연습이나 훈련 등은 분기 혹은 연차별 등 정기적으로 실시하기도 하고, 특정한 사건이 발생할 경우에 그러한 사태의 재발 방지 혹은 억제 목적으로 실시되기도 한다.

한국전쟁(1950~1953)에 직접 참전하여 한반도의 공산화를 저지한 미국은 휴전 후에 한국과의 군사교류·연습·훈련 등을 실시해 오고 있으며, 군사적 협력 구조를 군사 외적 접촉을 통해서 보강(補强)해 오면서 우방(友邦)관계를 넘은 동맹(同盟)관계를 공고하게 다지고 있다. 또한 양국은 정상회담(頂上會談: the Summit Meeting), 국방장관회담(SCM: Security Consultative Meeting), 군수뇌회동(MCM: Military Committee Meeting)에 기초하여 한미 연합사령부를 통한 군사 연습 및 훈련(과거 Team Spirit, 乙支-Focus 등)을 실시해 오고 있다. 특히, 지난 2010년 3월 26일에 일어난 천안함 피격 침몰사건 후에, 한미 양국은 긴밀한 공조를 통해서 유엔 안전보장이사회(UNSC: UN Security Council) 의장 성명을 도출하여 그러한 공격 행위를 규탄하고, 양국 국방장관의 합의하에(2010. 7. 20) 입체적인 연합 훈련을 실시하여(2010. 7. 25~29) 강력한 대북한 메시지를 전했다.[13] 그리고 한국, 일본, 호주 등 13개국은 2010년 10월 13일부터 2일간 부산 앞바다에서 핵확산 방지를 위한 해상 차단훈련(PSI: Proliferation Security Initiative; Op. Eastern Endeavour 10)을 실시하여 북한에게 핵확산 방지를 위한 정책의지를 전달했다.[14] 이처럼 우방국 간에는 정기적인 정치·군사회동과 교류, 군

13) 이 한미 연합 훈련에는 미국의 원자력 추진 항공모함 '조지 워싱턴'호(9만 7천 톤 급)를 비롯한 항모전단 각종 함정 20여 척과 F-22를 비롯한 스텔스 전투기 4대도 참가하여 정밀타격, 대잠수함 작전을 수행했다. *조선일보*, 2010. 7. 9; 7. 21; 7. 26 참조.
14) *조선일보*, 2010, 10. 7; 10. 14.

사훈련은 물론 특정한 사태의 재발 억제를 위한 목적으로 강도 높은 정책 및 군사의지를 성명이나 훈련 등을 통하여 전달하는 유형의 안보외교도 수행하고 있다.

이와 같이 우방국 간 안보외교는 직접 군사개입과 무력사용, 무력시위 및 군사적 봉쇄, 간접적 군사지원, 평시 군사협조 및 훈련 등으로 구분될 수 있는 내용상 유형으로 가시화되고 현실화(現實化)된다.

다. 우방국 간 안보외교의 실제

개별적이든 집단적이든 정치·이념적이거나 현실적인 목적 달성을 위한 안보외교는 전시(戰時)에 현저하게 그 모습을 드러낸다. 전쟁을 국가 모습을 변형시키는 방편(方便)으로 사용하든, 정치나 이념적인 목적을 달성하기 위한 용도(用途)로 활용하든, 영토보존이나 실질적인 이익을 보장하기 위한 수단(手段)으로 운용하든, 또는 다른 국가 혹은 국가군(國家群)의 이러한 의도(意圖)를 무력화시키기 위하여 전쟁을 동원(動員)하든 간에, 우방국 간의 안보외교는 전쟁의 전·중·후에 현저하게 그 모습을 드러내 왔다. 전쟁을 의도된 목적 달성 수단으로 활용한 측이나, 강요된 전쟁을 유리하게 종결시켜 이를 수단으로 활용한 국가로 대변되는 다른 정치집단의 의도를 좌절시키려 한 측 모두 전쟁을 온전한 승리로 마감하기 위하여 총체적인 안보외교를 전개해 왔다. 이는 전쟁을 일으킨 측의 우방국(友邦國) 간이나 이를 저지하려 한 측의 우방국 간 모두 마찬가지였다.

실례(實例)로, 태평양전쟁(1941~1945)이 종결된 후, 미국과 소련이 주도하는 동서 양 진영의 최전방 전선(前線)으로 변한 한반도(韓半島)에서 전개된 양 진영의 우방국 간 총체적인 안보외교가 기록으로 남겨져 있다. 아시아 대륙 자체를 자국의 영향권으로 간주한 소련과 정치적·현실적 이유로 전 한반도의 공산화는 막아야 한다는 미국은 나름대로의 정책적 판단하에 대한반도 정책을 수립하여 그것을 구체화시켜 나갔다. 그러나 장차 한반도가 유럽의 폴란드와 같은 지전략적(地戰略的: geostrategic) 역할을 해서는 안 된다는 스탈린의 강력한 안보의지는 한반도의 소련화(蘇聯化: sovietization)를 막아야 된다는 미국 정부의 상징적인 정책의지보다 강했다. 그 결과 한반도의 두 정치집단인 남북한의 전략적 불균형은 두 후원자 정치의지의 강도만큼 가시적으로 정착되었고, 소련의 적극적인 지원을 받은 김일성(金日成)은 전쟁을 수단으로 한반도를 공산화시킬 수 있다는 판단을 내리게까지 되었다. 무력사용의 효용성을 근거로 전쟁에서의 승산(勝算)을 계산(計算)할 수 있게 되었다는 말이다. 이러한 이유로 구체화된 전쟁(6 · 25전쟁; 한국전쟁, 1950~1953)의 전 · 중 · 후에 전개된 양측 우방국들 간의 안보외교는 양상과 색깔은 달랐으나 거의 전방위적(全方位的)으로 전개된 것은 같았다.

먼저, 전쟁을 수단으로 동원한 측의 안보외교가 더 적극적이었다. 미국이 일본 나가사키에 두 번째 원자탄을 떨어뜨린 직후(1945. 8. 9)에 일본에 선전포고를 하고 군대를 한반도에 진주시킨 소련은 미국이 제안한 38도선을 작전경계선으로 인정하면서 1940년 여름에 창설된 소련 88정찰여단 1대대장으로 근무한 김일성(金日成) 대위 등 조선인 50여 명을 1945년 9월에 입북시켜 북조선인민위원회를 구성했고, 북한 자체 공산세력(玄俊赫 중심)과 민족주의 세력(曺晩植 중심)을 제거하여 공산체제 구축의 기틀을 만들었다. 지주들의 토지를 몰수하여 농민들에게 분배함으로써 북한 주민들에게 공산사회에 대한 환상(幻想)을 심어 주어 협조하는 사람들은 받아들이고 반항하는 자들은 제거하며 바람직하지 않은 자들의 남한 탈출은 방조(傍助)함으로써 북한의 소련화를 서둘러 나갔다.[15] 북한의 군정을 담당한 소련은 한반도의 신탁통치를 통한 자주 독립국가의 수립 여건 조성보다 북한의 공산화에

15) 소련군 88정찰여단에서 통역장교로 근무한 유성철(한국전쟁 초기 민족보위성 작전국장)과의 면담내용, 1990. 9. 13. 서울; 이기백, *한국사신론*(서울: 일조각, 2001), pp. 394-5.

노력을 더 집중하고 있었던 것이다. 1945년 12월에 미국의 제안에 따라 개최된 모스크바 3상회의(미국, 영국, 소련의 외무장관 회담)에서 소련은 4개국에 의한 한반도 신탁통치보다 미소 공동위원회를 제안하고 여기에서 한반도 통일정부 수립을 위한 임시정부 구성을 제안하기에 이르렀다. 한반도 문제를 3:1의 숫자적 열세 상태에서 보다는, 미국과의 1:1 상태에서 풀어 나가겠다는 심산(心算)이었다. 한반도의 신탁통치를 포함한 모스크바 3상회의 내용이 발표되자(1945. 12. 27) 전 한국인은 이를 극렬하게 반대했다. 남북한 공산당도 예외가 아니었으나, 이들은 모스크바의 지령에 따라 즉시 찬성으로 입장을 바꾸었다. 소련은 미국과 합의에 따라 미·소공동위원회를 구성하고 서울에서 첫 회의를 개최했으나(1946. 3. 20), 이 합의체는 아무런 합의 없이 결렬되고 말았다(1947. 8. 20). 한반도에서 수립될 통일정부 수립에 앞선 임시정부 구성에서, 과거 모스크바 선언을 반대한 모든 정당·사회단체·개인을 배제시켜야 한다는 소련의 입장이 확고했기 때문이었다.[16] 임시정부 구성 자체를 모스크바 선언을 지지한 공산당 일색으로 하겠다는 소련의 정책의지는 표현의 자유보장이라는 미국의 원칙보다 더 강했다. 이것은 미·소공동위원회의 첫 번째 회동에서 소련 대표(Terenti F. Shtykov)가 천명한 명제, 즉 "통일 한국 정부는 소련에 충직(忠直)해야 한다"는 소련의 대한반도 정책기조가 깔려 있었기 때문이었다.[17] 한반도에서 소련에 충직한 통일정부를 수립하기 위해서 소련이 이미 확보한 북한을 포기할 리 없었다. 이로부터 소련의 북한에 대한 군사적·비군사적 지원은 전폭적으로 이루어지게 되었다.

이와는 대조적으로, 한반도 전체의 공산화만 막으면 된다는 미국 트루먼 행정부는 한반도 문제를 국제화시켜 이를 보장하려 했다. 미국 합동참모본부(the Joint Chiefs of Staff: JCS)가 미국의 세계전략 차원에서 한반도의

16) *The New York Times*, March 21, 1946.
17) 온창일, *韓民族戰爭史*(서울: 집문당, 2001, 2005, 2008), pp. 461-4.

전략적 가치를 저평가했기 때문이다. 한반도의 적대세력은 일본에서 해공군력으로 무력화시킬 수 있고, 아시아 대륙 작전 필요시 한반도는 우회가능하다고 판단한 것이다.[18] 한국 문제는 유엔에 회부되었고, 유엔 총회는 1947년 11월 14일에 유엔 감시하의 남북한 총선거를 실시하여 통일 한국 정부를 수립하자는 미국이 제출한 결의안을 통과시켰다. 소련과 북한에서의 소련 군정은 이를 즉각 거부했다. 결국, 선거 가능한 남한에서만 선거가 치러져(1948. 5. 10) 대한 민주 공화국이 탄생했으나(1948. 8. 15), 소련 역시 1948년 9월 9일에 북한 지역에서 조선 민주주의 인민공화국을 탄생시켰다. 이로써 소련군의 남진을 저지하고 일본군의 항복 접수를 용이하게 한다는 취지로 극동 지역의 작전경계선으로 미국이 제안한 북위 38도선은 한반도를 남북으로 분할한 남북한의 국경선이 되었고, 동서 양대 진영의 경계선이 되고 말았다.[19] 미국이 구상한 한반도 통일정부 수립 방안은 효력이 없었으나, 최소한 한반도 전체의 공산화는 당분간 막을 수 있게 되었다.

이러한 잠정적인 평온에도 불구하고, 한반도에 대한 미국과 소련의 인식에 바탕을 둔 양국의 대한반도 정책 및 전략 개념과 실제의 차이는 남북한간 현저한 군사적 불균형을 조성시켜 결국 전쟁의 직접적인 원인이 되었다. 군사적 승리를 내다본 공산 측이 무력을 사용함으로써 전쟁을 일으켰고, 협상을 통해서 이루지 못한 정치·이념적 목표인 한반도의 공산화를 무력사용을 통해서 달성하려 했다. 그러나 공산 측의 이러한 시도(試圖)는 한반도 전체의 공산화는 받아들일 수 없었던 미국의 정책과 전략이 수용할 수 없는 무모한 도전(挑戰)이었다.

북한군의 총칼, 대포와 전차 그리고 전투기와 군함을 통해서 드러난 북한

---

18) Memo by the Secretary of Defense(James Forrestal) to the Secretary of State (George C. Marshall), September 26, 1947, *FRUS, VI*, pp. 817-8; Harry S. Truman, *Memoirs, II : Years of Trial and Hope*(Garden City, New York: Doubleday, 1963), pp. 325-6.

19) 온창일, *韓民族戰爭史*, p. 464.

의 군사력 강화와 남침(南侵) 지도는 북한의 대부(大父) 격인 소련이 주도했다. 한반도가 소련의 영향권 안에 있어야 한다는 점을 명백하게 밝힌 소련은 일단 북한을 소련화하여 기지로 활용했고, 미국이 주도하는 유엔의 한반도 통일정부 수립 방안을 전면 거부하면서, 현지 공산주의자들과 토착 민족주의자들을 제거한 후에 자신들이 데려온 김일성을 주축으로 인민위원회 구성을 마친 북한군을 강화해 나갔다. 1946년 여름에 김일성을 은밀하게 모스크바로 불러 그의 위치와 역할을 확인시킨 스탈린은 1949년 3월 5일과 7일에 김일성이 이끌고 온 북한 대표단(남노당 출신 박헌영 포함)을 접견하고 대화를 나누었다. 북한군과 한국군 중 어느 쪽이 강한가를 점검하면서 북한군 강화 필요성을 지적한 스탈린은, 남한에 군사력을 사용하자는 김일성의 건의에 대해서 미군이 아직도 남한에 주둔하고 있는 상태에서는 불허한다는 입장을 확실하게 밝혔다. 주한 미군이 철수(1949. 6. 30)한 후에도 김일성의 무력사용 건의를 거부하면서 '남한에서의 혁명역량 강화'와 북한군 강화를 주문하기도 했다.

그러나 스탈린은 미국 국무장관(Dean G. Acheson)이 워싱턴 기자협회에서 미국의 극동방위선에서 한국과 대만이 제외되었고 이 지역들에 대한 방어는 지역 주민과 국제사회가 담당해야 한다는 입장을 천명(1950. 1. 12)한 후에 접수된, 김일성의 남침 건의(1950. 1. 17)를 수용하고 그를 모스크바로 불렀다. 김일성은 1950년 3월 30일에 모스크바에 도착하여 4월 25일까지 스탈린과 세 번 만났다. 스탈린의 남침 지도는 진지하고 자상했다. 북한군 내에 정예 사단 2~3개를 만들었고 준비를 철저히 했으며, 미군 개입 시에 소련군의 직접 지원은 불가능하기 때문에 중국의 모택동(毛澤東)과 상의하라는 지침을 주었으며, 군사행동 전에 남한이 '반드시' 거절할 조건을 달아 평화적 통일정부 수립 제안을 하여 그것을 침공의 구실로 삼으라는 지시를 내렸다. 그런 후에 스탈린은 전차 · 자주포 · 야포 · YAK-9 전투기 · 함정 등을 지원했으며, 모택동은 중국 내전(1927~1949)에서 실전 경험을 쌓은 조선인들을 북한에 공급했다. 스탈린의 지시대로 1950년 5월 13일부터 15일까지 북경(北京)을 방문한 김일성은 모택동으로부터 조선인의 지원과 미군 개입 시의 직접지원 약속을 받았고, 도시를 점령하기 위하여 시간을 낭비하지 말라는 충고까지 받았으나 별로 대수롭게 생각하지는 않았다. 김일성은 미군 개입 전에 한반도를 점령할 수 있다고 믿었기 때문이다. 소련의 스탈린은 북한이라는 정부를 세우고, 북한군을 강화하면서 모택동의 지원까지 알선(斡旋)하여 김일성에게 대남 전쟁에서 승리할 수 있다는 확신을 심어주었다. 실로, 소련 스탈린 정부의 북한 지원 및 북한군 강화와 남침 지도는 전폭적(全幅的)이었다.[20]

이와는 대조적으로, 한국의 후원자인 미국(美國)의 대한국(韓國) 단독(單獨) 지원은 상징적(象徵的)이었다. 한반도 전체의 공산화·소련화를 저지한다는 정책적 목표는 수립했으나 그 보장은 미국의 단독 책임이 아닌 국제사회 즉 유엔의 집단적 책무라고 규정한 미국은, 한반도 문제를 국제화시켜 남한에 대한민국 정부를 수립하고 이를 유엔이 승인하도록 함으로써 국제적인 유일 합법정부로 인정했다. 그러나 대한민국의 존립(存立) 보장은 한국군의 무장이 아닌 한국의 경제발전을 통한 공산세력의 선동(煽動) 공간(空間) 제거(除去) 혹은 축소(縮小)에 중점을 두었다. 그리하여 "우리는 2일분의 탄약만 보유하고 있습니다. …우리는 38선 이북의 영토를 공격하지 않을 것입니다"라고 다짐하면서, 이승만(李承晩) 대통령이 보낸 군사지원 요청에 미국의 트루먼 대통령은 "한국이 감당할 수 없는 대규모 군사력의 유지보다 건실한 경제개발이 훨씬 더 중요하다"라는 공한을 보내기에 이르렀다. 그리고 트루먼 행정부는 북한의 전면 남침을 우려하는 한국 정부에게 "북한의 전면 침공이 있을 경우에 한국 정부는 유엔 총회나 안전보장이사회에 도움을 요청하기를 바란다"는 입장을 통보했다.[21] 이러한 미국의 정책과 전략 구상은,

20) 온창일, *韓民族戰爭史*, pp. 465-75.

21) President of the Republic of Korea(Syngman Rhee) to President Truman, August

1950년 1월 12일에 미 국무장관이 밝힌 바 있었고 1,000만 달러로 삭감된 1950년도 대한 군사원조 중에서 전쟁 전에 수백 달러 어치의 통신선만이 한국에 도착되었다는 사실에 실려 있었다.[22] 미국은 새로 탄생한 대한민국(大韓民國)의 존립에 대해 단독으로 책임을 떠맡으려 하지 않았으며, 그를 위한 지원 역시 상징적이었다.

이와 같이 북한의 후원자인 소련은 그가 확보한 북한을 한반도 전체를 공산화하는 데 필요한 자산(資産)으로 간주하여 북한군을 중무장시킨 반면에, 유엔을 통하여 한국 정부를 수립한 미국은 한국의 존립을 통한 한반도 전체의 공산화를 저지하는 단독 책임을 부담(負擔)으로 간주하고 있었다. 남북한 후원국(後援國)의 이러한 대한반도 정책 및 전략은 남북한 간 극심한 군사적 불균형(不均衡)을 조성시켜, 북한이 남한을 공격할 능력을 갖추게 했고 남한은 방어할 능력조차 구비하지 못할 지경에 처하게 했다. 이러한 군사적 불균형은 전쟁에서의 승리를 통하여 정치 · 이념적인 목적을 달성할 수 있다는 공산 측의 묘산(廟算)을 가능하게 만들어 6 · 25전쟁(한국전쟁, 1950~1953)의 근본적인 원인이 되었다.

한반도에서 전쟁이 일어나자(1950. 6. 25), 북한에게 전쟁을 준비시킨 소련의 스탈린 수상은 침묵했고, 공산주의자들의 선동 여지를 없애기 위하여 경제개발에 힘쓰라는 충고를 군사원조 대신 한국 정부에 보낸 트루먼 미국 대통령은 부산을 떨었다. 소련은 내전(內戰)에 간섭하지 말라는 신호를 내보냈고, 미국은 침략(侵略)을 중단하라는 경고를 내보냈다. 스탈린은 미군 개입 전에 한반도를 점령할 수 있다는 김일성의 호언장담(豪言壯談)에 기대를

20, 1949, *FRUS, VII*, pp. 1075-6; Ordnance Inventory Attached to the letter, RG 213, P&O 091 Korea, sec., 1-E, case 16, book 1, sub. nos., 1-4, NA; President Truman to President Rhee, September 26, 1949, *FRUS, VII*, pp. 1084-5; The Secretary of State to the Embassy in Korea, December 14, 1949, *Ibid.*, p. 1108; 온창일, *韓民族戰爭史*, pp. 466-7.

22) 온창일, *韓民族戰爭史*, p. 467.

걸었고, 트루먼은 2~3일분의 탄약 밖에 없다는 이승만의 원조애걸(援助哀乞)에 우려를 표시한 셈이다.

소련이 제공한 전차·야포·전투기를 앞세우고 전면 침공을 개시한 북한군이 미국의 경고로 군사작전을 중지할 리 없었고, 미국의 경고와 유엔의 결의안만으로 한국의 국가적 실체를 보존할 수는 없었다. 유엔 안전보장이사회는 1950년 6월 25일에 북한군의 침공을 침략으로 규정하고 원상복귀를 촉구하는 결의안을 통과시켰으나 아무런 소용이 없었다. 유엔은 다시 1950년 6월 27일(뉴욕 시간, 뉴욕 시간은 서울 시간보다 13시간이 늦음)에 모든 유엔 회원국이 북한군과 싸우는 한국을 모든 수단으로 지원하도록 권고하는 결의안을 통과시켰으나, 1950년 6월 28일(서울 시간)에 북한군은 한국의 수도 서울을 점령했다. 다급해진 트루먼 행정부는 현지 사령관(맥아더)에게 상황을 보고하도록 지시했다. 현지 전선(노량진 부근 한강 남쪽 뚝)을 시찰하면서 서울을 점령한 북한군의 박격포탄의 환영을 받은 맥아더 장군은 1950년 6월 29일에 한국군의 저항능력이 소진(消盡)되었음을 지적하고 미 지상군의 개입 없이는 전선을 회복할 수 없다는 사실을 보고하면서 미 지상군 급파(急派)를 건의했다. 결국 트루먼은 1950년 6월 30일 새벽(워싱턴 시간)에 맥아더의 건의를 수용하여 미 지상군 파견을 결정했다. 유엔의 평화회복 활동을 지원하기 위한 미 지상군의 개입이 결정된 셈이다. 최초로 파견된 미 지상군(스미스 부대)은 7월 5일에 전투에 투입되었다. 그리고 유엔 안전보장이사회는 1950년 7월 7일에 또 다른 결의안을 통과시켜 한국에서의 평화회복작전은 미국이 주도하여 군사작전을 수행하도록 조치했으며, 미국 정부는 미 합참본부를 작전 수행 기관으로 지정했다. 유엔이 위시한 미국의 개입과 미군 파병이 본격화되었다. 이제 북한군과 그들을 무장시킨 소련·중공 등 공산권은 미국이 주도하는 유엔군과 싸워야만 했다.[23)]

---

23) 온창일, *韓民族戰爭史*, pp. 534-46.

미국이 공개적으로 '떠들석하게' 움직인 것과는 달리, 소련은 외형적으로는 침묵을 유지하면서 '의미 있는' 조치들을 취해 나갔다. 스탈린은 1950년 7월 1일에 평양에 있던 소련대사(Shtykov)에게 상황진척에 대해서 보고를 하지 않는다고 질책하면서, 북한 지도층이 미군 공습에 대해서 겁을 먹지나 않았는지 왜 항의성명을 발표하지 않고 있는지 등을 묻고 따졌다. 이에 대해서 소련대사는 김일성과 박헌영이 공습으로 인한 보급사정 악화를 걱정하고 있으며, 효율적인 작전 통제를 위해서 군 편제를 바꿀 것을 문의해 왔고, 새로운 보병·전차·해군 부대의 증설을 요구하고 있다는 내용도 보고했다.[24] 그에 대한 소련의 대응은 매우 신속했다. 스탈린은 7월 6일에 북한군 2개 사단, 2개의 전차연대, 12개의 독립대대를 무장할 수 있는 전차와 장비, 탄약을 안동과 신의주를 통해 지원한다고 말하면서 새로운 부대 창설보다 사단 규모를 12,000명 수준으로 확대 편성하는 것이 좋다고 지적했다. 그리고 전선사령부 설치와 2개 군단 창설을 권고하기도 했다.[25] 특히 스탈린은 미 지상군이 전투에 투입되던 날인 1950년 7월 5일, 중국의 모택동과 주은래에게 전문을 발송하여 "적이 38선을 돌파할 경우를 대비하여 9개의 중국군 사단을 한만(韓滿) 국경 근방에 즉시 집결시키는 것이 옳다"는 내용을 전달했다.[26] 중공군을 미군과 싸우게 하여 미국의 위세를 꺾으려는 스탈린의 의도가 구체화된 셈이다. 그러면서 스탈린은 미군이 전쟁에 개입한 이상

24) 대한민국 외교부 번역, *蘇聯極秘外交文書, 4*, pp. 73-5; Coded message N 34691/sh, July 1, 1950; Coded message N 405809, July 2, 1950, the 8th Directorate of the General Staff, Soviet Armed Foreces, quoted in Bajanov and Bajanova, *The Korean Conflict, 1950-1953:* Evgehiy P. Bajanov and Natelia Bajanova, *The Most Mysterious War of the 20th Century—Based on Secret Soviet Archives*—(unpublished), pp. 61-4.

25) 위의 책, pp. 76-80; Coded message N 35678, July 6, 1950, Stalin to Shtykov, quoted in *The Korean Conflict, 1950-1953*, pp. 65-6.

26) 위의 책, pp. 81-2; Coded message N 3172, July 5, 1950, Stalin to Zhou Enlai; N 3231, July 8, Stalin to Mao Zedong; N 3805, July 13, 1950, Stalin to Mao Zedong and Zhou Enlai, quoted in *The Korean Conflict, 1950-1953*, pp. 86-7; 온창일, *韓民族戰爭史*, pp. 546-9.

한국전쟁은 일방적인 승리로 마감되기 어렵다는 인식을 가지게 되었다. 스탈린의 이와 같은 조치와 인식의 결과는 전장(戰場)에서 현실화되어 나갔다.

미국의 '떠들석한' 대응과 소련의 '은밀한' 맞대응은 한국전쟁의 '강도(强度)'를 높게 만들어 이 전쟁을 한반도에서의 남북대결에서 동서 진영 간 이념(理念) 대립, 미국과 소련 간의 위상(位相) 대결로 변화시키는 데 부족함이 없었다. 더구나 자유민주주의에 대한 트루먼과 공산사회주의에 대한 스탈린의 개인적인 신념(信念)은 양대 진영의 패권국(霸權國)인 미국과 소련 간의 강권정치(强權政治)적 상충관계와 더불어 한국전쟁을 '이념적 전면전'으로 확대시켰다. 그리하여 사후에 군사·전략적 차원에서 '국지제한전(局地制限戰: local limited war)'으로 규정되기도 한 한국전쟁을 정치·이념적 차원에서는 '전면총력전(全面總力戰)'으로 변질시켜 전 세계 거의 모든 국가들이 직간접적으로 참전하게 만들었다. 이러한 의미에서, 한국전쟁은 현대전쟁(contemporary war)이 머금을 수 있는 모든 특징과 요소들을 담고 치러지게 되었다.

전쟁 수행 과정에서 미국과 소련은, 어떠한 차원에서 어떻게 정의되었든지 간에, 그들의 우방인 한국(韓國)과 북한(北韓)의 국가적 실체 보존을 위해서 거의 총체적인 안보외교를 전개했다. 스탈린은 북한의 대남한 무력침공 전에 미군이 개입할 경우를 대비해서 모택동의 지원을 확보해 놓았으며, 김일성이 북경을 방문했을 때(1950. 5. 13~15) 모택동의 약속을 받게 했다.[27] 스탈린은 궁극적으로 극동의 폴란드로 간주한 한반도를 소련의 세력

27) 사실 모택동(毛澤東)은 과거 소련이 중국의 장개석(蔣介石)과 체결한 불평등 조약의 갱신과 국경선 확정 그리고 소련의 지원을 확보하기 위해서 1949년 12월 말부터 1950년 2월 6일까지 모스크바에 체류하고 있었다. 이 기간 동안에 김일성의 대남 무력침공 구상을 승인한 스탈린이 미군 개입 시에 대비한 중공의 역할을 개괄적이지만 충분하게 논의했을 개연성과 가능성이 얼마든지 있다. 그런 이유로 김일성이 모스크바에 체류하고 있던 기간(1950. 3. 30~4. 25)에 미군 개입 시에 소련이 직접 참전할 수 없으니 이 문제를 모택동과 상의하라는 지시를 김일성에게 내렸으며, 사실상 유엔군이 38도선을 넘어 북진했을 때 북한을 지원해 달라는 김일성과 박헌영의 공한을 접수한 스탈린

권하에 묶어 두기 위하여, 김일성 정부를 북한에 수립하고 북한군을 충분히 무장시켜 김일성이 자신들의 의도를 읽고 무력 남침을 건의하도록 했으며, 그 과정에서 미군이 개입할 경우에 대비하여 모택동의 지원까지 확보해 주고 그것을 실행시킬 수 있는 진지한 안보외교와 우방국 지원외교를 수행했다. 사후(事後)에 바빠진 미국 역시 유엔을 통한 개입을 정당화하기 위한 조치로, 또 다른 분쟁을 막기 위하여 대만의 파병 지원은 거절했으나, 유엔 16개국 회원국의 직접적인 지원을 확보했으며 그들의 전력(戰力)이나 지원(支援)을 접수하여 유엔의 권위와 평화유지 활동을 보장하기 위한 실제 군사작전을 지휘했다. 최초에는 지연전(遲延戰)이라는 명목으로 계속적인 퇴각을 합리화해야만 할 곤욕(困辱)을 치렀으나 맥아더의 성공적인 인천상륙작전 수행 후에는 거침없는 북진(北進)작전을 감행할 수 있었다. 전황(戰況)이 바뀌고 전세(戰勢)가 역전되어 북한 정권의 붕괴 가능성이 현실로 나타나자, 소련은 중공군의 개입을 재촉하여 전선을 약간 변형된 전쟁 전의 상태로 되돌려 놓으려고 노력했다. 북한군의 침공으로 비롯된 한반도의 전쟁은 미군을 주축으로 한 유엔군과 소련의 지원을 받은 중공군의 개입으로 약 1년간의 접전을 펼쳤으나 전선은 교착(膠着)되고 전투는 진지전(陣地戰) 양상으로 변하고 말았다. 양측의 피해(被害)는 늘어만 갔고 전력은 마모(磨耗)되어 갔으나 양측 모두 군사적 패배(敗北)는 감수할 수 없었다. 동서 진영 간 대리전(代理戰)이었고, 이념적(理念的) 총력전(總力戰)이었기 때문이었다. 무언(無言)의 거래(去來)에 의해서 양측은 군사적인 승패(勝敗)가 아닌 정치적 타협(妥協)에 의해서 전쟁을 마무리하는 접점(接點)을 찾아냈다. 1951년 7월 10일에 휴전회담(休戰會談)이 시작되면서 한국전쟁은 '피를 흘리는' 혈

은 모택동에게 지원 요청을 하라는 지시를 하달한 바 있고, 모택동에게도 북한을 도와줄 것을 요청한 바 있었다. 대한민국 외교부 번역, *蘇聯極秘外交文書, 4*, pp. 71-2; Coded message N 600308/sh, September 30, 1950, *The Korean Conflict, 1950-1953*, pp. 76-8; Coded message N 4581, October 1, 1950, Stalin's cable to Beijing, State Archives, pp. 97-8, *Ibid.*, pp. 97-8.

전(血戰)과 '침을 튀기는' 설전(舌戰)이 동시에 전개되는 두 개의 전선(戰線)을 가진 전쟁이 되었다. 이때까지 한국과 북한의 후원국인 미국과 소련은 진지하고 전면적인 안보외교를 전개했다.

한국전쟁(1950~1953)의 이념적인 성격은 군사적인 차원에서만 전쟁을 마무리할 수 없게 만들었다. 우여곡절(迂餘曲折) 끝에 군사분계선, 휴전 감시 등의 조항에 대해서 대략적인 합의를 이끌어 낸 휴전회담은 포로송환(捕虜送還) 원칙 문제에서 더 이상의 진전을 보이지 못했다. 공산권에 돌아가지 않겠다는 포로들에게도 인권이 있기 때문에 그들의 의사를 존중해야 한다는 유엔 측 즉 미국 측의 입장에 근거한 자유송환원칙과, 제네바 협약에 근거하여 지체 없이 전원 송환해야 한다는 공산 측의 강제송환원칙이 충돌했기 때문이다. 이러한 두 원칙 간 개념적 충돌 뒷면에는 지상의 낙원이라고 선전하는 공산권 국가에 돌아가지 않겠다는 공산권 포로가 있다는 사실 자체가 자유진영에게 기막힌 심리전 자료를 제공해 줄 것이기에 공산 측에서는 거기에서 비롯될 현상을 결코 받아들일 수 없다는 입장을 고수했다. 현실적으로, 중국 내전에서 국부군으로 싸우다가 대만으로 건너가지 못한 채 지원군(志願軍)으로서 한국 전선에 투입되어 생포된 중공군 포로는 다시 중국 본토로 돌아가기를 거부했고, 남한 지역에서 의용군(義勇軍)이라는 이름으로 징집되어 북한군으로 전선에 투입되었거나 한국군으로 싸우다가 공산군의 포로가 된 후 다시 전선에 투입되어 포로가 된 북한군 포로들은 북한으로 돌아가야 할 하등의 이유가 없었다. 무엇보다도, 전쟁을 배후에서 직접 지도하고 있던 스탈린의 공산주의와 트루먼의 자유주의에 대한 개인적 신념(信念)과 거기에서 비롯된 상호불신(相互不信)은 이념적 타협을 사실상 불가능하게 만들기에 충분한 강도를 지니고 있었다. 이 문제는 한국전쟁을 1년 8개월 더 지속시켰으며, 결국 스탈린이 사망(1953. 3)한 후에야 종결의 실마리를 찾게 만들었다. 실로, 한국전쟁(1950~1953)은 미국과 소련 간의 이념적 전면전이었다.

전쟁을 군사적 승패가 아닌 정치적 타협에 의해서 마감한다는 미국과 소련의 묵시적 거래(tacit bargaining)는 한국전쟁 중 전쟁 당사국인 남북한이나 참전국들의 안보외교를 더욱 복잡하게 만들었다.

먼저, 한국전쟁에서 군사적 결말(結末)을 거의 불가능하게 한 사건은 중공군(中共軍)의 개입이었다. 중공(中共)은 '항미원조(抗美援朝) 보가위국(保家衛國)'이라는 기치(旗幟)와 목적을 내세우고 '항미원조 전쟁(1950. 10. 25~1953. 7. 27)'에 돌입했다. 미국에 대항해서 북한을 도와 중국 국체와 국민을 보위한다는 목적으로 중국인민지원군(中國人民志願軍)이라는 이름을 붙인 중공군을 한국 전선에 투입했다. 자체 전력(戰力)의 한계를 인정한 중공군은 정면대결을 회피하면서 비정상적인 방법을 동원하고 전역분할(戰域分割)과 전술분할(戰術分割)을 통하여 진지전(陣地戰)과 운동전(運動戰)을 배합한 작전을 수행함으로써, 우선 작전기지를 확보하고 미군을 비롯한 유엔군을 한반도에서 몰아내겠다는 목표를 세우고 전투를 전개했다.[28] 이러한 국가적 목표와 작전 방침하에 현실화된 중공군의 개입과 전선의 급속한 남하(南下)는 한반도에서 유엔군 작전을 실제로 주도하고 있던 미국의 민·군 지도자들의 서로 다른 반향(反響)을 불러 일으켰다. 미국 대통령 트루먼은 미국이 보유한 모든 군사적 수단과 외교적 수완을 동원해서 이에 대처하겠다는 방침을 밝힌 데 반해, 군사작전을 지도하던 미 합참본부를 중심으로 한 펜타곤 지휘부는 미군의 안전을 고려하여 한반도에서의 철수까지도 고려해야 한다는 입장을 개진했고, 실제 작전을 지휘했던 맥아더는 중공이 전쟁에 개입한 이상 중국의 봉쇄는 물론 중국 본토 공격까지도 불사하는 작전을 수행해야 한다는 의사를 표시했다.[29] 미국 트루먼 대통령의 모든 군사적 수

28) 中國人民解放軍 軍事科學院 軍事歷史研究所 編著, *中國人民志願軍 抗美援朝戰史*(北京: 軍事科學出版社, 1988), 韓國戰略問題研究所 譯, *中共軍의 韓國戰爭史*(서울: 世經社, 1991), pp. 1-14; 온창일, *韓民族戰爭史*, pp. 831-7.

29) 온창일, *韓民族戰爭史*, pp. 856-9.

단(핵무기 포함)을 동원해서 중공군 개입에 대처하겠다는 의지 표명은 미국의 변함없는 우방인 영국 정부를 놀라게 했으며, 한반도에서 미군을 전면 철수하는 것까지를 고려해야 한다는 미 국방부의 견해는 미 국무부를 놀라게 했고, 중공군의 개입으로 새로운 전쟁이 된 이상 새로운 방법 즉, 중국을 봉쇄하고 중국 본토까지 공격해야 한다는 의사를 표명한 동경(東京) 현지 사령관 맥아더의 견해는 워싱턴(Washington) 정책결정자들을 당혹스럽게 만들었다. 결국 1950년 12월 상순, 미국과 영국의 수뇌와 정책·전략 결정자들은 한반도에서의 자발적 철수는 없고, 침략자들을 끝까지 응징하면서, 전쟁은 군사적 승패가 아닌 정치적 협상으로 마무리한다는 데 의견을 모았다.[30] 중공군의 개입은 이와 같이 한국전쟁을 승패(勝敗)가 아닌 타협(妥協), 즉 종전(終戰)이 아닌 휴전(休戰)으로 마무리하기로 한 정책결정을 강요한 셈이다.

유엔 측은 어느 선에서 전투행위를 중지하고 전쟁을 마무리할 것인가 하는 문제와, 미국은 '비기기 위해서 죽어야(die for tie)하는 전쟁'을 수행하고 있다고 비난하면서 "승리를 대신할 것은 아무 것도 없다(there is no substitute for victory)"고 주장하는 현지 사령관 맥아더가 제기한 문제를 해결해야만 했다. 전선은 평택—삼척 선까지 내려갔고, 낙동강 전선을 방어하고 북진작전을 지휘했던 미 8군 사령관(Walton H. Walker 중장)은 전선 시찰 도중 교통사고로 순직했다(1950. 12. 23). 그러나 새로 부임한 미 8군 사령관(Matthew B. Ridgway 중장)은 전선을 추진하여 38선 부근에서 안정시키는 데 성공했다. 그리고 지역의 확보보다는 중공군 전투력의 소멸을 목표로 전선을 추진하여 전선을 안정시켰다.[31] 약간 변형된 전쟁전의 모습으로 전선이 안정됨에 따라 워싱턴은 '비기기 위해서 죽어야 하는 이상한 전쟁(a strange war of 'die for tie')'을 수행한다는 '비아냥'으로 워싱턴의 전쟁 지

30) 온창일, *韓民族戰爭史*, pp. 856-9.
31) 위의 책, pp. 864-941.

도부를 비난했던 맥아더를 해임했다.[32] 이로써 유엔의 평화유지 노력을 지원하기 위하여 유엔군의 작전을 지휘하던 미국은 38선을 넘어 공격해 온(新正攻勢, 1950. 12. 31~1951. 1. 24) 중공을, 유엔에서 침략자로 규정하여 유엔 전선을 안정시켰다. 그리고 새로운 미 8군 사령관이 전투 전선을 안정시킴과 더불어 미국 정부의 새로운 정책과 전략을 비난했던 현지 유엔 사령관을 해임하여 워싱턴과 동경 내부 전선을 안정시킴으로써 한국에서의 전쟁을 '승패(勝敗)가 아닌 타협(妥協)'으로 마무리할 준비를 마치게 되었다.

한국에서의 전쟁을 군사적 승패가 아닌 정치적 타협에 의해서 마무리하기로 한 미국과 소련 간의 묵시적 협의는 양국의 비밀 접촉을 통해서 이루어졌고, 그 결과는 소련 측이 공개함으로써 현실화되었으나 결실을 맺기까지 적잖은 우여곡절(迂餘曲折)을 겪어 내야만 했다. 미국이 먼저 움직였다. 1951년 5월 초, 소련의 의도를 탐색한 미국은 당시 프린스턴 대학교에서 연구 중이었던 국무부 관리(George F. Kennan)가 유엔 주재 소련 대표(Jacob Malik)를 만나도록 하여(1951. 6. 1; 6. 5) 소련도 한국전쟁의 '평화적 해결'을 원한다는 입장을 확인했다. 소련 대표는 1951년 6월 23일에 유엔 라디오를 통하여 자국의 입장을 공개적으로 언급했고, 이에 미국 정부는 미군 지휘관들의 불만을 극복하고 유엔군 사령관이 1951년 6월 30일에 라디오 메시지를 통하여 휴전 회담을 제안하도록 했다.[33] 유엔과 공산 측은 몇 차례에 걸친 예비 접촉을 통해서 1951년 7월 10일에 휴전을 위한 본 회담을 시작했다. 침 튀기는 설전(舌戰)과 적대적인 승강이를 거친 후, 양측은 1951년 11월 26일에 군사분계선을 설정하고 그로부터 30일 이내에 휴전 조약이 조인될 경우에 양측이 합의한 군사분계선을 휴전선으로 정한다는 합의에 도달했다.[34] 그러나 앞에서 자세히 설명했듯이, 양측은 포로교환 원칙에 관한

32) 온창일, *韓民族戰爭史*, pp. 905-7.
33) 위의 책, pp. 941-7.
34) 위의 책, pp. 965-7.

입장을 좁히지 못했다. 공산사회라는 지상의 낙원을 건설하겠다는 스탈린 소련 수상의 집념(執念)과 자유 민주주주의 대한 트루먼 미국 대통령의 신념(信念)은 타협점을 발견하지 못했고, 결국 전자가 사망한(1953. 3) 후에야 이 문제가 해결이 되었다.

그러나 미국은 전쟁을 휴전으로 마감하기 전에 해결해야 할 문제가 또 있었다. 공산 측의 또 다른 군사적 모험을 억제하고 한국의 안보(安保)에 대한 보장책을 마련하는 것이었다. 원래 미국은 공산 측의 재침공을 막고 한국의 안보를 보장하기 위해서 유엔 참전 16개국에 의한 '대 제재 선언(the greater sanctions declaration)'을 준비하고 있었다. 한반도에서 공산 측이 또 다른 무력침공을 감행할 경우에는 엄청난 보복이 가해질 것이며 전장(戰場)도 한반도에 국한되지 않을 것이라는 강력한 내용이었다.[35] 그러나 한국의 이승만 대통령은 다른 생각을 가지고 있었다. 1949년 6월 말, 북한이 침공할 경우에 어떻게 하겠는가라는 질문에 답을 주지 않은 채 불안한 한국민의 시선도 외면하고 한반도에서 미군을 철수시킨 사실과, 유엔의 권위만으로는 한국의 안보를 보장할 수 없다는 역사적 사실에 바탕을 둔 인식을 지니고 있었던 이승만 대통령은 한국의 안전은 미국이 단독(單獨)·명시적(明示的)으로 보장해야 한다는 판단을 하고 있었다. 그러나 이승만은 미국과 협상을 진행(進行)시키고 성사(成事)시킬 교섭수단(交涉手段)은커녕 전쟁으로 황폐화(荒廢化)된 산하(山河)와 헐벗고 굶주린 국민(國民)을 가진 국가의 수반(首班)일 뿐이었다. 그는 미국이 원하는 것이 휴전(休戰)이라는 사실에 주목하고, 거기에 반대하는 것으로 협상수단을 창조했다. "허리가 두 동강이 난 상태에서 살아갈 수 없다"는 단순한 논리를 앞세워 단독으로라도 싸워 통일을 달성해야 한다고 주장하면서 전 한국민을 동원하여 휴전 반대를 외치면서 타협으로 전쟁을 마무리하려는 미국 정부와 미군을 자극했다. 급기야 미 8

35) 온창일, *韓民族戰爭史*, p. 1013.

군은 이승만 제거 계획(Plan Ever Ready)을 마련했고 미 정부는 이승만 대통령을 미국으로 초청했다. 유엔군 사령관은 휴전에 반대하는 한국의 민간 및 군 지도자들을 구속한 후 휴전을 성사시키자는 계획을 미 합참에 보고했고(1953. 5. 22), 이승만 대통령은 전쟁 지도로 바쁘다는 이유로 미국 정부의 초청을 거부했다.[36] 현지의 상황전개를 주시하던 워싱턴 정책결정자들은 상황의 악화를 방지하면서 휴전을 성사시키기 위하여 한국과 필리핀 및 ANZUS(Australia, New Zealand, United States Security Treaty)와 같은 상호방위조약 체결을 위한 협상을 진행한다는 방침을 정하고, 그 제안 시기와 방법은 현지 유엔군 사령관에게 위임하기로 결정했다.[37] 이로써 미국은 휴전을 성립시키기 위하여 한국 정부와 안보외교를 진행시켜야 했고, 작전통제권까지 이양하면서 군사작전의 효율성을 보장해 주었던 한국의 이승만 대통령은 전후 한국의 안전보장을 위해서 미국과 안보외교를 전개하는 주역(主役)으로 등장하기에 이르렀다.

한국의 이승만 대통령은 점증적(漸增的)으로 요구 수준을 높여 가며 미국을 다그쳤다. 자신을 방문한(1953. 6. 7) 유엔군 사령관(Mark W. Clark)에게 미국이 공산 측에 유화정책을 적용하여 커다란 오류를 범하고 있다는 점을 지적하고 한국민은 분단된 상태에서는 살 수 없으니 설사 '자살 행위일지라도(even if it meant suicide)' 전투를 계속하겠다고 주장했다. 유엔군 사령관이 이 대통령에게 할 말이 없게 되자, 미 국무장관(John Foster Dulles)이 이 대통령을 미국으로 초청했으나 이 대통령은 바쁘다는 이유로 사양했다. 다음에는 이 대통령이 미 국무장관을 초청했으나, 미 국무장관은 자신도 바쁘다고 하면서 자신이 신임하는 국무차관보(Walter S. Robertson)를 보내겠다고 했다. 이러는 가운데 교전 중인 양측 휴전회담 대표들은 1953년 6

36) Outline Plan "Ever Ready", by the Eighth Army, May 4, 1953, RG 218, CCS 383.21 Korea(3-19-45), sec., 130, NA; *FRUS, 1952-1954, XV*, part I, pp. 965-8.
37) 온창일, *韓民族戰爭史*, pp. 1013-5.

월 8일에 포로교환 협정에 서명하고 17일에는 조정된 군사분계선까지 합의하여 휴정 협정의 정식 조인 절차만 남겨 놓고 있었다. 휴전 합의 전까지 한미상호조약의 체결을 공식화하자는 주장을 해 온 이승만 대통령은 1953년 6월 18일 새벽에 2만 5천여 명의 반공포로를 석방해 버렸다. 그리고 "오래 전에 석방했어야 할 반공 포로들을 너무 늦게 석방했다"는 아쉬움을 곁들인 성명서를 발표했다. 이 사건은 워싱턴을 뒤흔들어 놓았다. 아이젠하워(Dwight D. Eisenhower, 1890~1969) 대통령 주제로 열린 국무회의에서 한국의 이승만 대통령에 대한 각료들의 성토는 대단했으나, "한국에서 아직은 공산주의가 우리의 주적이다(Communism is still our principal enemy in Korea)"라는 대통령의 언급에 규탄을 마감하고, 대책을 논의하기에 이르렀다. 그리고 한국에 파견하기로 했던 국무차관보에게 강력한 '공갈'을 가미한 항의 서한을 들려 보내기로 결론을 내렸다.[38] 그 결과 한국군은 또 다른 중공군 공세(金城戰役, 1953. 7. 13~19)를 막아내야 했고 1만 5천여 명의 전투손실(전사: 2,689명, 부상: 7,548명, 실종: 4,136명)을 감수해야 했으며, 중공군도 6만 6천여 명의 손실을 감내해야만 했다.[39] 이와 같이, 미국을 다그치려는 이승만 대통령의 처사(處事)와 조치(措置)는 미국뿐만 아니라 중공까지 자극하여 한국은 전장에서의 엄청난 피해를 또 한 번 견뎌내야만 했다.

이승만 대통령은 한미동맹에 관한 실체적인 배열이 가시화되지 않은 채 1953년 7월 27일에 휴전이 성립되자 다시 전면(前面)에 등장했다. 그는 휴전 조인 직후 미 국무장관에게 "필리핀과 같은 방위조약으로는 미국이 한반도에 대규모의 공산군이 남아 있는 상황을 적절하게 대처할 수 없다"는 공한을 발송했다.[40] 조인된 휴전의 실질적 보장은 한국 정부와 한국군이 감당

---

38) Minutes of the Cabinet Meeting, June 19, 1953, Cabinet Meetings, Ann Whitman File, Dwight D. Eisenhower Papers, Eisenhower Library, Abilene, Kansas, USA; *FRUS, 1952-1954, XV,* part 2, pp. 1326-9; 온창일, *韓民族戰爭史*, pp. 1015-7.

39) 온창일, *韓民族戰爭史*, pp. 1005-11.

40) Rhee to Dulles, July 27, 1953, *FRUS, 1952-1954, XV,* part 2, pp. 1428-9; 1430-2.

할 수밖에 없다는 인식을 가진 미 국무장관은 상호방위조약 내용과 기타 한국군 강화 및 한국의 경제지원 등의 문제를 논의하기 위하여 1953년 8월 4일에 한국을 방문했다. 이 대통령과의 8월 5일 회담에서 미 국무장관은 한국 문제를 논의하기 위하여 미국의 국무장관이 한국에 온 것 자체가 매우 중요한 사건이라는 점을 강조하면서 8월 8일까지 상호방위조약에 관한 협상을 진행시켰다. 이 과정에서 이 대통령은 '즉각적이고 자동적인 개입'을 보장한 NATO식 조약이 되어야 한다고 주장한 반면, 덜레스 미 국무장관은 미 상원의 지지를 받을 수 있는 조약이 되어야 한다는 입장을 굽히지 않았다. 두 주장은 타협의 여지가 없어 보이기도 해서, 때로는 이 대통령과 미 국무장관이 아무런 말없이 30여 분간 그냥 마주 보고 앉아 있기만 한 회우(會遇)도 있었다. 그러나 한국의 안전보장을 위해서는 어떤 형태든 미국의 명시적인 개입이 필요하다는 이승만 대통령의 입장이 더욱 절실했다. 이 대통령은 미 국무장관의 견해에 동의하고 체결 가능한 상호방위조약에 동의했다. 합의된 한미상호방위조약은 전문과 6개 조항으로 구성되었으며, 3조에서 합법적으로 통제하고 있는 양측의 영토에 대한 무력침공이 자행될 경우에 양국은 각국의 헌법 절차에 따라 공동 위협에 대처한다고 규정하였으며, 6조에는 이 조약이 항구적으로 유효하다고 밝힌 다음에, 양국은 1년간의 유예기간을 거쳐 조약을 폐기할 수 있다는 단서 조항을 삽입했다.[41] 이와 같이 이승만 대통령의 주도적인 역할로 한국과 미국 사이에 상호방위조약에 의한 안보협력관계가 형성되었다.

1953년 8월 8일에 서울에서 가서명된 한미상호방위조약(The Mutual De-

41) Memo for the Record, sub.: First, Second, Third and Fourth, and Final Meetings Between President Rhee and Secretary Dulles, August 5, 6, 7, 8, 1953, declassified under the FOIA Case No. 8102237; *FRUS, 1952-1954, XV*, part 2, pp. 1466-92; Text of the Treaty, see, Ministry of National Defense, Republic of Korea, *The History of the United Nations Forces in the Korean War, IV*(1977), pp. 643-4; US Department of State, *Bulletin, XXIX*, pp. 203-4; *The New York Times*, August 8, 1953.

fense Treaty between the Republic of Korea and the United States of America)은 같은 해 10월 1일에 워싱턴에서 정식 조인(調印)되었으며, 한국 국회가 1954년 1월 15일에 미국 상원이 1954년 1월 26일에 인준(認准)함으로써 효력이 발효되기에 이르렀다. 한미동맹관계가 수립(樹立)된 셈이다.

이와 달리, 북한의 김일성(金日成)은 내부 독재(獨裁)권력 수립(樹立)에 여념이 없었다. 인천상륙작전 패배 후 전황이 불리하게 전개되면서 스탈린의 견책을 두려워하기도 했던 김일성은, 스탈린이 사망한(1953. 3) 후 전쟁이 휴전으로 마감될 것이 확실시되자, 내부 권력투쟁이 진행되던 소련이나 휴전을 서두르는 듯한 인상을 심어 주었던 중공과의 관계 공고화 노력보다 내부적인 독재 권력 확립(確立)에 더욱 심혈(心血)을 기울였다. 김일성은 1952년 말부터 남노당 주요 요원을 체포하고 휴전 직후 그들을 재판에 넘겨 미제의 간첩이라는 죄목으로 사형에 처했으며, 박헌영도 1955년 12월에 같은 죄목으로 사형에 처하여 제거해 버렸다. 그러나 김일성은 소련파와 연안파들을 아무런 이유 없이 제거하기는 쉽지 않았다. 이 즈음에 소련에서 치열한 권력투쟁 끝에 정권을 장악한 흐루시초프(Nikita Khrushchev) 서기장이 1956년 3월에 개최된 20차 전당대회에서 개인숭배를 배격하고 1인 독재를 비판하면서 스탈린을 격하(格下)하는 운동을 편 사실은 김일성에게 큰 충격을 안겨 주었다. 동유럽의 헝가리와 폴란드 등지에서도 같은 운동이 일어났으며, 북한에서도 연안파는 소련파와 더불어 김일성 격하 운동을 준비하고 1956년 8월 30일에 조선노동당 중앙위원회에서 김일성 개인숭배와 1인 독재를 비판하고 김일성을 당에서 축출하려 했다. 이 거사(擧事)는 사전에 발각되었으며, 김일성은 이른바 '8월 종파사건'을 기화(奇禍)로 1956~1957년 사이에 연안파를 제거하고, 1958~1960년 사이에 소련파도 숙청했다. 중국과 소련이 팽덕회(彭德懷)와 미코얀(Anastas Mikoyan)을 보내 이를 만류하려 했으나 개입의 여지가 없었다. 중국과 소련의 간섭을 배제하기 위하여 김일성은 이른바 주체사상(主體思想)을 펼쳤는데, 이후 그것이 김일성

체제를 이념이나 사상적으로 뒷받침하는 지주(持柱)와 교시(教示)가 되었다. 이로써 김일성 독재체제는 1956년부터 공고하게 다져졌으며, 1980년 10월에 열린 노동당 6차 전당대회에서 김일성 주체사상을 당의 지도이념으로 확정함으로써 김일성(金日成) 1당 독재체제(獨裁体制)는 완성되었다.[42] 이와 같이, 김일성은 북한의 국체(國體) 보호를 위한 소련과 중국의 외부적 보장보다 자신의 권력(權力) 보존을 위한 내부 정비(整備)에 노력을 집중했다.

북한 내 김일성 독재체제를 정립한 김일성은 확립된 자신의 권력기반을 바탕으로 소련 및 중국과의 관계 개선을 시도했다. 김일성은 중국과 소련 간의 분쟁 사태에서 북한이 어느 편에 가담하기 보다는 주체사상에 의한 정치 · 이념적 자주(自主), 경제적 자립(自立), 군사적 자위(自衛) 노선을 택하는 것이 더 안전하고 실리적이라는 판단을 했을 법하다. 중국이나 소련 모두 자신들 간의 분쟁과 무관하게 북한이라는 존재가 냉전적 국제질서에서 필요하다는 정책적 판단을 하고 있었기 때문이다. 소련의 부수상(코시킨)이 1961년 5월 29일에 북한을 방문한 후, 김일성은 소련을 방문하여 1961년 7월 6일에 소련과 "우호협조 호상원조조약"을 체결했다. 그리고 뒤이어 중국을 방문하여 1961년 7월 11일에 중국과도 같은 명칭의 조약을 체결했다. 이 조약들은 한국과 미국 간에 체결된 한미상호방위조약의 내용과는 달리 조약 당사국이 외부의 무력공격을 받아 전쟁 상태에 돌입할 경우에 다른 한쪽은 '지체 없이' 원조를 제공하도록 되어 있다. 한미상호방위조약의 '자국 헌법상 절차에 따른 개입'과 달리 북한은 중국과 소련과 '자동개입'을 규정한 "우호협조 호상원조조약"을 체결한 셈이다.[43] 이로써 김일성은 중 · 소

42) 이상우, *북한정치: 신정체제의 진화와 작동원리*(서울: 나남, 2008), pp. 54-63.

43) 북한과 중국 사이에 체결된 조약은 아직까지도 지속되어 지난 2011년 7월에 체결 50주년을 기념하는 행사를 대대적으로 개최하여 기념하기도 했다. "北 침략받으면 中 자동개입 조약 50년-김정일 '잔치 열자'", *조선일보*, 2011. 7. 9; 소련이 러시아로 변한 상황에서 북한과 러시아는 2000년 2월 9일, 1961년에 체결한 소련과의 조약을 폐기하고 군사개입 조항을 삭제한 '조러 우호선린협조조약'을 체결했다. 민병천, *한반도 평화의 길*(선인, 2010), pp. 144-50.

분쟁에 휘말리지 않으면서 한국의 반공을 국시로 하는 군사혁명정부가 야기할 수 있는 위협에 대비하는 안전보장 체제를 갖추었다.

이와 같이, 한국전쟁(1950~1953) 전·중·후에 미국과 소련이 주도적으로 자유진영과 공산진영 국가들을 동원하여 전쟁을 수행하면서 전개한 외교는 상호 적대적인 상태에서 우방국 간에 전개된 안보외교의 실제가 어떠한가를 여실히 보여 주었다. 북한이라는 정치적 실체를 활용하여 한반도를 공산진영과 자국의 영향권에 포함시키려는 소련은 미군 개입 시에 중공의 지원까지 주선하는 적극성을 지닌 안보외교를 펼쳤으며, 이를 저지하려던 미국은 유엔이라는 국제평화유지 기구를 활용하여 자유진영의 거의 모든 국가를 동원한 안보외교를 전개하여 한반도의 공산화와 남한까지 포함한 소련의 영향권 형성을 거부했던 것이다. 특히 미국은 한반도에서의 공산 측의 또 다른 무력사용 시도를 차단하기 위하여 전쟁 수행보다는 전쟁 자체의 억제가 더욱 경제적이라는 판단을 내려 한국과 상호방위조약까지 체결함으로써, 유엔을 통한 한반도에서의 전쟁 억제와 한국의 안전보장책 대신, 한반도에서의 전쟁억제와 한국의 안보를 단독으로 책임지는 배열을 마다하지 않았다. 북한을 지원했던 중국과 소련은 후에 북한과 "우호협조 호상원조조약"을 체결함으로써 북한이라는 정치적 실체를 보존하여 동서진영으로 나뉘어 정착된 국제적 냉전대립 구조에서 완충지역을 확보했다. 적대적인 상태에서 펼쳐진 진영 간 진영 내 안보외교의 한 단막(單幕)이 마무리된 셈이다.

라. 우방국 간 안보외교의 결과

우방국 간에 펼쳐진 안보외교는 동맹으로 귀결되거나 평상적인 관계로 복귀되거나 또는 우발사태 발생이나 이해관계의 변화에 따라 적대적인 관계로 변화되는 결과를 빚어내기도 하고 그에 합당한 안보외교의 필요성을 제기하기도 한다. 정치집단으로 등장한 춘추·전국시대의 제후국들 간에는 집단 자체의 존폐를 건 합종연횡(合從連橫)에 근거한 동맹·우호·적대 관계가 시시때때로 형성되어 우방이 동맹이나 통상 또는 적대 관계로 정착되는 경우가 흔하게 있었다. 이러한 정치집단 간 관계변화는 정도(程度)와 심도(深度), 양상(樣相)과 양태(樣態)는 다르게 구체화되었지만 동서고금(東西古今)을 통하여 일상적인 현상으로 자리를 잡아 왔다. 특히, 정치집단이 국가(國家)라는 형태로 정형화(定型化)된 후에도 국가 간 관계의 변화무쌍(變化無雙)함은 부단(不斷)하게 지속(持續)되어 국가 혹은 국가군(國家群) 간 관계의 무상(無常)함을 보여 준다. 국가를 단위체로 갖고 있는 국제사회에서 평상(平常)·중립(中立)·호혜(互惠)·대립(對立)적 성격의 관계 또는 이의 상호조합으로 형성된 관계나, 우방(友邦)·적대(敵對)·동맹(同盟) 등의 호오(好惡)에 근거한 관계는 기간의 장단만을 지닌 잠정성(暫定性)을 지니고 있다고 해도 과언이 아닌 셈이 되었다. 따라서 우방국 간 안보외교의 결과 역시 국가 간에 형성된 적이 있는 다양한 관계를 현실화시켜 그에 합당한 안보외교의 필요성을 제기하게 된다.

역사적으로, 영국과 프랑스 사이에서 진행되었던 안보외교가 빚어낸 결과는 두 국가 간에 존재할 수 있는 거의 모든 양상(樣相)의 관계, 즉 적대·평상·우방·동맹관계를 구체화시키면서 전개되어 왔다.

영국의 식민지로부터 독립을 쟁취하기 위하여 전쟁을 시작한(1775) 미국은 1776년에 독립을 선포했고, 영국에 나쁜 모든 것은 다 자국(自國)에 좋은 것이라고 판단하고 있던 프랑스를 1778년에 우방으로 확보했다. 특히, 당시 프랑스 외상(Charles Gravier, the Comte de Vergennes, 1719~1787)은 극작가(Beaumarchais, 1732~1799)에게 위장 회사를 설립하도록 하여 미국의 독립전쟁을 지원했다.[44] 프랑스 국민들도 이러한 프랑스 조정의 미국 지원을 마다하지 않았다. 프랑스의 한 정치가이자 군인(the Mar-

---

44) Thomas G. Patterson, et. al., *American Foreign Policy: A History*, op. cit., pp. 12-4.

quis de La Fayette, 1757~1834)은 소장(少將) 계급장을 달고 미국 워싱턴(George Washington, 1732~1799) 사령관의 부장(副將)으로 직접 미국 독립전쟁에 참전하기도 했다. 그러나 이 과정에서의 과도한 재정지출은 프랑스 조정에 커다란 부담으로 다가갔고, 이를 충당하기 위한 프랑스 정부의 징세정책과 부담을 오롯이 떠안아야 했던 프랑스의 신흥 계층(petit bourgeois) 간의 갈등과 반목은 프랑스 혁명(1789)의 직접적 원인이 되기도 했다. 왕조가 아닌 혁명정부가 대변한 프랑스는 영국에게 직접적인 위협 대상이 되었다. 프랑스는 유럽 내 왕조국가들과 연합전선을 형성한 영국과, 미국 독립전쟁에서 간접적으로 대결하는 것이 아닌 직접적인 대결로 결판을 내야만 할 입장에 처하게 되었다.

프랑스 혁명으로 등장한 나폴레옹(Bonaparte Napoleon, 1769~1821) 지휘하의 프랑스 군이 유럽 대륙을 석권하다시피 하자, 유럽 대륙에 세력균형 정책(balance of power policy)을 적용하여 유럽 대륙 자체가 어느 일국의 영향권하에 놓이지 않도록 하면서 유럽 대륙 밖에서 식민지와 온갖 이권을 챙겨 온 영국은 유럽에서의 사태진전을 수수방관(袖手傍觀)할 수만은 없었다. 그리하여 영국은 프랑스 혁명이 내건 자유(自由)·평등(平等)·박애(博愛)라는 이념의 확산을 저지하고 왕조국가들의 입지를 보존하기 위하여 유럽 대륙의 오스트리아, 프러시아, 러시아 등과 연합전선을 형성하여 나폴레옹의 프랑스군과 싸웠다. 혁명사상으로 무장된 국민병인 프랑스군이 유럽 대륙을 거의 석권하여 영국만을 고립시킬 정도로 대프랑스 연합군은 패전에 패전을 거듭했으나, 결국 영국이 나폴레옹을 1815년에 대서양 세인트 헬레나(Saint Helena) 섬으로 유배시킴으로써 프랑스 혁명 이념 확산과 프랑스의 유럽 대륙 내 패권 장악은 저지되었다. 그러나 영국은 전후 처리과정에서 오스트리아와 더불어 프러시아나 러시아의 영향력 확대를 우려하여 건실한 프랑스의 영토적·실체적 보존을 보장했다. 이와 같이 영국은 적대적인 입장인 프랑스를 패배시키기는 했으나, 전후에 프랑스를 약화시키지 않음으로써 유럽 대륙 내 프러시아나 러시아의 독주(獨走) 혹은 합주(合走)에 대처하는 배열을 안착(安着)시키는 안보외교를 전개했다.[45)]

나폴레옹 전쟁(1793~1815)은 유럽 내 민족주의를 자극한 결과를 유산(遺産)으로 남겼는데, 그것을 적극적으로 활용하여 국가적 목적을 달성한 인물은 프러시아의 비스마르크(Otto Edward von Bismarck, 1815~1898)였다. 철혈재상(鐵血宰相)으로 알려진 비스마르크는 프러시아 수상(1862~1890)으로 재직하면서 두 개의 전쟁(보오전쟁, 1866; 보불전쟁, 1870~1871)을 치러 독일 공국 내 오스트리아와 프랑스의 정치적 영향력을 제거하고, 1871년에 프러시아를 주축으로 독일을 통일하고 독일 제국을 선포했으며 프러시아 왕(Wilhelm Ⅰ)을 황제로 추대했다.[46)] 비스마르크는 신생 독일 제국의 안전보장책으로서 2중 보장동맹(독일·오스트리아·이탈리아 간 3국 동맹과 독일·오스트리아·러시아 간의 3제 동맹)을 체결하여 프랑스를 고립시킴으로써 러시아와 프랑스의 대독일 연합전선 형성 자체를 막으려는 2중 보장외교를 현실화했으나, 영국은 이를 조심스럽게 주시(注視)만 하고 있었다.[47)] 그러나 새로 황제가 된 빌헬름 2세(Wilhelm Ⅱ)는 비스마르크의 조심스런 외교를 못마땅하게 생각하고 비스마르크를 해임한(1890) 후에 2중 보장동맹을 파기하고 3국 동맹을 주축으로 적극적인 제국주의 정책을 가시화(可視化)했다. 그 결과 프랑스와 러시아는 협조관계를 형성했고 독일의 부상과 제국주의적 정책 수행을 수용할 수 없다고 판단한 영국도 여기에 가세함으로써 영국은 프랑스와 우호적 동맹관계에 돌입했다.[48)] 독일 제국의 형성·수립 과정에서 조심스런 중립을 유지했던 영국은 독일의 전신인 프러시아와 더불어 전쟁을 치렀던 프랑스 편에 가담하여 독일의 제국주의 정책을 견제하는 새로운 관계를 수립하게 된 셈이다.

45) 육군사관학교 전사학과, *세계전쟁사*, pp. 95-136; 김용구, *세계외교사*, pp. 5-80.
46) 김용구, *세계외교사*, pp. 117-42.
47) 위의 책, pp. 143-68.
48) 위의 책, pp. 170-89.

이로써 영국은 프랑스와 더불어 양차 세계대전에서 독일과 싸웠고, 전후에는 미국이 주도하는 NATO의 회원국으로서 집단 안보동맹체의 일원이 되었으며, 오늘에는 프랑스와 나란히 유럽연합(European Union)을 형성하여 공동보조를 취하고 있다. 특히, 리비아의 카다피를 축출하기 위하여 NATO가 주도적으로 실시한 군사작전에서는 프랑스와 더불어 성공적인 작전결과를 거두기도 했다.[49] 이 과정에서 영국과 프랑스는 미국의 요청에 따라 군사작전을 주도하여 리비아 반군의 승리를 보장해 주었다. 또한 두 나라는 2011년에 남부 유럽 국가들(PIGS: Portugal, Italy, Greece, Spain)의 과도한 정부 재정지출에서 비롯된 재정위기, 특히 그리스의 재정위기를 해소하는 데 협조적인 태도를 보였다. 유럽 대륙 국가들에 대해서 더 이상 세력균형(勢力均衡) 정책을 실시할 현실적인 필요성을 느끼지 않고 있는 영국은 독일과 프랑스가 주도하는 유로화 재정위기 해소를 위한 노력에 협조적인 입장을 유지하고 있다.[50] 이와 같이 과거에 우호적이기보다는 적대적이어서 우방국 간의 안보외교보다는 적대국과의 안보외교를 전개했던 영국과 프랑스는 연합국으로서 양차 세계대전을 치르고 난 후부터는 서로 동맹외교의 대상이 되어 오늘에 이르고 있다.

---

49) 1969년 9월 쿠데타로 정권을 장악했던 카다피 정권의 독재에 맞선 시위대는 2011년 2월에 '카다피 정권의 시위대 학살을 막아 달라'는 요청을 했고, 유엔 안보리는 리비아군 유혈진압을 반인도적 범죄로 규정하면서 국제 형사재판소 조사 결의안을 채택했다. 이에 NATO는 리비아에 비행금지 구역을 설정(2011. 3. 17)했고 반군을 지원하기 위한 공습을 감행함으로써 군사작전을 개시했다(2011. 3. 19, Op. Odyssey Dawn). 이러한 NATO 지원작전에 힘입어 반군은 2011년 8월 20일에 리비아 수도 트리폴리로 진격하여 카다피 정권을 무너뜨렸고, 피신 중인 카다피까지 사살(2011. 10. 20)함으로써 42년간의 카다피 독재 정치를 종식시켰다. 이 과정에서 영국과 프랑스는 미국과 더불어 전투기를 19,877회 출격시켰으며, 트리폴리를 7,500회 폭격했고, 해상봉쇄도 실시했다. 그리고 리비아 반군에게 현금과 식량도 지원(미국: 1조원, 영국 · 프랑스: 각각 5,000억 원씩)했다. "나토 7500회 폭격 · 해상봉쇄…시간은 반군편이었다", *조선일보*, 2011. 8. 23; "'쏘지마'…고향(리비아 시르테) 배수관서 최후", *조선일보*, 2011. 10. 21.

50) 유럽 대륙 국가들과 달리, 영국은 유럽연합에는 참여하고 있으나 공통화폐인 유로(Euro)화 대신 자국 화폐(Pound)를 사용하고 있다(핀란드도 자국 화폐 사용).

우방국으로서 함께 전쟁을 치르거나 전쟁을 치르던 우방국을 지원했던 국가들이, 국가 내외의 사정이나 이해관계로 서로 전쟁이나 갈등관계의 상대로서 안보외교 대상이 된 사례들도 있다. 제2차 세계대전에서 연합국으로서 공동보조를 취했던 미국과 소련은 전후에 냉전적 국제질서를 빚어내어 그에 맞는 안보외교를 펼쳤다. 이념 및 추구하는 가치와 그것을 구현할 정치·경제 등 체계가 달랐기 때문이었다. 또한 프랑스와 미국 및 월남을 상대로 한 베트남 전쟁(1945~1975)에서 중국은 월맹을 지원하면서 우호적인 관계를 유지해 왔으나, 월맹이 전쟁을 마감하고 난 후에 친소(親蘇) 정책을 가시화하고 월남 지역의 화교들 재산을 몰수하면서 그들을 박대(薄待)하자, 중국은 응징(膺懲)한다는 목적으로 월맹을 침공하였다. 이른바, 중월전쟁(1979. 2. 17~3. 4)이 발생한 것이다. 월맹군의 선방(善防)과 소련의 경고(警告) 그리고 충분하게 응징되었다는 중국의 자체 판단으로 마감되었지만, 이 전쟁은 이념적으로나 정치·군사적으로, 동맹에 가까운 우호적인 관계를 유지해 온 국가 간의 무력충돌로서 우호적인 안보외교 대상이 적대적인 상대로 변한 사례로 남게 되었다. 지금도 서사군도(西沙群島)와 남사군도(南沙群島)의 영유권으로 양국은 갈등관계를 벗어나지 못하고 있으며, 미국을 포함한 전 세계 국가들이 동아시아 경제권(經濟圈)의 해운(海運) 요충지인 남중국해에서의 중국 독주를 용납할 수 없다고 들고 일어남에 따라, 이 해역(海域)은 베트남·필리핀 등의 동남아시아 국가들과 중국 간의 영유권 분쟁 지역이 아닌 전 지구적인 관심 지역으로 등장하게 되었다.[51] 이 외에도 이란-이라크 전쟁(1980~1988) 기간에 이라크를 지원했던 쿠웨이트는 경제적·정치적으

51) "남중국해 분쟁 중국 사면초가", *조선일보*, 2011. 6. 7; "베트남 軍 인사 '中이 서사군도(西沙群島) 점령 땐 육로로 공격하겠다", *조선일보*, 2011. 6. 16; "92세 前 주석까지 나서 '두려워하면 주권 잃는다'", *조선일보*, 2011. 6. 17; "중국 航母 시험항해 사흘뒤… 美 베트남에도 항모 파견", *조선일보*, 2011. 8. 15; "남중국해에 우주선 같은 美 스텔스전함 떴다", *조선일보*, 2011. 9. 5; "동아시아 경제권 명줄 쥔 남중국海 분쟁… EU·러시아까지 발 담궈", *조선일보*, 2011. 11. 30.

로 입지가 곤란해진 후세인 이라크의 침공 대상이 되어 국가가 점령당했으며(1990), 그것이 걸프전쟁(1991)의 원인이 되기도 했다. 소련의 아프가니스탄 침공(1979~1989)에 대항하여 싸웠던 탈레반은 소련과의 전쟁 중에는 파키스탄을 통하여 미국의 간접적 지원을 받았으나, 미국이 9·11 테러공격을 당한 이후에는 미국의 타도 대상이 되기도 했다. 이와 같이 우호국으로서 협조 및 직간접적 지원 대상이었던 국가 간의 관계가 적대 혹은 갈등관계로 변화되어 우호국 간 안보외교가 적대국 혹은 갈등관계의 국가 간 안보외교로 변질되어 정착되거나 지속되는 결과가 기록되었다.

그러나 통상 우호국 간 관계는 호의적으로 진전되어 우호동맹을 매개로 동맹국 관계로 발전·정착되었음을 찾아볼 수 있다. 한국전쟁(1950~1953)을 통한 안보외교는 전쟁을 승패(勝敗)가 아닌 정전(停戰)으로 마감하여 둘의 승자(勝者)를 출현시켰고, 그들의 실체적 보존을 위해서 공산 측과 자유진영에는 서로 대립적인 동맹체제가 결성되었다. 소련의 적극적 지원과 중공의 동지적 후원을 업은 북한의 침공을 받은 한국의 국체보존 요구와 필요성은 북한의 것을 능가하였다. 유엔이라는 명목적인 국제기구보다 미국이라는 강대국이 한국의 안전을 보장하기를 원한 한국과, 현실화될지도 모르는 전쟁을 실제로 치르는 것보다 평시 개입을 명시적(明示的)으로 해놓음으로써 전쟁을 억제하는 것이 더욱 경제적이고 자국의 인명 피해를 피할 수 있는 방법이라는 판단을 내린 미국은 '한미상호방위조약'을 체결하였다(1954). 이와는 대조적으로 북한은 자국을 지원한 소련과 중공의 불화와 갈등 사이에서 자주 노선을 표방하면서, 소련에서 진행되고 있던 스탈린 격하 운동과 같은 운동의 북한 내 확산을 차단하기 위하여 내부의 김일성 독재 권력을 먼저 확립하였고, 그것이 거의 완료된 후에 소련 및 중국과 "우호협조 호상원조조약"을 체결하여(1961) 자국의 안전을 보장하려 했다. 약간의 시간 차이를 두고 체결된 양측의 동맹체제는 한반도에서 또 다른 전쟁을 억제했고, 무엇보다 자유민주주의 체제와 시장경제 체계를 택한 한국의 경제개발을 가능하게 하여 한국이 비약적인 경제발전을 이룩하도록 한 토대(土臺)가 되었다. 이와 같이, 우방국 간 안보외교는 동맹을 통한 동맹관계를 정착시켜 동맹외교라는 안보외교의 형식상 한 유형을 현재화(顯在化)시키기도 한다.

7. 동맹외교와 안보외교

가. 동맹국과 중립국

나. 동맹외교의 개념과 유형

다. 동맹외교의 실제

7. 동맹외교와 안보외교

가. 동맹국과 중립국

우방국들은 안보협력의 범위와 수준 면에서 밀착 정도가 긴밀해지면 동맹국 관계를 맺게 된다. 물론 우호협력관계가 무르익어 발전된 동맹관계도 반드시 항구적이라고 말할 수는 없으나, 일시적이거나 잠정적인 필요성에 근거하여 다분히 인위적인 몸짓으로 형성된 우호관계보다는 지속적(持續的)이다. 그러나 동맹의 지속성과 잠정성은 동맹관계의 협조 정도에 그대로 반영되는 것은 아니다. 삼국시대에 고구려의 위협에 대처하기 위하여 적대관계를 잠시 접어 두고 이루어진 백제와 신라 간의 동맹관계(433~553)는 120여 년이나 지속되었으나 양국이 그렇게 협조적이지는 않았다. 신라가 강성해짐에 따라서 동맹관계가 깨진 후 양국의 적대관계는 더욱 심화되었으며, 결국 백제는 신라와 당나라의 연합군에 의해서 왕조를 마감하는 운명을 감수해야만 했다. 이와 달리 1902년에 영국과 일본이 체결한 영일동맹으로 구축된 양국 간 동맹관계는, 한반도에서의 러시아 남진을 저지한다는 영국의 이해와 대륙 진출을 위해서 한반도를 장악해야 한다는 일본의 이해가 일치되어 한시적으로 현실화된 배열이었지만, 러시아와 일본 간의 러일전쟁(1904~1905)에서 일본의 승리를 확실하게 해 주어 일본이 한반도에서 배타독점적(排他獨占的)인 입지를 확보하는 데 결정적인 기여를 했다.

기간과 효력이라는 두 변수 면에서 동맹관계가 반드시 비례적인 성격을 띠진 않더라도, 우호관계가 성숙되어 결성된 지속적인 동맹관계는 효력 면에서도 효과적인 경우가 대부분이다. 미국과 영국 간의 관계가 이러한 동맹관계의 특성을 잘 보여 주고 있다. 어찌됐든지 간에, 동맹관계는 기간이나 효력 면에서의 다양성에도 불구하고, 우호·중립·적대관계와는 판이하게 다른 성격을 지니고 전개되어 왔다.

따라서 동맹관계를 결성(結成)하거나 유지해 온 동맹국(同盟國)은 적대국은 물론 우호국이나 중립국(中立國)과는 여러 가지 차원에서 다르다. 동맹국은 사사건건(事事件件) 대립하고 때로는 무력을 부분적·전면적으로 사용하여 군사 외적 목적을 달성하는 수단으로 운용하는 관계를 유지하는 적대국과는 판이하게 다르다. 그리고 동맹국 간 관계는 우호적인 관계를 유지하고 있는 우호국 내지는 우방국과도 다른 점이 있다. 우방국은 결정적인 사안에 대해서 자국의 입장을 우선 고려하여 소극적인 협조나 상징적인 협력 정도만 제공할 수 있는 가능성을 배제할 수 없다.

물론 2011년의 리비아 사태에서 NATO가 주도하는 군사작전(Op. Odyssey Dawn)에 대해 독일이 NATO 회원국임에도 불구하고 러시아나 중국처럼 작전 자체에는 반대하지 않았으나 미국·영국·프랑스만큼 적극적으로 참여하지 않았던 사례처럼, 집단 안보동맹국 간의 협력도 자국의 이해(利害)와 판단에 따라 정도 차이가 있을 수 있다. 동맹국과 중립국 간 협조 정도 차이는 이보다 더 현저하게 드러난다. 물론, 중립(中立)도 성격에 따라 개입이나 협조의 정도 차이가 있을 수 있다. 스위스나 오스트리아가 택한 중립태세는 제2차 세계대전 직전 상호 불가침 조약 체결로 당분간 중립을 유지했던 독일과 소련 그리고 소련과 일본 간의 중립적 태도와는 사뭇 다르며, 특히 2차 세계대전 초기 일본의 진주만 기습 이전의 미국이 영국과 독일을 상대로 취한 중립과도 다르다. 국가 간의 관계에서 호의적(好意的)인 중립과 적대적(敵對的)인 중립 그리고 보편적(普遍的)인 중립이 구축될 수 있기 때문이다. 2차 세계대전에 연합국의 일원으로 참전하기 전에 미국은 '무기대여법(the Lend-Lease Act, 1941)'을 제정하여 영국(후에 독일 침공을 당한 소련 포함)에 무기와 장비를 제공하면서 중립을 표방했다. 이런 경우, 미국의 중립은 영국에는 호의적인 중립이었으며, 당연히 독일에게는 적대적인 중립이 된 셈이다. 그러나 스위스의 중립은 한국전쟁의 휴전 감시임무 정도만을 떠맡는 정도의 중립적(中立的)인 중립으로 볼 수 있다. 따라서 자국의 판단에 따라 편의적(便宜的)이고 잠정적(暫定的)인 중립 태세를 택한 일시적인 중립국이 아닌 비교적 지속적인 중립을 표방한 중립국과 동맹국은 판이하게 다르다.

동맹국은, 중립국과는 달리 추구하는 가치 · 이념적인 동질성 · 현실적인 이해와 그것들을 추구하는 체제와 체계 면에서 공유할 수 있는 부분이 많다는 정책적 판단하에 상호 협력 및 협조관계를 맺고 있다. 동맹국 간의 이러한 관계는 평시에도 소통을 위한 통로를 유지하며, 위기시나 전시에 필요한 협조를 원활하고 신속하게 현실화하기 위하여 구체적인 계획을 수립해 놓고 있는 것이 통상이다. 평시 소통이나 위기 및 전시의 협조를 위한 동맹국 간 협력체제는 군사 및 군사 외적인 분야에서 수평적 · 수직적으로 구축되어 있다. 다시 말하면, 정책 분야에서 최고 정책결정자 · 정책입안자 · 실무책임자 간에도 협조체계가 구축되어 있고, 전략 수립 및 수행 분야에서도 수립 · 계획 · 집행 · 훈련 등 단계별로 구축되어 있으며, 이러한 협조체계는 경제 · 동원 · 지원 등 다른 분야로 파급되어 나름대로의 토의와 조정 및 협력을 위한 통로와 체제가 구비되어 있는 것이 통상이다. 동맹국 간에 구축된 이러한 협조체제는 중립국과의 관계에서는 찾아볼 수 없다. 이와 같이 동맹국은 상호 위상 면에서 중립국과는 다르며, 관계 면에서도 마찬가지이다.

나. 동맹외교의 개념과 유형

동맹외교는 최고(最高) 수준의 우호적(友好的) 외교이다. 동맹국 간의 평시 교섭은 군사 및 군사 외적인 분야까지 망라되는 경우가 많고, 협력의 수준도 다른 우호국이나 중립국과의 것보다 높은 경우가 대부분이다. 군사 분야에서는 평시(平時)에 위기(危機)나 전시(戰時)를 대비하여 합동군사훈련이나 분야별 연습을 실시하기도 한다. 위기가 발생할 경우에는 위기를 유리하게 진정시키기 위한 군사적·군사 외적 노력에 공동보조를 취하기도 한다. 전시에는 필요한 자원이나 병력 및 무기 등을 지원하거나 연합작전을 전역(戰域)별 혹은 전역 내에서 실시함으로써 동맹 측에 유리하게 전쟁을 마무리할 수 있도록 상호 지원을 한다. 이와 같이 동맹외교는 동맹국 간에 평시·위기시·전시에 전개되는 협의·협조·지원·참여 등을 망라한 최고 수준의 우방(友邦) 외교라고 정의할 수 있다.

먼저, 동맹외교는 동맹국 간에 구축된 동맹의 형태에 따라서 유형(類型)을 분류해 볼 수 있다. 통상 동맹의 형태는 양자 간 동맹, 다자 간 동맹, 집단 안보동맹 등의 배열로 정착된다. 양자 간 동맹은 안보협조를 원하는 양국 간에 우호협력 혹은 상호방위조약 등을 체결하여 발효시킨다. 한국전쟁 후에 체결된 한미상호방위조약(1954년 발효)이나 북한과 소련 및 중국과 체결된 우호협조 상호원조조약(1961) 등이 대표적이다. 다자 간 동맹은 대개 3~4개국 정도가 상호방위조약을 체결하는 경우에 해당된다. 예를 들면, 미국과 호주 및 뉴질랜드의 태평양 안보를 위한 조약(Pacific Security Pact: ANZUS, 1951년 체결, 1985년 실질적으로 해체)과 같은 배열이다. 그리고 지역 및 집단 안보기구를 통한 집단 안보동맹은 NATO(North Atlantic Treaty Organization, 1949, 최초 12개국, 현재는 확대되어 26개 회원국, 알바니아·크로아티아·마케도니아 등도 가입 희망)와 NATO에 대응하여 소련과 동구권 국가들이 형성한 바르샤바 조약기구(Warsaw Pact, 1955.

1989년 베를린 장벽 붕괴를 시작으로 1990~1991년 사이 동구권 붕괴로 자연 해체됨) 등을 들 수 있다. 양자 간 동맹에서는 국가수반 간 회동(the Summit Meeting), 정책 및 군사 지도자 회의(이를테면 한미 간 SCM, MCM), 그리고 실무자들 간의 회합 등의 협조체계를 갖추고 있다. 또한 다자 혹은 집단 안보동맹 조직은 정상회동을 비롯하여 정책·전략 수립 및 전술적 협조를 위한 위원회나 회합을 상설화하여 운영하고 있다. 이와 같이 동맹 결성 배열에 따라 다른 안보외교의 유형이 구체화된다.

다음으로, 동맹 배열을 기초로 하여 현장에서 현실화되는 안보협조의 구체적인 협조 양상에 따른 안보외교의 실질적 유형으로서 양자 혹은 다자 간 연합 군사훈련을 구분해 볼 수 있다. 양자 동맹으로 맺어진 동맹국 간에는 위기시나 전시에 필요한 협동 및 연합작전을 위해서 평시 합동 및 연합 훈련을 실시하며, 어느 한 동맹국의 현재적·잠재적 위협을 억제하기 위하여 무력시위 차원에서 기동훈련을 실시하기도 하며, 한반도에서와 같이 북한의 국지적 도발이 발생할 경우에 재발을 방지하면서 위협적인 응징(膺懲)태세를 과시하기 위하여 한미 혹은 지역 연합작전 훈련을 실시하기도 한다. 그리고 전쟁이 발발할 경우에는 이에 공동 대처하고, 가능하면 승리로 전쟁을 마무리하여 유리한 전후 질서를 구축하려 한다. 다자 간 동맹에서도 양자 동맹국 간에서 시행되는 훈련과 연습 및 작전 훈련 등을 실시하고, 동맹국 간의 보다 원활한 작전 수행을 위한 노력을 더욱 기울이며, 평시에 작전의 효율성 등을 점검·보완하는 노력을 소홀히 하지 않는다. 집단 안보동맹국 간의 안보협조나 외교도 양자 동맹국 간에 실시되는 형태의 훈련 및 연습과, 전시 작전 수행을 위한 작전 협조 및 효율성(interoperability)을 극대화시키기 위한 노력을 더욱 강화한다. 테러리즘과 그것을 지원하는 불량국가들의 행위 차단 및 핵 확산 방지를 위한 연합훈련은 동맹국은 물론 이러한 노력에 동참하는 국가들이 실시한다. 특히, 북한이 한국의 천안함을 폭침시킨 사건(2010. 3. 27)에 대한 대북한 군사 조치의 하나로 한국은 미국, 일본, 호주, 프랑스, 캐나다 등 15개국 등과 더불어 부산 앞바다에서 대량살상무기 확산방지구상(PSI: Proliferation Security Initiative) 훈련(Op. Eastern Endeavor 10)을 실시(2010. 10. 13~15)하기도 했다.[1] 이와 같이, 양자・다자・집단 안보동맹국들은 동맹국들 간 상호 협조나 연합작전 수행능력 향상을 도모하기 위하여 평시에도 다양한 형태의 군사훈련, 기동연습, 작전 수행 훈련 등을 실시하고, 테러리즘이나 핵확산 방지를 위해서는 동맹국의 범위를 초월하여 계기(契機)가 주어질 경우에는 공동 훈련을 실시하기도 한다.

양자・다자・집단 안보동맹을 형성한 동맹국들 간에 펼쳐지는 동맹외교는 우호적인 안보외교의 정수(精髓)로서, 평시・위기시・전시의 우발 및 사전 모의(謀議)된 사태에 대비하기 위하여 동맹의 형태 및 그것을 초월한 수준에서 군사훈련, 연습, 작전 수행 등의 유형으로 구체화되면서 전개된다. 그리하여 평시의 동맹관계를 다지고, 위기를 안정시키며, 전쟁을 승리로 마감하여 동맹국들에게 유리한 새로운 전후 질서를 구축하는 노력을 기울인다. 특히, 동맹국들은 그들이 지향하는 가치・목표와 추구하는 이익 면에서 군사 외적인 분야에서도 공통적인 요소들을 극대화하여 이를 공동으로 달성・취득하려는 노력을 기울여 나가면서 때때로 등장하는 갈등 요소들을 해소하여 공동선(共同善)을 구현(具現)하는 안보외교를 구사(驅使)한다.

다. 동맹외교의 실제

동맹외교의 실제(實際)는 한국전쟁 후 한국(韓國)과 미국(美國) 그리고 북한(北韓)과 중국(中國) 사이에서 현저하게 구체화되어 오늘에 이르고 있다. 한국의 이승만 정부는 전후에 현실화될지도 모를 북한의 또 다른 무력침공을 억제할 방책으로 미국과의 동맹을 원했다. 참전 유엔 회원국 16개국의

1) "15개국 참가 PSI 훈련 13일 부산 앞바다서 실시", *조선일보*, 2010. 10. 7.

강력한 제재 선언으로 이러한 사태에 대처하려 했던 미국은 휴전을 반대하면서 '자살 전략(suicidal strategy)'을 협상 수단으로 활용하는 한국 정부와 국민의 의지를 외면할 수 없었다. 그 결과 한국과 미국은 상호방위조약을 체결하였고, 양국 국회(미국은 상원)는 이를 인준하여 조약을 발효시켰다(1954). 북한도 김일성 독재 권력체계를 확립부터 하고 난 후 1961년에 소련 및 중국과 "우호협조 호상원조조약"을 맺어 한반도에는 두 동맹체제가 성립되었으나, 동구권이 무너지고(1989) 소련이 러시아로 변함에 따라(1991) 북한과 러시아는 과거 조약을 폐기하고 군사개입 조항을 삭제한 새로운 "우호선린 협조조약"(2000. 2. 9)을 체결했다. 이러한 과정을 거쳐 현재 한반도에는 북한과 중국의 '즉각적인 군사개입' 조항을 담고 있는 동맹체제와 한국과 미국 간 '자국의 헌법 절차에 따른 군사개입'을 규정한 한미 동맹체제가 구축(構築)되어 있다. 이에 근거한 동맹외교의 행적(行績)이 남겨져 있고, 남기고 있으며, 남겨질 것이라는 판단을 가능하게 하는 현실(現實)이 존재한다.

1) 한국의 안보외교

한국과 미국의 외교관계는 상당히 오랜 역사를 지니고 있다. 서세동점(西勢東漸)의 시대적 흐름 앞에 한반도의 조선(朝鮮, 1392~1910)은 쇄국(鎖國)과 동도서기(東道西器) 개념에 입각한 제한적 개방(開放) 사이에서 우왕좌왕(右往左往)하다가 개국(開國)이라는 과정을 밟지 않을 수 없게 되었다. 조선의 개국은 조선에 대한 기존의 종주권(宗主權)을 유지하려던 중국의 청(淸, 1644~1912)과 한반도를 대륙 진출의 발판으로 삼기 위하여 조선에 대한 배타독점적(排他獨占的)인 영향력을 행사하려는 일본(日本)의 역학관계에서 빚어진 산물(產物)이기도 하다. 청국(淸國), 특히 청국의 정일창(丁日昌)과 이홍장(李鴻章, 1824~1901)은 명치유신(明治維新)의 부국강병(富國强兵)을 통하여 강해진 일본의 한반도 진출 야욕(野慾)과 러시아의 남진(南進) 시도(試圖)를 간파하고 두 나라의 정치적 의도(意圖)를 활용하면서 그들을 동시에 견제(牽制)할 수 있는 방편(方便)으로 조선의 외교관계를 다변화(多邊化)하려 했다. 이러한 청국의 의도(意圖)는 종주권 유지와는 모순되는 것처럼 보였으나, 종주권 유지를 위해서 고안(考案)된 청국의 대한(對韓) 정책이었다. 그리하여 조선의 외교관계를 다변화할 대상국과 조선 사이의 교섭을 주선하면서 그 국가들에게 조선이 청국의 속방(屬邦)이라는 점을 인정받아 그것을 조약 등의 관계 문서에 명기하여 청국의 대조선 입지(立地)를 명확하게 밝힘으로써 일본과 러시아를 동시에 견제하려 했다. 조선도 주일 청국공사관의 참찬관(參贊官) 황준헌(黃遵憲)이 저술한 『조선책략(朝鮮策略)』에서 제시한 '親中國, 結日本, 聯美國' 개념에 입각하여 러시아의 남진을 견제해야 한다는 견해를 받아들여 미국과 수교를 하기로 결정했다.[2] 조선(朝鮮)과 미국(美國)은 1882년 5월 22일에 제물포(濟物浦)에서 '조미수호통상조약(朝美修好通商條約: Treaty of Peace, Amity, Commerce and Navigation between Korea and the United States of America)'을 조인했으며, 이로써 미국은 조선과 조약을 체결한 최초의 서방 국가가 되었다.[3] 실로, 조선(朝鮮)과 미국(美國)의 수교(修交)는 역사적 사건이었다.

전문(前文)과 14개 조(條)로 구성된 조미수호통상조약(朝美修好通商條約)은 몇 가지 측면에서 중대한 의미를 지니고 있었다. 첫째, 청국이 삽입하기를 원하던 '조선은 청의 속방(屬邦)'이라는 문구는 미국의 거부로 서문이나

2) 김용구, *세계외교사*(서울대학교 출판부, 2008), pp. 458-71; 남정옥, *韓美軍事外交史, 1871-2002*(국방부 군사편찬연구소, 2003), pp. 47-63. 이 과정에서 조선의 고종(高宗)은 일본의 침략 가능성을 확인하기 위하여 예조참의 김홍집(金弘集)을 일본에 파견하여 일본의 조야 인사와 황준헌(黃遵憲) 등 일본주재 중국 인사들과 접촉시켰다. 김홍집은 러시아의 남하에 대비하여 일본과 긴밀한 관계를 맺고 미국과 수교하는 것이 바람직하다는 결론을 내리고 이를 고종에게 보고했다. *韓美軍事外交史*, pp. 54-5 참조.

3) 위의 책, p. 471; 1882년 5월 22일에 조인된 한미조약은 같은 해 7월 29일에 미 하원의 동의를 얻었다. 1883년 1월 19일에 미 상원의 인준을 받았고 2월 13일에는 아더(Chester A. Arthur, 재임 1881~1885) 대통령이 서명했다. 그리고 1884년 5월 19일에 양국 간 비준서를 교환한 후, 6월 4일에 이를 공포했다. 남정옥, *韓美軍事外交史*, p. 62.

조항에 포함되지 않았기 때문에, 청의 종주권은 최소한 한미조약상으로는 아무 의미가 없었다. 두 번째로, 조약 조항 중 가장 중요한 내용을 담고 있는 3조에서 규정한 난파 선원 보호 및 난파선 수선 문제를 들 수 있다. 미국의 상선이 조선 해역(海域)이나 내해(內海)에서 조난을 당했을 경우에 조선이 선원 보호와 선박 수리에 적극적으로 협조하도록 한 것이었다. 제너럴 셔먼(General Sherman)호 사건(1866)과 같은 일이 다시는 반복되지 않기를 바라는 미국의 강력한 정책적 의지가 반영된 셈이다. 세 번째, 조선은 정치・군사 면에서 미국에 의존하려는 경향을 나타냈다. 미국으로부터 군사교관을 초빙하고 오늘의 사관학교 격인 연무공원(鍊武公院)을 설치하여 자주적인 자위력을 구비하려 했다. 그러나 미국은 고종(高宗)의 기대만큼 적극적이지는 않았다.[4] 네 번째, 일본의 입장에서 한미조약은 최소한 청국의 대조선(對朝鮮) 종주권을 인정하지 않는다는 측면에서 바람직한 조약이었다. 결국 미국은 조난 선박의 안전 보장, 일본은 청국의 대조선 종주권이 인정받지 않아 조선이 독립국임이 명백하게 된 점, 청국은 조선의 대외관계를 다변화하여 러시아나 일본의 배타적인 영향력 행사를 거부했다는 위안(慰安) 등 조미수호통상조약은 각국의 계산(計算)에 부합되는 결과였다.

그러나 조선에 대한 청의 종주권(宗主權) 유지와 러시아나 일본의 배타독점적(排他獨占的) 영향력 행사 여부 그리고 조선의 독립적 주권(主權) 보유 여부는, 조선 외교관계의 다변화나 한미조약과 같이 여러 나라와 맺은 조약 문항으로 결말(結末)이 날 성질의 것들은 아니었다. 기존(既存)의 대조선 종주권을 유지하려던 청국과 이를 단절시키려는 일본 사이에 청일전쟁(1894~1895)이 일어났고, 세계 어느 곳에서든 러시아의 남진(南進)을 제지해 왔던 영국은 일본과 동맹(영일동맹, 1902)관계를 맺어 러시아의 남하(南下)를 저지하는 역할을 일본에게 맡겼다. 영국의 역할까지 떠맡은 일본은 러시아와

4) 남정옥, *韓美軍事外交史*, p. 63.

의 전쟁(러일전쟁, 1904~1905)을 불사하여 조선에서 러시아의 영향력을 제거해 버렸다. 주변 세력들이 한반도의 소유를 위해서 각축전(角逐戰)을 벌이고 있을 동안 그곳에서 왕조를 유지해 온 조선(朝鮮) 조정(朝廷)은 친청파·친일파·친러파 등으로 갈라져, 주위 열강들 사이의 각축전 승자(勝者)에게 자국의 운명을 맡겨야 하는 상황전개를 그저 바라만 보고 있었다.[5)] 종주권(宗主權)이나 영향력(影響力) 그리고 주권(主權)의 유지·행사·보유는 다변화된 외교관계로 갖추어진 조약(條約)의 조항(條項)이 보장해 주는 요소는 아니었다. 강권정치(强權政治)적 속성을 지닌 국제정치(國際政治)의 현실은 조약 문항만으로 좌지우지(左之右之)될 수 없는 성격을 지니고 있기 때문이다.

두 전쟁(청일, 러일전쟁)에서 승리를 거둔 일본은 승자의 몫(lion's share)으로 한반도를 차지했고, 조선(朝鮮)은 왕조(王朝)를 마감해야만 했다(1910). 편의적으로 러시아의 남하를 저지하기 위하여 일본과 동맹을 맺었던 영국은 물론, 미국 역시 중국에서의 기회균등(Open Door)과 필리핀에서의 미국의 위치 보장(Hands-off)을 조건으로, 일본의 위치를 인정하기에 이르렀다(The Taft-Katsura Memorandum, 1905). 을사보호조약(乙巳保護條約, 1905) 체결로 대한제국(大韓帝國, 조선 말기에 바뀐 국호, 1897. 8. 16)의 외교권이 박탈되자, 고종은 1907년 6월 네덜란드 만국평화회의에 밀사(李相卨, 李儁, 李瑋鍾)를 파견하여 을사보호조약의 부당함을 알리려 했으나, 한국은 일본의 보호국으로서 외교권을 상실했기 때문에 회의에 참석할 자격이 없다는 이유로 거부되었다.[6)] 이로써, 한반도(韓半島)는 일본의 식민지(植民地)가 되었고, 한국민(韓國民)은 일본의 식민(植民)이 되었다(1910).

한일합병(韓日合併, 1910) 이후 한국과 미국 간의 공식적인 외교관계는 단절되었고, 비공식적인 민간 활동이 주류를 이루었다. 미국 선교사들의 포

5) 온창일, *韓民族戰爭史*(서울: 集文堂, 2001) pp. 425-48.
6) 이기백, *한국사신론*(일조각, 2001), p. 333.

교 및 선교활동이나 금연(禁煙), 금주(禁酒), 그리고 4H(Head-知, Heart-德, Hand-勞, Health-體) 클럽 활동 등 민간 교양 및 교화(敎化) 활동 등 비교적 일본 식민 통치기구와 마찰이 없는 활동이 한국과 미국 민간 차원에서 진행되었다. 해외에서는 만주와 중국 및 러시아 대륙 등 아시아 지역에서 일본군 숙영지나 기관에 대한 공격이나 일본 요인들의 암살 등의 활동과 현지 군관학교에 입학하여 작전 수행능력을 배양하는 개별적인 노력이 있었고, 미국에서는 임시정부 운영과 독립운동에 필요한 재원을 모금하거나 자위력을 갖추어야 한다는 신념으로 사설 군관학교 등을 설립하여 운영하기도 했다.[7] 특히, 제1차 세계대전 후에 윌슨(Thomas Woodrow Wilson, 1856~1924, 재위 1913~1921) 미국 대통령이 민족자결주의(民族自決主義)를 주창하자, 일제 식민치하에 있던 한국민들은 고종 장례일(1919. 3. 3)을 이틀 앞둔 1919년 3월 1일에 독립운동을 전개했다. 일본은 이를 무자비하게 탄압했으나, 중국 상해(上海)에는 대한민국임시정부(大韓民國臨時政府)가 수립되었다(1919. 4). 상해 임시정부는 만주와 연해주 지방의 독립군을 재편성하고 독립전쟁을 준비하는 한편, 1919년 5월에 파리강화회의에 대표단(金奎植 전권대사)을 파견하는 등 외교활동을 전개하였으나, 커다란 국제적 호응을 확보하지는 못했다.[8] 이승만(李承晩)을 주축으로 한 임시정부 요원들이 미국에서 독립 자금을 모금하는 노력과 더불어 미국 정부 및 의회 요인들과의 접촉을 통해 한국 독립의 당위성(當爲性)과 필요성(必要性)을 설파(說破)해 나갔으나, 미국의 대한민국임시정부 인정과 같은 가시적인 성과를 거두지는 못했다.

한국과 미국의 관계에서 획기적인 변화는 일본이 미국의 적대국이 되면서 일어났다. 한국을 병합한 일본은 거기에서 만족할 수가 없었고, 이른바 대동아공영권(大東亞共榮圈)이라는 일본식 몬로주의(Monroe Doctrine, 1823)를

---

7) 남정옥, *韓美軍事關係史*, pp. 105-59.
8) 이기백, *한국사신론*, pp. 359-66.

표방한 팽창적 제국주의 정책을 거침없이 실행에 옮겨 나갔다. 일본은 1931년에 만주사변(滿洲事變)을 일으켜 만주국을 세웠다(1932). 미국은 이를 인정하지 않는다는 정책(non-recognition policy)을 천명했고 국제연맹도 이를 지지했으나, 일본은 국제연맹을 탈퇴하였으며(1933), 중국과 전쟁(1937)에 돌입했다.[9] 미국은 결국 중일전쟁과 일본의 제국주의적 팽창정책을 중지시키기 위하여 영국, 중국, 네덜란드와 더불어 일본에 대한 경제 봉쇄를 단행했다(ABCD Line: American-British-Chinese-Dutch Line, 1940). 미국이 주도한 전쟁물자 금수조치로 곤경에 빠진 일본은 중일전쟁과 팽창정책을 중지하든가 아니면 남방 자원지대를 확보하여 전쟁을 지속하든가를 결정해야만 했다. 일본은 즉시 가용한 국지적 전력우세(戰力優勢)를 확보하고 있다는 판단 아래 방어 가능한 절대방위권(버마−말레이−스마트라−자바−북부 뉴기니−비스마르크 제도−길버트 군도−마샬 군도−웨이크 섬−쿠릴 열도를 잇는 지역)을 신속하게 점령하고 여기에 침투하려는 미군 및 연합군에게 적극적인 소모전(消耗戰)을 강요함으로써, 유리한 입장에서 협상을 진행시켜 대동아공영권을 장악하겠다는 목표를 세웠다. 이를 위해서 일본은 최소한 6개월 이상 미 태평양 함대를 무력화시켜야 된다는 판단을 내리고 하와이 진주만(眞珠灣)을 기습공격하면서 필요한 지역에 대한 동시공격(遠心攻擊: centrifugal offensive)을 실시하기로 결정했다.[10] 일본의 이러한 판단과 계획하에 실시된 진주만 기습공격은 일본을 미국의 적대국으로 만들었고, 한반도의 위상을 일본에게 주어졌던 '강자의 몫(lion's share)'에서 일본이 '훔쳐간 땅(stolen property)'으로 바꾸어 놓았다. 일본의 미 태평양 함대 공격은 이와 같이 한국과 미국과의 관계에서도 역사적인 사건이 아닐 수 없었다.

일본에게 주어진 땅에서 주인을 찾아 주어야 할 땅이 된 한반도는 2차 세

---

9) Thomas A. Bailey, *A Diplomatic History of the American People*(Englewood Cliffs, NJ: Prentice-Hall, Inc., 1980), pp. 698-9.

10) 육군사관학교 전사학과, *세계전쟁사*(서울: 황금알, 2005), pp. 395-401.

계대전에서 추축국(樞軸國)과 싸우던 연합국(聯合國) 수뇌(首腦)회담의 한 논의 주제가 되었다. 미국의 루스벨트(Franklin D. Roosevelt, 1882~1945) 대통령, 영국의 처칠(Winston S. Churchill, 1874~1965) 수상, 중국의 장개석(蔣介石, 1887~1975) 총통은 카이로 회담(1943. 11. 22~26)에서 '적절한 절차를 거쳐(in due course)' 한국의 자유와 독립이 보장되어야 한다는 점을 밝혔다.[11] 여기에 적절한 절차는 명기되지 않았으나, 연합국들에 의한 신탁통치(信託統治: trusteeship) 방안을 내포하고 있었다. 한국민이 주권을 지킬 자립(自立), 자치(自治), 자위(自衛) 능력을 갖추지 못했던 점이 한국의 독립을 지키지 못했던 주원인이라는 미국 정부의 인식이 자리 잡고 있었기 때문이었다. 카이로 회담에서의 합의는 테헤란 회담(1943. 11. 30)에서 소련의 스탈린(Joseph V. Stalin, 1879~1953) 수상도 동의함으로써 연합국들 간에 한반도 처리 문제에 대한 대략적인 합의가 이루어진 셈이다.[12] 이후 얄타 회담(1945. 2. 8)에서는 한국에 대한 미국·영국·소련·중국 4국의 신탁통치(信託統治)가 결정되었고, 그것이 한국 문제를 처리하는 기본으로 되었다.[13] 독일이 패망(1945. 8. 9)하고 난 후에 개최된 포츠담 회담(1945. 7)에서는 소련이 2~3개월 이내에 대일전(對日戰)에 참전하기로 약속하였으나, 미국과 소련 사이에는 동유럽과 오스트리아에서의 소련 행위에 대한 미국의 불쾌감으로 상호 신뢰가 무너진 조짐이 드러나 있었다.[14] 이와 같이,

---

11) US Department of State, *A Historical Summary of United States-Korean Relations, 1834-1962*(Washington, D.C.: Government Printing Office, 1962), p. 10; 온창일, *韓民族戰爭史*, pp. 456-7.

12) Memo of Luncheon Conversation among President Roosevelt, Prime Minister Churchill, and Premier Stalin, November 30, 1943, Truman Papers, Truman Library, Independence, Missouri U.S.A.; 온창일, *韓民族戰爭史*, p. 457.

13) Bohlen Minutes, February 8, 1945, *FRUS, 1945, The Conference at Malta and Yalta*, p. 770; 온창일, *韓民族戰爭史*, p. 457.

14) Minutes of the Tripartite Military Meeting Held in Cecilienhof Palace, Badelsberg, Germany, July 24, 1945, Truman Papers, Truman Library, U.S.A.; 온창일, *韓民族戰爭史*, p. 458.

한국 문제는 2차 세계대전 중 연합국 수뇌회담에서 다루어진 의제(議題)가 되었다.

그러나 한반도의 지전략적(地戰略的) 가치에 대한 미국과 소련의 인식이 상이(相異)함에 따라 양국의 정책과 전략은 달랐고, 그 결과 역시 다르게 나타났다.

미국이 태평양전쟁을 조속한 시일 내에 종결시키면서 과거 진주만 기습에 대한 감정적 보복과 미·소 간 군사작전 경계선 획정 및 소련의 일본 내 군정참여 거부 등 여러 가지 복합적인 정치·군사적 이유로 일본에 원자탄을 투하함에 따라(히로시마, 1945. 8. 6; 나가사키, 1945. 8. 9) 소련은 서둘러서 대일 선전포고를 하고 병력을 한반도에 진주시키기 시작했다(1945. 8. 9). 유럽에서 독일이 항복한 지(VE Day: Victory in Europe) 3개월째 되는 날이었다. 소련군의 남진이 빠르게 진행되자, 준비가 덜 된 미국은 소련군의 진격을 저지할 목적으로 북위 38도선을 작전 한계선으로 지정했고 소련의 묵시적인 승인을 받았다. 한반도는 분할되었고, 소련군은 일본 본토에 진입할 수가 없게 되었다. 일본이 항복함에 따라 소련은 38선 이북 북한 지역, 미군은 남한 지역에서 군정을 실시했다. 그리고 미국은 한반도에서 남북 간 경제문제 타결 및 신탁통치 여건 조성을 위해서 북한 내 소련 군정 당국과 접촉을 시도했으나, 소련 군정은 아무런 대응 없이 북한 지역의 소련화에 전념했다. 이에 미국, 영국, 소련 등의 외무장관들이 모인 회합(모스크바 3상 회의, 1945. 12. 17~27)에서 한반도 문제에 대한 합의를 도출했다. 한반도 문제를 협의하기 위하여 미·소 공동위원회(the Joint American-Soviet Commission)를 구성하자는 내용이었다. 소련은 미국, 영국, 중국 등과 3:1의 열세를 감수한 신탁통치 안을 받아들이는 대신 미국과 소련이 직접 모든 문제를 협의하는 방식을 택하여 사실상 신탁통치 안을 거부할 심산(心算)이었다. 그러나 한반도에 공산정권이 들어서야 된다는 소련의 입장은 표현의 자유를 주장하는 미국의 것보다 강도가 훨씬 강하여 한반도의 장래에 대한 합의 자체가 아예 불가능했다.

미국은 한반도 통일정부 수립을 위한 소련 간의 협의 자체가 불가능해지자, 이 문제를 유엔에 넘겼다. 유엔은 직접·비밀·보통 선거를 통하여 한국 정부를 수립하는 결의안을 통과시켰으나, 소련은 이를 거부했다. 결국, 선거 가능한 지역에서만 선거를 치러 대한민국이 탄생(1945. 8. 15)되었고, 유엔은 이를 합법적인 정부로 승인했다. 소련도 북한에 그들이 지지하는 정부를 수립(1945. 9. 9)함으로써 한반도의 편의적 분단은 정치적으로 고정되기에 이르렀다. 게다가 소련은 북한을 한반도의 공산화를 위해서 확보·강화되어야 할 기지로 간주하고 필요시에 사용할 북한군의 전력을 강화시켰다. 그러나 미국은 한국군의 강화보다는 공산세력이 준동(蠢動)할 여지를 제거하기 위하여 한국의 경제발전을 돕는 방식으로 한국 문제를 해결하려 했다. 그리하여 해방 후 5년이 지난 후에는 북한군은 한국을 공격할 수 있는 수준으로 강화되었고, 한국군은 공격을 막아낼 수 없는 처지에 몰리게 되었으며, 공산 측은 전쟁의 승리를 통하여 한반도를 공산화시킬 수 있다는 판단을 내릴 수 있게 되었다.[15)]

해방(1945. 8. 15) 직후 거의 모든 분야에서 별다른 차이가 없었던 남한과 북한의 군사적 위상은 두 지역의 후견국(後見國)인 미국과 소련의 대한(對韓) 정책 및 전략 개념과 실제의 차이로, 북한은 남한을 공격할 수 있게 되었고 남한은 이를 막을 수 없는 처지에 놓이게 된 것이다.

그러나 한반도에 친소련 정부를 수립해야겠다는 소련의 정치·이념적 의지와 한반도 전체가 소련의 영향권하에 놓이는 것만은 막아야 된다는 미국의 정책의지는 강도 면에서 우열(優劣)을 가릴 수가 없었다. 한반도의 공산화를 위해서 김일성을 앞세워 북한군을 중무장시키고 무력 남침을 허용(종용한 것과 마찬가지임)한 소련의 스탈린은 미군 개입 시 중공의 지원까지

15) 온창일, *韓民族戰爭史*, pp. 460-94.

주선하는 배려를 함으로써 북한의 무력 남침을 현재화(顯在化)시켰다.

북한군이 몰고 내려오던 전차(T-34)와 야포 등이 북한이 생산한 것이 아니고 소련이 제공해 준 것이라는 사실을 알고 있던 미국은 소련의 잠식(蠶食) 공격의 위험성을 알고 있었다. 특히 과거에 히틀러, 무솔리니, 군국주의 일본 등이 야금야금 현상을 변경시켜 나갔던 행위를 방치한 결과 이들의 야욕(野慾)을 더욱 부추겨 제2차 세계대전을 치러야 했다는 역사 인식을 가지고 있던 미국의 트루먼(Harry S. Truman, 1884~1972) 대통령은 소련이 한반도에서 벌이는 무력사용에 의한 현상변경 행위를 방치해서는 안 된다고 판단했다. 미국은 유엔을 통해서 본격적으로 개입하여 초기의 고전(苦戰)을 극복하고 낙동강 전선을 유지했고, 맥아더 장군의 인천상륙작전의 눈부신 성공과 그 이후의 북진작전으로 북한의 존재 자체를 위협했다.

그러나 소련의 스탈린은 중공을 자극하여 '중국인민지원군(中國人民志願軍)'이라는 이름으로 중공군을 개입시킴으로써 전쟁 전의 상태를 회복하고 전선을 안정시켰다. 양측이 1년간 죽도록 싸운 결과 약간 변형된 전쟁 전의 상태를 확보한 꼴이 되었다. 이에 양측은 군사적 패배를 감수하거나 군사적 승리를 쟁취하기 어렵다는 점을 깨닫게 되었고, 전쟁을 군사적 승패가 아닌 정치적 타협으로 마무리하기로 작정했다.

결국 북한군의 무력 남침으로 비롯된 한국전쟁(1950~1953)은 승패(勝敗)가 아닌 휴전(休戰)으로 마무리되었다. 전투장(戰鬪場)에서의 결판(決判)이 아닌 회담장(會談場)에서의 담판(談判)으로 종전(終戰)이 아닌 정전(停戰)으로 마무리되었던 것이다.[16] 양측 모두 승리를 자축했기 때문에, 한국전쟁은 둘의 승자(勝者)를 출현시킨 셈이다.

북한의 무력침공을 받은 한국은 전쟁이 종전이 아닌 휴전으로 마무리됨에 따라 또 다시 재현될 수도 있는 공산 측의 군사적 모험을 어떻게 억제할 것

16) 온창일, *韓民族戰爭史*, pp. 494-1025.

인가를 생각하지 않을 수 없었다. 미국은 한반도에서 또 다시 재현될 수도 있는 공산 측 모험을 억제하기 위하여, 유엔 참전 16개국 이름으로 공산 측이 또 다른 무력도발을 할 경우에 전장(戰場)도 한반도에 국한하지 않고 대응수단 역시 제한을 두지 않겠다는 내용의 '대 제재 선언(the greater sanctions proclamation)'을 발표할 계획을 세우고 있었다. 그러나 한국의 이승만(李承晩) 대통령은 미국의 확실한 보장책을 염두계산(念頭計算)하고, 미국이 원하는 휴전에 반대함으로써 그것을 협상수단으로 활용하여 목적을 달성하려 했다. 결국 한국과 미국은 상호방위조약을 체결하였고, 그 후부터 한미동맹관계가 구축되었으며(1954), 그에 근거한 동맹외교가 전개되었다. 북한을 앞세운 공산 측이 미국의 지원을 받은 유엔의 권위로 수립된 대한민국을 무력침공했다는 사실 자체가 유엔의 보장만으로는 장차 재현될 수도 있는 또 다른 공산 침략을 억제하기엔 미흡하다는 이승만 대통령의 고집이 한미동맹관계를 현실화(現實化)시킨 셈이다.[17]

남한이 북침(北侵)할 가능성은 거의 없다고 본 북한의 김일성은 한미상호방위조약 조문(條文)에서도 그 사실을 명확하게 적시(摘示)하자, 소련이나 중국과의 동맹관계 구축보다는 내부 독재 권력 확립에 심혈(心血)을 기울였다. 김일성은 박헌영(朴憲永)을 비롯한 남로당 요원들을 한국전쟁 말기부터 숙청하기 시작했고, 연안파와 소련파 등도 주요 요직에서 제외시켰다. 그러다 1956년에 소련의 정권을 장악한 흐루시초프가 벌인 스탈린 격하 운동과 더불어 연안파와 소련파 등이 김일성의 독주를 견제하려 하자, 그들도 숙청했다. 다만 중국의 요청에 따라 중국 송환을 요청한 김무정(金武亭) 등은 중국으로 송환했고 나머지는 정치범 수용소를 만들어 구금하였으며, 소련이나 중국의 간섭을 배제할 목적으로 자주(自主)・자립(自立)・자위(自衛)를 표방한 이른바 주체사상(主體思想)을 천명하여 통치이념으로 삼았다. 내부 숙청

17) 온창일, *韓民族戰爭史*, pp. 1011-9, "반공포로석방과 이승만 대통령의 동맹 외교" 참조

을 통한 독재 권력 체계의 수립을 완료한 김일성은 1961년에 소련 및 중국과 "우호협조 호상원조조약"을 체결하여 동맹관계를 구축했다.

이로써 조선 말기에서 대한제국(大韓帝國, 1897), 일제 식민 통치(1910~1945)와 일제(日帝)하에서의 대한민국임시정부(1919~1945)를 거쳐 미・소 군정(1945~1948), 남북한 정부 수립(1948) 및 한국전쟁(1950~1953)을 치르고 이를 마감하는 긴 기간 동안에 펼쳐진 한국의 안보외교는 한미(韓美) 동맹(1954~)과 조중(朝中) 동맹(1961~)으로 분화(分化)되어 오늘에 이르고 있다. 이 두 동맹체제는 북한의 대남 무력도발, 핵 및 미사일 개발 등의 모든 행위가 있을 때마다 어떤 방식으로든지 개별적(個別的) 혹은 상관적(相關的)으로 작동되어 전개된 상황에 대응해 오고 있다. 이러한 현상은 지금이나 앞으로도 상당 기간 지속될 것으로 보이며, 이 요인이 한미・조중 간 동맹체제의 개별적 성격과 특성 그리고 두 동맹체제의 상호 유기체적(有機體的) 상호작용(相互作用)이 어떻게 전개될 것인가를 분석하도록 요구하고 있다.

2) 한미동맹과 조중동맹의 기원(起源)과 실제(實際)

한국과 미국은 '한미상호방위조약'에 근거한 동맹관계를 맺고 있고, 북한과 중국은 '조중우호협조 호상원조조약'에 바탕을 둔 동맹관계를 맺고 있다. 실제로 미국과 중국은 한국전쟁 개전 당시 한국이나 북한과 안보 면에서 동맹관계를 맺고 있지 않았다. 미국은 유엔을 통한 한국의 경제개발을 통하여 공산주의자들의 활동여지를 제거하려 했고, 중국은 당시 공산정권(1949. 10. 1)을 수립하고 국가 건설도 제대로 착수할 수 없는 처지에 있었다. 그러나 전쟁 후 미국은 새로운 전쟁을 치루는 것보다 사전에 억제하는 것이 더욱 경제적이고 바람직하다는 자체 판단을 내려 한국과 동맹관계를 구축했다. 중국은 '항미원조 보가위국(抗美援朝 保家衛國)'이라는 기치 아래 중공군을 파병하여 북한을 존치(存置)시키고 국가 건설에 필요한 소련의 원조를 확보하기 위해 소련의 참전요구를 받아들였고 1961년에 소련과 더불어 북한과 동맹관계를 맺었다. 이때 중국은 '이이제이(以夷制夷)'의 개념을 내세워 북한 편을 들어 줌으로써 미국과 동맹관계를 맺고 있는 한국과 대치(對置)했고, 자국에게 필요한 북한이라는 정치적·이념적·현실적 완충지대(緩衝地帶)를 확보하여 '순망치한(脣亡齒寒)'에 입각한 중국의 전통적 주변 정책과 전략을 보장하려 했다. 이렇게 시작된 한미동맹과 조중동맹은 공산권의 붕괴 이후에도 동북아 지역의 특성을 머금고 새롭게 정착되어 현재에도 그 효력을 유지하고 있으며, 앞으로도 한반도 내에서 자생적(自生的) 돌변사태(突變事態)가 발생되지 않는 한 비교적 항상적(恒常的)인 지속성(持續性)을 가질 것으로 보인다.

한미동맹(韓美同盟)과 조중동맹(朝中同盟) 체제(體制)의 지속성(持續性)은 거기에 연관된 개별 국가들의 입장에서 점쳐 볼 수 있다.

먼저, 북한의 조중동맹에 대한 집착(執着)은 대단하다. 선군정치(先軍政治: 戒嚴統治의 다른 표현)라는 기치 아래 37년간 철권통치(鐵拳統治)를 이어온 북한의 국방위원장 김정일(金正日)은 그가 사망(2011. 12. 17)하기 전(2011. 7. 9)에 김일성(金日成)과 주은래(周恩來) 중국 총리가 1961년 7월 11일에 서명한 조중 우호협력조약 50주년을 축하하기 위하여 "성대한 잔치를 열자"는 제안을 할 정도였다.[18] 그도 그럴 것이, 이른바 탈냉전기(脫冷戰期)라고 불리는 1990년 이후의 시대특성에 걸맞는 생존(生存)수단이나 대외교섭(對外交涉)수단을 보유하지 못한 북한이 냉전적 수단(군사력, 핵과 미사일 등)을 활용하여 국가생존을 유지하고 그에 필요한 식량과 원조를 확보하기 위한 대남 협박(脅迫)과 대외 공갈(恐喝)을 서슴없이 자행(恣行)해 왔음에도 불구하고, 중국은 결정적인 시간과 장소에서 북한 편을 들어주었고 필요시에 북한에 식량과 원조를 제공해 왔기 때문이다.

---

18) "北 침략받으면 中 자동개입 조약 50년… 김정일 '잔치 열자'", *조선일보*, 2011. 7. 9; "66년 왕조 기로에 서다: 김정일 急死, 후계는 1년 밖에 안된 29세 김정은", *조선일보*, 2011. 12. 20.

북한의 국가적 생존(生存)이 필요한 것은 중국도 마찬가지이다. 순망치한(脣亡齒寒), 이이제이(以夷制夷)의 주변 정책상 그렇고, 과거 한국전쟁 개입 시 천명한 '抗美援朝 保家衛國'의 개념에서 보아도 그렇다. 중공정권 수립 이후에 남북한 모두가 중국에 기대하는 수준이 지금처럼 지대한 적도 없었고 고분고분한 적도 없을 정도로, 중국은 '以夷制夷'의 개념과 실제상 효용성을 즐기고 있다. 그런데 중국은 내부 사정상 시장사회주의(市場社會主義)의 내부 모순을 완전하게 극복하지 못하고 있다. 경제적인 자유경쟁체제와 정치적인 공산당 일당(一黨) 사회주의체제의 상호 모순을 극복하지 못한 중국은, 최소한 자체 내부 모순을 극복할 때까지 만이라도, 북한이라는 정치·이념적인 완충(緩衝) 지역을 필요로 하는 상황에 처해 있다. 내부 혼란과 갈등이 존재하긴 하지만, 한국과 미국이 누리고 있는 자유민주주의 체제를 지닌 인접 국가의 존재는 중국에게 독(毒)이 될 수 있기 때문이다. 그리하여 중국에게 한국전쟁 개입 목적인 '抗美援朝 保家衛國'이 이제는 다른 의미(이념, 체제 면)로 적용되고 있다고 보이며, 중국 학자들이 앞장선 동북공정(東北工程)이라는 이론적 입장도 이러한 관점에서 개진(開進)되고 있는지 모른다. 이러저러한 이유로, 중국은 별로 큰 말썽을 부리지 않고 자체 수요를 스스로 충족할 수 있는 북한(北韓)이 필요한 셈이다. 그러한 의미에서 중국도 조중동맹 체제의 유지가 바람직하다는 판단을 하고 있을 것으로 본다.

한국 역시 한미동맹이 필요하다. 지금까지 한국과 한국민의 역사에 주변국과 주변 민족들이 결코 호의적이지 않았다는 엄연한 사실이 이를 요구하고 있으며, 주변국들이 지닌 군사력 요소 중 한국의 자위력(自衛力)만으로 대처하기 어려운 부분이 존재한다는 현실이 이를 필요로 하고 있다. 고래(古來)로 중국 대륙의 왕조(王朝)가 바뀔 경우에 한반도의 국가는 기존의 왕조와 유지해 온 관계로 인하여 상호 연대를 차단하려는 목적과 결전(決戰)을 앞둔 상태에서 전초전(前哨戰)의 대상이 되는 것이 통례였으며, 중국에서 새로운 왕조가 정착된 경우에는 사대(事大)를 강요당하고 그 과정에서 엄청난 인적 · 물적 피해를 감수해야만 했다. 삼국시대 이전부터 왜구(倭寇)들의 해적질에 시달려 온 한반도는 조선시대에는 왜구가 아닌 왜군(倭軍)의 조직적인 침공을 받기도 했으며, 조선 말기에는 청국(淸國)과 러시아와의 전쟁에서 승리한 일본이 한반도를 식민지로 만들고 대한제국을 합병(合倂)하는 당사국이 되기도 했다. 광복(光復, 1945. 8. 15)을 맞이한 후에는 북한에서 군정을 실시한 소련의 거부로 통일 한국 정부를 수립하지 못한 채, 한반도를 자국의 영향권하에 두려는 소련이 중공의 지원까지 확보하여 북한이 무력 남침을 감행하게 함으로써 일제 식민통치의 상처와 더불어 또 다른 상처를 한국과 한국민에게 안겨 주었다. 이후부터 오늘날까지 남북한 간에는 이념적 이질성과 정치적 · 경제적 · 감정적 대립이 존재하며, 특히 북한은 핵과 미사일을 개발하여 한국과 관련국들을 협박하는 국가적 모험을 계속하고 있다. 북한의 후견국(後見國) 격인 중국이 서울에서 직선거리 600km 지점인 산동(山東: 산둥)성 청도(青島: 칭다오)에 항공모함 기지를 건설하여 '바랴크'를 주둔시킬 계획을 세우고 있다는 보도는 한국을 긴장시키기에 부족함이 없다.[19] 이러한 역사적 경험(經驗)과 사실적 현상(現狀)은 한국에게 한미동맹의 가치를 더욱 인식시켜 주기에 충분하다.

중국의 경제 · 군사적 부상(浮上)과 더불어 중요한 지역으로 변모한 동북아시아의 중심에 위치한 한국과 동맹관계를 유지해 온 미국 역시 한미동맹의 가치와 필요성을 결코 과소평가(過小評價)할 수 없게 되었다. 미국의 닉슨(Richard M. Nixon, 1913~1994, 37대 대통령) 대통령이 주도한 1972년 중국과의 관계 정상화는 다른 지역에서 소련의 도전적인 모험(冒險)을 견제할 목적을 지니고 있었다. 중 · 소 분쟁에서 중국이 왜소해져서 무기력하게 되면, 미국은 자국의 주 상대인 소련이 다른 지역에서 무모한 정치 · 군사적 모험을 자행할 가능성이 높아질 수 있기 때문에 중국의 대소(對蘇) 입

19) "中, 서울 지척에 항모 바랴크 배치", *동아일보*, 2012. 1. 19.

장을 강화시켜 줄 필요성이 있다고 판단했다. 이러한 현실적(現實的)인 입장은 미국이 모든 국가와 관계를 정상화함으로써 국제적 평화를 증진시키고자 한다는 명분(名分) 뒤에 숨어 있었다.[20)]

그러나 이제 미국은 소련과의 세력 다툼에서 활용할 수 있던 대상이 아닌 경제적, 군사적으로 강대국이 된 중국을 마주하게 되었다. 중국의 막강한 경제력과 지속적인 고도성장은 중국을 G-2라고 불러도 거부감을 불러일으키지 않는 국제적인 분위기를 정착시켰다. 축적된 경제력에 바탕을 둔 군사력의 강화로 중국은 은밀한 준비(韜光養晦), 필요한 곳에 개입(有所作爲), 평화적 적극개입(和平崛起) 단계를 거쳐 적극개입(咄咄逼人)이라는 대외정책 기조를 유지하면서 공격적인 안보외교를 전개해 왔다. 이와 같은 중국의 위상변화와 그에 따른 적극적인 개입정책은 기존의 미국 정책 및 전략과 충돌을 피할 수 없게 만들었다. 사실상 미국은 자국의 세계전략을 수립하고 이의 효율적인 집행을 보장하기 위하여 6개의 연합사령부를 두고 필요한 군사력을 유지해 오고 있다. 유럽 사령부(European Command, 유럽과 아프리카·중동 지역 일부 담당, 독일), 아프리카 사령부(African Command, 아프리카 지역 담당, 독일), 태평양 사령부(Pacific Command, 중국·일본·호주 담당, 하와이), 북미 사령부(North American Command, 아이슬란드·포르투갈·쿠바·멕시코 담당, 콜로라도), 중부 사령부(Central Command, 중동 지역 담당, 탬파·플로리다), 남미 사령부(South American Command, 중

20) Henry A. Kissinger, *White House Years*(Boston, Toronto: Little, Brown and Company, 1979), pp. 759-67. 미국과 중국 간 국교 정상화를 막후에서 성사시킨 키신저(Henry A. Kissinger, 1923~; 백악관 안보보좌관, 1969~1975; 미 국무장관, 1973~1977)는 중국의 지도자들이, 서양의 '체스'보다 동양의 '바둑'처럼 정면충돌(正面衝突)보다는 상대의 세(勢)를 줄여 나가는 게임을 했다고 보았다. 그러면서 중국도 소련과 미국을 상대로 '이이제이(以夷制夷)' 전술을 구사하고, 심지어 모택동(毛澤東, 마오쩌둥, 1893~1976)은 닉슨과의 연석회의에서도 키신저가 유일한 박사학위 소지자임을 강조하면서 그 자리의 주 연사(演士)역할을 주문하면서 닉슨 대통령과의 사이를 이간질하는 '이이제이(以夷制夷)' 전술을 적용하려 했다고 후술했다. "키신저가 말하는 중국: 이간질하고 허를 찌르고 외교를 게임처럼 즐겼다", *조선일보*, 2012. 1. 14.

앙 · 남아메리카 지역 담당, 마이애미 · 플로리다)가 그것이다. 사실상 미국은 동북아시아를 포함한 아시아 지역에서의 전략적 임무를 담당할 사령부를 유지하지 않은 상태에 있는 것과 마찬가지이다. 그리하여 주한 미군의 역할이 대북 억제에서 지역 담당사령부로 변할 수 있는 여지를 가지고 있다.[21] 특히, 중국을 자극할 수 있는 'Asian Command'보다 'Korean Command'라는 이름으로 아시아 지역을 담당시킬 가능성이 있다. 이러한 의미에서, 미국의 입장에서도 한미동맹은 매우 중요한 동맹이 아닐 수 없다.

이와 같은 동맹 각국들의 입장에서 한미동맹(韓美同盟)과 조중동맹(朝中同盟)은 실질적인 지속성을 지니고 있다. 두 동맹체제는 이를 구성하고 있는 한국, 미국, 북한, 중국 모두가 자국 중심의 정치 · 전략적 실리 보장과 증진에 부합된다고 판단하고 있기 때문이다. 궁극적으로도, 모든 국가들은 다른 국가의 편이기보다는 자국(自國)편이기 때문이기도 하다.

3) 한미동맹과 조중동맹의 상관성(相關性)과 상호작용(相互作用)

한미동맹과 조중동맹 체제는 대립적(對立的)이면서도 상호 연관적(聯關的)인 성격도 지니고 있어 그를 통한 상호작용(相互作用)도 있어 왔고, 앞으로도 변증법적(辨證法的) 연관성과 상호작용은 얼마든지 현실화될 수 있는 가능성을 내포하고 있다.

두 동맹체제는 한국전쟁(1950~1953)에 연원(淵源)을 두고 있다.

북한에서 군정을 실시한(1945~1948) 소련은 북한을 남한의 공산화를 위

21) 주한 미군의 역할이 동북아 지역 및 지구적 안보유지까지 포괄하는 성격으로 바뀔 수 있는 징후는 여기저기에서 발견된다. 과거 이라크 작전 수행에도 일부 병력이 동원된 적이 있으며, 2012년 1월 24일부터 2월 5일까지 실시되는 미일 연합 군사훈련에도 주한 미8군사령부는 150명을 파견하기로 결정했다. 미8군 관계자는 미8군은 훈련에 참가하는 미군 부대의 상급사령부 역할을 맡게 되며, 이번 파견은 한반도에 대한 침략 억제와 지역 안보유지를 위한 미8군의 능력을 향상시키는 데 도움이 될 것이라는 점을 명시적으로 밝혔다. "주한 미군 150명, 美-日 연합 훈련 첫 파견: '전략적 유연성' 신호탄 될 듯", *동아일보*, 2012. 1. 21.

한 기지로 활용하였으며, 북한군을 강화시켜 무력 남침을 하도록 한 후견국(後見國)이었다. 이러한 과정에서 미군이 개입할 경우에 대비해서 미국과 직접적인 대결 대신 중공(中共)을 동원한 간접대결 형태를 취하여 미국을 곤혹스럽게 만들면서, 한반도에서 중공과 미국의 정면대결을 현재화(顯在化)시킴으로써 중공을 소련의 세력권 안에 묶어 두고자 하는 묘산(廟算)을 도출했을 가능성이 높다. 어쨌든 당시 대륙 내의 중국 내전(1927~1949)을 마감하고 공산정부를 수립한 지 겨우 1년이 경과한 중공에서는 내전 직후 국가 건설에 치중하지 않고 또 다른 전쟁을 수행한다는 것에 반대하는 내부 목소리도 만만치 않았고, 소련의 공중 엄호 없이 한국전쟁에 뛰어들면 막대한 희생만 강요당한다는 군 지휘관들의 우려스런 반대도 결코 만만치 않았다. 소련은 중공군의 공중 엄호 지원 요구에 난색을 표시했고, 그 대신 1개 비행사단을 지원하고 중공군에게 조종사 훈련을 시켜 중공에게 인계하겠다는 입장을 전달하면서 중공의 참전을 요구했으며, 북한의 김일성에게는 상황이 여의치 않을 경우에 만주로 철수하라는 전문을 발송하여 중공을 압박했다.[22] 이러한 상황에서 모택동(毛澤東)은 한국전 개입을 결정했고, 중공은 이른바 '抗美援朝 戰爭(1950. 10. 25~1953. 7. 27)'을 치르게 되었다.

중공의 개입을 불러온 전황(戰況)은 미국이 전개시켰다. 미군 개입에 2개월 이상 소요될 것이라는 김일성의 판단과는 달리, 미국은 전쟁 발발 10일 후인 1950년 7월 5일에 유엔군이라는 명분으로 무장한 미 지상군을 전투에 투입했다. 그 이후 낙동강 전선을 구축할 때까지 지연전(遲延戰)이라는 구차한 작전 명칭으로 고전을 면치 못한 미군은 맥아더 장군의 고집과 주도로 준비·수행된 인천상륙작전(1950. 9. 15)의 눈부신 성공으로 1950년 9월 말에 38선을 회복하고 북진을 계속하여 1950년 10월 10일에 원산, 19일에는 평양을 점령한 후 압록강과 두만강에 도달함으로써 북한의 국가적 실체의 존

22) 온창일, *韓民族戰爭史*, pp. 831-5; 스탈린이 김일성에게 보낸 철수 지시는 Stalin to Kim Il Sung, October 12, 1950, in *The Korean Conflict, 1950-1953*, pp. 101-2 참조

속(存續)을 거부할 정도가 되었다. 정치적 타협에 의해서 달성하지 못한 한반도에서의 통일정부 수립을 군사작전이 보장해 주는 듯 했다. 이때 소련의 종용을 받아오던 중공이 이른바 '중국인민지원군(中國人民志願軍)'이라는 이름을 붙여 군대를 파견함으로써 한국전쟁을 '새로운 전쟁'으로 변모시키면서 한국은 물론 미국과 유엔 측의 통일정부 수립 희망을 무산시켰다. 유엔군이라는 이름으로 지상전을 수행해 온 미군을 지원군(志願軍)이라는 이름으로 개입한 중공군이 38선 부근으로 밀어낸 셈이다. 새롭게 형성된 전선(戰線)은 전쟁 전의 접촉선에서 약간 변형된 상태로 교착(膠着)되었고, 전투는 전선이 오르내리는 기동전(機動戰)에서 고지 쟁탈과 수색 정찰 등의 특징을 머금은 진지전(陣地戰)으로 변하기에 이르렀다. 그리고 미국에게 다른 선택을 강요했다.[23]

새로워진 한국전쟁(1950~1953)은 새로운 결과를 요구했다. 중공군 개입 이후 양측 참전국(參戰國)과 군(軍)은 한국 문제는 복잡하여 그렇게 쉽게 풀리지 않는다는 사실과, 따라서 군사적인 수단만으로 한국전쟁을 마감할 수 없다는 현실을 받아들이게 되었다. 그리하여 양측은 군사적인 승패 대신 '명예로운 정전(honorable armistice)'을 대안으로 받아들였다. 양측 수뇌(首腦)였던 스탈린 소련 수상과 트루먼 미국 대통령의 공산주의와 자유주의에 대한 이념적 집착과 대립으로 더욱 심화(深化)된 포로송환 방식(강제송환 vs 자유송환)에 대한 이견으로 전쟁을 쉽게 마감하지는 못했으나, 결국 양측은 약간 변형된 전쟁 전의 상태를 새로운 현상으로 받아들인 채 종전(終戰) 아닌 휴전(休戰)을 최적(最適)의 결과로 수용하였다. 한국전쟁에서 군사력을 전면적으로 사용하여 당시의 현상(38선과 남북한)을 파괴하여 한반도의 공산화를 시도한 공산 측이나, 이를 무력화시키면서 성공적인 작전 수행을 통하여 같은 결과를 기대했던 유엔 측 모두 새로운 현상(휴전선과 남북한)을

23) 온창일, *韓民族戰爭史*, pp. 837-941.

빚어낸 것이다.

혈전(血戰)과 설전(舌戰) 끝에 확보한 새로운 현상을 유지하기 위해서 양측은 새로운 안보협력 체제를 구축하려 했고, 이 과정을 거친 후에 나타난 배열이 한미동맹과 조중동맹 체제(조소동맹은 2000년에 변질됨)였다. 따라서 한미동맹과 조중동맹은 한국전쟁(1950~1953)에 연원(淵源)을 두고 현재화(顯在化)된 대립적 동맹체제인 셈이다. 대립적 상관성(相關性)을 지니고 정형화(定型化)된 양 동맹체제는 시대(時代)와 주제(主題)에 따라 대응(對應), 상응(相應), 대치(對峙), 상반(相反)되는 상호작용을 통한 정착과정을 거쳐 오늘에 이르렀다. 이와 같이, 한미동맹과 조중동맹은 대립적이든 상응적이든 상호 연관을 맺으며 그 모습과 내용을 갖추어 효용성을 유지하고 있고 앞으로도 상당 기간 동안 유지할 것으로 보이며, 관련국들의 정치 및 안보외교 면에서의 행위에 결코 미미(微微)하지 않은 영향을 미칠 것으로 보인다.

특히, 조중동맹(朝中同盟, 1961)에 대한 집착이 강한 북한은 두 동맹체제의 상응성과 상호작용의 효과와 한계를 교묘하게 활용해 왔다. 한미상호방위조약(韓美相互防衛條約)의 현상유지적(現狀維持的) 성격과 현상파괴적(現狀破壞的)인 전쟁을 자신들이 먼저 일으켰다는 사실을 어느 누구보다도 잘 알고 있던 북한은 '북진통일(北進統一)'이라는 허무한 정치구호를 외쳐대는 이승만 정부의 한국이 북침(北侵)할 가능성은 전혀 없다는 사실도 잘 알고 있었다. 이러한 판단 아래 1961년까지 북한의 김일성은 소련이나 중국과의 동맹관계 구축보다는 자신의 독재 권력체제의 확립에 전념할 수 있었다. 남노당은 전쟁 말기부터 숙청했고 1956년 8월 종파사건을 계기로 '종파근절을 위한 투쟁'을 벌여 1956~1957년 기간에 연안파를 당에서 축출·숙청했으며, 뒤이어 1958~1960년에는 소련파도 숙청했다. 이 과정에서 소련파는 처형되거나 소련으로 망명했으며, 연안파들은 당장 처형하기보다 정치범수용소를 만들어 스스로 죽도록 방치했으며, 팽덕회(彭德懷)와 미코얀을 보내서 숙청을 말리려던 중공과 소련의 개입을 차단하기 위하여 북한 김일성은 주체사상(主體思想)을 전면에 내세웠다.[24] 자신의 독제체제를 확립한 김일성(金日成)은 그것을 토대로 소련 및 중공과 교섭을 벌여 양국과 동맹체제(1961)를 구축했다.

그 이후 북한은 한미동맹체제의 현상유지적(現狀維持的) 비침공성(非侵攻性)을 확신하고 '개전(開戰)의 이유(casus belli)'가 되지 않을 정도의 대남도발(挑發)과 침투(浸透)는 물론 일종의 '위장(僞裝)된 화해(和解) 몸짓'도 필요에 따라 서슴없이 자행(恣行)해 오고 있다. 북한은, 1960년대에 미국이 월맹을 상대로 공산주의에 대한 성전(聖戰: a crusade against communism)을 수행할 때 한국도 상호방위조약에 근거하여 가담하자, 한국에 대한 기습과 침투(1968년, 1·21 사태와 울진·삼척지구 침투작전)를 수행하여 한국정부의 공신력을 저하시키고 한미 간 이간질을 획책했으나 오히려 역효과를 거두었다. 이에 북한은 1970년대에는 한국 내 '반정부' 세력을 '반체제' 세력으로 결집시키면서도 한국과는 '7·4 남북공동성명서'를 발표했고(1972), 민족 자주를 강조하면서 휴전선을 관통하는 지하 땅굴을 파기도 했다. 또한 북한은 1980년대에 들어서는 고양(高揚)된 한국의 국제적 위상을 저하(低下)시키기 위하여 미얀마 아웅산 테러(1983)와 KAL기 폭파(1987)를 자행하여 한국과 미얀마 간의 외교 및 동남아 진출을 저지하고, 한국이 개최하는 1988년 올림픽 대회를 방해하려 했다. 탈냉전적 국제질서로 대변되는 1990년대에 들어서자 북한은 미국과의 관계 개선을 목적으로 남북기본합의서(1991)에 서명하고 미국과의 제네바 합의(1994)에 도달하는 외교적 성과와 더불어, 북한 핵의혹을 증폭시켜 매년 실시해 오던 한미 간 군사훈련(Team

24) 이상우, *북한정치: 신정체제의 진화와 작동원리*(서울: 나남, 2008), pp. 59-60. 당시 김일성의 후견인이었던 소련의 스탈린은 사망(1953)한 상태였으나, 중공의 모택동(毛澤東)은 실권을 지니고 있었으며 중조연합사령원(中朝聯合司令員)을 역임한 팽덕회(彭德懷)도 중국 내 주요한 권력서열을 유지하고 있었기 때문에, 김무정(金武亭) 등의 연안파들은 중국으로 송환됐으나, 나머지는 정치범 수용소에 수용되었다. 이것이 북한 정치범 수용소의 시작이다.

Spirit)을 중지시켰고 한반도에서 미국의 전술핵을 철수시켰으며 한국의 비핵화선언(1992)을 도출하는 쾌거(快擧)를 거두기도 했다. 그러나 북한은 핵개발을 계속 진행시켜 미국, 러시아, 중국 등과 함께 국제사회의 비정부 기구인 '핵위협방지구상(NTI)'의 9개 핵보유국으로 분류될 정도가 되었다.[25] 이와 같이 북한은 협의(協議)나 합의(合意) 등에 구애받지 않고 핵과 미사일을 개발해오면서, 이를 체제보장・대외 교섭 및 식량을 비롯한 재원 확보 등 체제유지를 위한 수단으로 활용하려는 정책적 의지를 버리지 못하고 있으며, 필요시 화해・위협・공갈・기습・침투 등의 평화적・파괴적 행위를 서슴지 않아 왔다.[26]

특히 북한은 내부 권력(權力) 강화, 미국과의 대화(對話) 유인, 중국의 적극적인 개입과 북한 지지(支持) 유도 그리고 한국에 대한 위협과 공갈(恐喝) 등의 다양한 목적을 달성하기 위한 수단으로 개전의 이유가 되지 않을 정도의 무력도발도 감행했다. 한국의 천안함을 폭침시켜(2010. 3. 26) 한국 정부와 한국민을 위협하면서 한국과 미국 등 전문가들이 작성한 보고서를 불신하게 만들어 남남갈등(南南葛藤)의 소재로 활용했고, 중국과 러시아 등의 미온적 태도를 유도해 냈으나, 한미 간의 해상 연합 훈련 등(2010, 2011)을 유발시켜 오히려 중국을 불안하게 만들기도 했다. 천안함 폭침에 이어 북한은 연평도를 포격(2010. 11. 23)하여 여러 가지 목적을 달성하려 했으나, 북한의 도발적 행위에 대한 한국민의 안보의식을 자극하는 역효과를 불러오기도 했다. 이러한 북한의 도발행위에 대해서 북한의 권력 승계과정에서 제외

25) 국제사회 비정부 기구인 핵위협방지구상(NTI)은 미국, 러시아, 중국, 영국, 프랑스, 북한을 6개 공인 핵보유국으로 이스라엘, 인도, 파키스탄 3개국을 비공인 핵보유국으로 분류하고, 북한을 핵 안전 지수 최하위국으로 지정했다. "北 '핵 안전' 꼴찌", *조선일보*, 2012. 1. 13.

26) 온창일, *韓民族戰爭史*, pp. 1041-5. 실로 북한은 무력사용으로 달성하지 못한 대남 적화를 이제는 다른 형태의 전쟁, 즉 기간에 구애를 받지 않고 모든 평화적・파괴적・군사적・비군사적 수단을 동원하여 한국의 체제와 권위를 전복시킬 때까지 수행하는 이른바 전복전(顚覆戰: a subversive war)을 수행해 오고 있다. *韓民族戰爭史*, pp. 1035-46.

된 김정일(金正日)의 장남 김정남(金正男)은 천안함 폭침과 연평도 포격사건 모두 북한의 필요에 의해서 일어났고, 북한은 이러한 도발에 대해서 한국이 제대로 대응하지 못할 것으로 판단했다고 술회하기도 했다.[27] 그러나 그 후 한국과 미국이 단호한 대응을 표명하자, 북한은 '말에 의한 엄포(言砲)로 철포(鐵砲)'를 대신하는 '주저함'을 보이기도 했다.[28] 중국은 김정일이 급사(急死, 2011. 12. 17)하자, 미국과 북한의 현상유지를 합의하면서, 한반도 관련국들도 이에 동조하도록 하는 민첩한 외교 행보를 펼쳐 관련국들을 당황스럽게 만들기도 했지만 북한의 동맹국임을 드러내기도 했다.[29]

이와 같이 북한은 자국이 대남도발을 자행해도 어쩔 수 없이 자국 편을 들 수밖에 없을 중국의 판단과 한미상호방위조약에 근거한 한미동맹체제의 현상유지적 성격을 믿고 있는 것으로 보인다. 그러나 한반도에서의 급변사태와 혼란사태를 원하지 않는 관련 당사국들의 이성적·정치적·전략적 판단이 지속되는 한 이러한 북한의 계산과 행위가 효용성이 있을지 모르나, 북한의 '내부 붕괴(implosion)'로 인한 자체 소멸(消滅) 방지는 북한 자신의 몫이라는 점을 북한 정부가 외면하고 있기 때문에, 앞으로의 북한 행로(行路)를 예측하기는 결코 쉽지 않은 것도 사실이다. 한미동맹과 조중동맹 체제와 이를 이루고 있는 당사국들이 해결해야 할 과제(課題)가 아닐 수 없다.

---

27) "김정남 '천안함, 北의 필요로 이뤄진 것'", *조선일보*, 2012. 1. 17; "김정남 '北, 한국 대응 못할것 알고 연평도 포격'", *조선일보*, 2012, 1. 18. 이러한 김정남의 견해는 2010년 10월부터 7년간 일본 도쿄신문의 한 기자(고미요지: 五味洋治)와 이메일을 교환하면서 드러낸 내용이다. 김정남은 한반도 전문가인 일본 기자에게 "모든 질문에 답변할 테니 내 생각을 잘 정리해서 적절한 시기에 공개해 달라"고 부탁하면서 그에 대한 신뢰를 표현했다는 내용도 공개됐다. "김정남이 日기자 택한 이유는…", *조선일보*, 2012. 1. 18.

28) 이러한 북한의 태도 변화에는 중국의 북한에 대한 태도 변화 역시 한몫한 것으로 볼 수 있다. "중국은 北에 어떤 모험도 하지 말 것을 촉구하고 있다", "北 연일 '말폭탄' 왜… 충성 경쟁? 김정일 짜증 탓?", *조선일보*, 2011. 6. 6. 싱가포르에서 열린 아시아 안보회의에 참석한 중국의 양광열(梁光烈: 양광례) 국방부장은 중국이 북한에 자제를 요청하고 있다는 입장을 밝혔다.

29) "'북한 현상유지 하자' 美·中, 의견 일치 본 듯", *조선일보*, 2011. 12. 21.

현재까지 외부의 지원 유무(有無)를 떠나서, 전쟁을 포함한 북한의 대규모 외부도발(explosion)을 효과적으로 억제(抑制)하고 견제(牽制)해 온 한미동맹은 북한의 자생력(自生力) 부족이나 결손에서 비롯된 내부 붕괴(implosion)를 어떻게 방지해야 하며, 방지 노력을 했음에도 불구하고 내부 붕괴가 현실화되어 혼란(混亂)이 조성될 경우에 어떻게 대처해야 하는가에 대한 대책(對策)과 대안(對案) 구비는 물론, 그러한 우발사태에 대해서 조중동맹의 한 축인 중국과 주변 관련국들과의 협조는 어떻게 구축해야 하는가를 대비해야 할 책무(責務)를 떠맡고 있다. 이것이 바로 한미동맹과 조중동맹의 근원적 상관성에 근거한 상호작용의 결과물이며, 현재와 미래에도 유효하다고 판단되는 한미동맹과 조중동맹의 실질적인 효용성을 시험하는 기준이 될 수 있기 때문이다. 조중동맹에 매인 중국이 북한이 어떠한 모습이든지 무조건(無條件) 지원(支援)·지지(支持)하는 입장만 고수할 수만은 없는 미래의 현실과, 언제까지나 조중동맹을 백안시(白眼視)하거나 북한의 대·소규모 도발만 억제하고 견제하는 수준에 머무를 수만은 없는 한미동맹의 오늘과 내일이 이를 요구하고 있는 셈이다. 북한의 핵·미사일 문제와 생존여부를 포함한 한반도 관련 주제와 이를 중심으로 펼쳐지는 동북아 지역 국가와 관련국들의 안보외교는, 이래서 단선적(單線的)·단편적(斷片的) 해결책(解決策)만으로는 해결되기 어려운 면면(面面)과 내용(內容)을 내포(內包)하고 있다.

한미동맹의 한 축을 이루고 있는 한국은 한반도의 평화와 안전 유지는 물론 앞으로 닥쳐올 통일의 주역으로서 자신의 해법과 방책을 가지고 있어야 할 위치에 있다. 한국이 지켜 온 자유민주주의 체제는 개인이나 개별적인 영역의 독창성과 창의성을 발휘할 수 있도록 하여 한국전쟁의 결과로 남겨진 폐허(廢墟)에서 60년 만에 경제적·정치적 기적을 이룬 업적을 가지고 있다. 소득 면에서 세계 128위(1953년 GNP/capita: 38＄)에서 현재 10대 무역 강국으로(2010년 GDP/capita: 20,591＄; 2020년 예상 GDP/capita:

40,000＄) 부상하는 기적을 달성한 한국이 보유하고 있는 체제는 분명, 식량난으로 허덕이는 북한이 고수하려는 체제보다 우월하다.[30] 이러한 상황에서 북한이 붕괴하면 남쪽으로 몰려올 북한 주민이 최대 365만 명에 이를 것이기 때문에 이에 대한 정치・경제적 대책이 필요하다는 한국 경영자 총협회의 보고서가 나왔다(2012. 1. 24).[31] 정치나 경제 부문의 지표(指標) 및 통계 면에서 본 남북한 체제 경쟁은 사실상 마감된 것과 마찬가지이다. 그러나 한국은 체제의 자생력(自生力)을 더욱 길러 수용력을 늘리고, 자정력(自淨力)을 강화하여 체제 속에서의 포용력을 증가시키고 체제에 대한 응집력을 고양(高揚)시켜 반체제 세력의 생성이나 결집을 방지하고, 체제를 지킬 자위력(自衛力)을 보유하여 한국이 이뤘거나 이루고자 하는 또 다른 기적을 현실로 만들어야 할 책무가 있다. 이러한 노력이 한국이 지녀야 할 기본적인 정책 및 전략태세이다.

체제의 자생력・자정력 고양, 자위력 보유・강화를 전제로 한국은 기민한 정치외교와 안보외교를 전개하여 내일의 한반도 주역 위치를 굳건히 할 소명도 있다. 주변국이 노리는 대상(對象)이 아닌 주변국을 조화시키는 주역(主役)으로서 동북아시아 지역의 평화와 안정 유지에 기여하면서 한반도와 한국민의 자유와 번영을 주도(主導)하는 주인(主人)의 역할을 한국이 감당하고 수행해야 한다는 말이다. 여기에 한 중국 문제 전문교수가 제시한 제언(提言)을 주목할 필요가 있다. "미국과 동맹을 통한 연대(聯美)를 강화하면서도, 중국과 화합의 영역을 넓혀가고(和中), …일본과도 협력하고(協日), 러시아와 교감을 넓혀가는(交俄) 외교가 필요하다"는 주장이다.[32] 이러한 정치외교의 기본은 건실한 안보외교의 뒷받침을 필요로 함은 두말할 나위가 없다. 주변국으로부터 비롯될 수 있는 위협의 수준이 결코 만만치 않으며,

30) "각국의 GDP/capita", *naver.com.*
31) "北 붕괴하면 南으로 몰려올 주민 숫자가 무려…", *Newsis.com.* 2012. 1. 24.
32) 김홍규, "중국과 북한의 불편한 同居", *조선일보,* 2011. 7. 15.

당장 북한의 핵이나 미사일로부터 오는 위험도 역시 무시할 수 있는 대상이 아니기 때문이다. 한국이 감당할 수준을 초과하는 주변국 및 한반도 내 위협은 한미동맹을 강화하여 미국의 억제력을 차용 혹은 활용해야 할 필요를 제기하며, 북한으로부터 오는 대칭적 · 비대칭적 위협은 궁극적으로 한국이 담당하여 제거해야 할 성질의 것으로서 그것에 대한 대처 능력은 한국 스스로 보유하고 강화해야 한다. 이것이 바로 한국의 안보외교가 담당 · 해결해 나가야 할 부분이며, 또 다른 기적을 창출(創出)할 한국을 존재시킬 필요조건이다.

*여기까지 기왕(旣往)의 관점에서 다룰 수 있는 안보외교론의 주요한 주제(主題)들을 다루었다. 그러나 분석해야 할 주제가 광범위(廣範圍)해지고 거기에 맞는 이론적 · 현실적 입장 개진이 필요해짐에 따라 적대국(敵對國)과 안보외교; 테러리즘과 안보외교; 인권개입(人權介入)과 안보외교; 국제환경 개선 및 지구환경 보호와 안보외교; 안보외교와 전쟁; 안보외교와 평화; 안보외교와 국가안보, 국제안보, 인간안보 등의 중요한 주제들은 각각 별개의 장(章)을 설정하여 다음 책(*안보외교론II*)에서 심도(深度) 있게 논하려 한다. 안보의 개념이 정치집단을 대변하는 국가뿐만 아니라 인간 개개인이 존재하고 또 존재해야 하는 물리 · 자연 · 정치 · 경제 · 사회 · 종교 · 문화 · 교육적 환경까지를 포괄하여 인간의 존엄(尊嚴)과 기본권(基本權)이 훼손되지 않는 미시적(微視的), 거시적(巨視的) 차원의 안보까지를 보장해야 할 당위적(當爲的) 필요성이 이를 요구하고 있기 때문이다.

| 주요 참고문헌 |

강성문. *韓民族의 軍事的 傳統.* 서울: 鳳鳴, 2000.

金景昌. *東洋外交史.* 集文堂, 1989.

김계동 외. *현대외교정책론.* 서울: 명인문화사, 2009.

김용구. *세계외교사.* 서울대학교 출판부, 2008.

金幸福 外 共編. *20世紀 地球村戰爭.* 서울: 兵學社, 1996.

남정옥. *韓美軍事關係史: 1871-2002.* 국방부 군사편찬연구소, 2003.

當代中國叢書編輯部. *抗美援朝戰爭.* 北京: 中國社會科學出版社, 1991.

毛澤東. *毛澤東 軍事文集.* 北京: 軍事科學出版社, 中央文獻出版社, 1993.

민병천. *한반도 평화의 길.* 서울: 선인, 2010.

白善燁. *軍과 나.* 대륙연구소 출판부, 1990.

逢先知 · 李捷. *毛澤東 與 抗美援朝.* 北京: 中央文獻出版社, 2000.

司馬遷. *史記.* 김병총 평역. 서울: 集文堂, 2000.

_____. *史記.* 이영무 역. 서울: 小說文學社, 1986.

孫武. *孫子.* 김광수 평역. 손자병법. 서울: 책세상, 1999.

溫暢一. *韓民族戰爭史.* 서울: 集文堂, 2001.

_____. "핵과 미사일을 앞세운 북한의 정책과 전략", KIMS, *Strategy 21, Vol. 3, No. 1.* Summer, 2000.

_____. *전략론.* 서울: 집문당, 2004.

_____ 외. *군사사상사.* 서울: 황금알, 2006.

_____. *전쟁론.* 서울: 집문당, 2007.

柳成龍. *懲毖錄.* 南晩星 譯. 서울: 玄岩社, 1969.

유영익 · 이채진 편. *한국과 6 · 25 전쟁.* 연세대학교 출판부, 2002.

陸軍本部 軍事研究室. *東洋古代戰略思想.* 陸軍印刷工廠, 1987.

陸軍士官學校 戰史學科. *세계전쟁사*. 서울: 황금알, 2005.
이근욱. *왈츠 이후: 국제정치이론의 변화와 발전*. 도서출판 한울, 2009.
이기백. *한국사신론*. 일조각, 2001.
李相禹. *國際關係理論: 國家間의 葛藤原因과 秩序維持*. 서울:博英社, 1999.
_____. *북한정치: 신정체제의 진화와 작동원리*. 나남출판, 2008.
이승철 외. *21세기 동북아 국제관계와 한국*. 나남출판, 2007.
李春根. *北韓 核의 問題: 發端, 協商過程, 展望*. 세종연구소, 1995.
丁一權. *전쟁과 휴전*. 동아일보사, 1986.
諸葛亮. *諸葛武候文集*. 박동석 옮김. *제갈량집·諸葛亮集*. 서울: 홍익출판사, 1998.
조성훈. *한미군사관계의 형성과 발전*. 국방부 군사편찬연구소, 2008.
中國 國防大學. *中國 戰略論*. 박종원·김종원 역. 서울: 팔복원, 2001.
中國 軍事科學院軍事歷史硏究所 編著. *中國人民志願軍 抗美援朝戰史*. 軍事科學出版社, 1988. 韓國戰略問題硏究所 譯. *中共軍의 韓國戰爭史*. 서울: 世經社, 1991.
中國史學會. *中國通史, 第一·二·三·四·五册*. 鄭州: 海燕出版社, 2002.
中國人民革命軍事博物館 編著. *中國戰爭發展史, 上·下*. 北京: 人民出版社, 2001.
한용원. *남북한의 창군(創軍): 미·소의 역할을 중심으로*. 서울: 도서출판 오름, 2008.
惠豊學會. *武經七書*. 臺北: 新文豊出版公司, 中華民六十七年.

Acheson, Dean G. *Present at the Creation: My Years in the State Department*. New York: W. W. Norton & Co., 1969.
_____. *The Korean War*. New York: W. W. Norton & Co., 1969.
Albrecht-Carrie, Rene. *A Diplomatic History of Europe Since the Congress of Vienna*. New York: Harper & Row, Publishers, 1973.
Allison, Graham T. *Essence of Decision: Explaining the Cuban Missile Crisis*. Boston: Little, Brown and Company, 1971.
Allon, Yigal. *The Making of Israel's Army*. New York: Bantam Books, 1970.
Aron, Raymond. *Peace and War: A Theory of International Relations*. Garden City, New York: Anchor Books, 1973.
_____. *On War*. trans., by Terrence Kilmartin. New York: W. W. Nor-

ton & Company, Inc., 1968.

Axelrod, Robert. *The Evolution of Cooperation*. New York: Basic Books, 1984.

Bailey, Thomas A. *A Diplomatic History of the American People, Tenth Edition*. Englewood Cliffs, NJ: Prentice-Hall, Inc., 1980.

Baylis, John; Booth, Ken; Garnett, John; William, Phil. ed. *Contemporary Strategy: Theories and Policies*. New York: Holmes & Meier Publishers, Inc., 1975.

Baylis, John; Smith, Steve; Owens, Patricia. ed. *The Globalization of World Politics, 4th Edition*. Oxford University Press, 2007. 하영선 외 역. *세계정치론*. 서울: 을유문화사, 2010.

Beaufre, André. *An Introduction to Strategy*. trans., by B. H. Barry. New York: Frederick A. Praeger, 1965.

_____. *Strategy of Action*. trans., by B. H. Barry. London: Faber and Faber, 1966.

Beloff, Max. *Soviet Policy in the Far East, 1944-1951*. London: Oxford University Press, 1953.

Bemis, Samuel Flagg. *The Diplomacy of the American Revolution*. Bloomington & London: Indiana University Press, 1975.

Biddle, Stephen. *Military Power: Explaining Victory and Defeat in Modern Battle*. Princeton, NJ: Princeton University Press, 2004.

Blair, Clay. *The Forgotten War: America in Korea 1950-1953*. New York: Random House, Inc., 1987.

Blechman, Barry M. and Kaplan, Stephen S. *Force without War: U.S. Armed Forces as A Political Instrument*. Washington, D.C.: the Brookings Institution, 1978.

Breunig, Charles. *The Age of Revolution and Reaction, 1789-1850. Second Edition*. New York: W. W. Norton & Company, Inc., 1977.

Brodie, Bernard; Brodie, Fawn M. *From Crossbow to H-Bomb*. Bloomington, London: Indiana University Press, 1973.

_____. *War and Politics*. New York: Macmillan, 1974.

Brown, Seyom. *The Causes and Prevention of War*. New York: St. Martin's

Press, 1987.

Byrnes, James F. *Speaking Frankly*. New York: Harper and Brothers, 1947.

Chambers, Mortimer. et. al. *The Western Experience. 3rd Edition*. New York: Alfred A. Knopf, 1983.

Chung, Henry. *Korea and the United States Through War and Peace, 1943-1960*. Seoul, Korea: Yonsei University Press, 2000.

Churchill, Winston S. *The Second World War: Triumph and Tragedy*. Boston: Houghton Mifflin, 1953.

Clark, Mark W. *From the Danube to the Yalu*. New York: Harper and Brothers, 1954.

Clausewitz, Carl von. *On War*. edited and trans. by Michael Howard and Peter Paret. Princeton, NJ: Princeton University Press, 1976.

Clutterbuck, Richard. *Terrorism and Guerrilla Warfare: Forecasts and Remedies*. London, New York: Routledge, 1990.

Davidson, Philip B. *Vietnam at War: The History 1946-1975*. London: Oxford University Press, 1988.

Dayan, Moshe. *Moshe Dayan: Story of My Life: An Autobiography*. New York: Warner Books, 1977.

Deming, Angus. "Moshe Dayan, 1915-1981," *Newsweek*. October 26, 1981.

Doughty, Robert A.; Gruder, Ira D.; et. al. *Warfare in the Western World, Vol. I: Military Operations from 1600 to 1871*. Lexington, Mass.: D. C. Heath and Company, 1996.

_____. *Vol. II: Military Operations Since 1871*. Lexington, Mass.: D. C. Heath and Company, 1996.

Dupuy, R. E.; Dupuy, T. N. *The Encyclopedia of Military History, from 3500 B. C. to the Present*. New York: Harper & Row, Publishers, 1977.

Dupuy, Trevor N. *Elusive Victory: The Arab-Israeli Wars, 1947-1974*. New York: Harper and Row, 1978.

Earle, Edward Mead. ed. *Makers of Modern Strategy: Military Thought from Machiavelli to Hitler*. Princeton, NJ: Princeton University Press, 1943, 1971.

Eisenhower, Dwight D. *Mandate for Change, 1953-1956*. Garden City, New York: Doubleday, 1963.

Fehrenbach, T. R. *This Kind of War*. New York: The Macmillan Company, 1963.

Feis, Herbert. *Between War and Peace: The Potsdam Conference*. Princeton, NJ: Princeton University Press, 1960.

Ferrell, Robert H. *American Diplomacy: A History*. New York: W. W. Norton & Co., 1959.

Friedberg, Aaron L. "The Future of U.S.-China Relations: Is Conflict Inevitable?" *International Security, Vol 30, No. 2*. Fall, 2005.

Gat, Azar. *A History of Thought: From the Enlightenment to the Cold War*. New York: Oxford University Press, 2001.

George, Alexander. et al. *The Limits of Coercive Diplomacy*. Boston: Little, Brown, 1971.

Gilbert, Felix. *The End of the European Era, 1890 to the Present, Second Edition*. New York: W. W. Norton & Company, Inc., 1979.

Gilpin, Robert. *War and Change in World Politics*. Cambridge: Cambridge University Press, 1981.

Gries, Peter Hays. *China's New Nationalism: Pride, Politics, and Diplomacy*. Berkeley, CA: University of California Press, 2004.

Grotius, Hugo. *The Rights of War and Peace*. London, 1738.

Harkabi, Y. *Nuclear War and Nuclear Peace*. Jerusalem: Israel Program for Scientific Translation, 1966.

Harriman, W. Averell. et. al. *Special Envoy to Churchill and Stalin, 1941-1946*. New York: Random House, 1975.

Head, Richard G.; Short, Frisco W.; McFarlane, Robert C. *Crisis Resolution: Presidential Decision Making in the Mayaguez and Korean Confrontation*. Boulder, Colorado: Westview Press, 1978.

Herzog, Chaim. *The Arab-Israeli Wars: War and Peace in the Middle East*. London: Arms and Armour Press, 1982.

Howard, Michael. *The Causes of Wars*. Cambridge, Mass.: Harvard University

Press, 1983.

International Commission of Military History. *The Proceedings of Congress 2010: Insurgency and Counterinsurgency: Irregular Warfare from 1800 to the Present*. The Hague, The Netherlands, 2011.

Jervis, Robert. *Perception and Misperception in International Politics*. Princeton, NJ: Princeton University Press, 1976.

Johnson, Marguerite. "First in War, First in Peace: Moshe Dayan, 1915-1981", *Time.* October 26, 1981.

Kahn, Herman. *On Thermonuclear War*. Princeton, NJ: Princeton University Press, 1960.

_____. *Thinking About the Unthinkable in the 1980s*. New York: Simon & Schuster, Inc., 1984.

Kaplan, Stephen S. *Diplomacy of Power: Soviet Armed Forces as A Political Instrument*. Washington, D.C.: The Brookings Institution, 1981.

Karnow, Stanley. *Vietnam: A History*. New York: Penguin Books, 1984.

Kaufman, William. ed. *Military Policy and National Security*. Princeton, NJ: Princeton University Press, 1956.

Keegan, John. ed. *The Rand McNally Encyclopedia of World War II.* New York: Rand McNally & Company, 1977.

Khrushchev, Nikita S. Khrushchev *Remembers*. trans. by Strobe Talbott. Boston: Little, Brown, 1971.

_____. *Khrushchev Remembers: The Last Testament*. trans. by Strobe Talbott. Boston: Little, Brown, 1974.

Kissinger, Henry A. *Nuclear Weapons and Foreign Policy*. New York: Harper and Brothers, 1957.

_____. *White House Years*. Boston: Little, Brown, 1979.

Kolko, Gabriel. *The Politics of War: The World and United States Foreign Policy, 1943-1945*. New York: Random House, 1968.

Kydd, Andrew H. *Trust and Mistrust in International Relations*. Princeton, NJ: Princeton University Press, 2005.

Lee, Chae-Jin and Sato, Hideo. *US Policy Toward Japan and Korea: A*

Changing Influence Relationship. New York: Praeger, 1982.

Lee, Chae-Jin. *China and Korea: Dynamic Relations*. Hoover Press, 1996.

Lee, Chae-Jin and Lew, Young Ick. ed. *Korea and the Korean War*. Seoul: Yonsei University Press, 2002.

Legro, Jeffrey W. *Cooperation Under Fire: Anglo-German Restraints During World War II*. Ithaca, NY: Cornell University Press, 1995.

Lewy, Guenter. *America in Vietnam*. New York, London: Oxford University Press, 1978.

Liddell Hart, B. H. *Strategy*. New York: Frederick A. Praeger, 1967.

Lider, Julian. *Military Theory: Concept, Structure, Problems*. New York: St. Martin's Press, 1983.

Lie, Trygve. *In the Cause of Peace: Seven Years with the United Nations*. New York: The Macmillan Co., 1954.

Mansfield, Edward D. and Snyder, Jack. *Electing to Fight: Why Emerging Democracies Go to War*. Cambridge, MA.: MIT Press, 2005.

Martin, Gus. *Essentials of Terrorism: Concepts and Controversies*. SAGE · Publications, Inc., 2008.

Matray, James I. ed. *Historical Dictionary of the Korean War*. New York: Greenwood Press, 1991.

McCullough, David. *Truman*. New York, London, Toronto: A Touchstone Book, 1992.

Mearsheimer, John J. "Back to the Future: Instability in Europe after the Cold War", *International Security, Vol. 15, No. 1*. Summer, 1990.

_____. *The Tragedy of the Great Power Politics*. New York: Norton & Co., 2001.

Medlicott, W. N. *Bismarck and Modern Germany*. New York: Harper & Row, Publishers, 1965.

Morgenthau, Hans J. *Politics Among Nations: The Struggle for Power and Peace, 5th Edition*. New York: Alfred A. Knopf, Inc., 1978.

_____. revised by Kenneth W. Thompson. *Politics Among Nations: The Struggle for Power and Peace, 6th Edition*. 1985.

Neustadt, Richard E. *Alliance Politics*. New York: Columbia University Press, 1976.

Nicolson, Harold. *Diplomacy, Third Edition*. London: Oxford University Press, 1965.

Nixon, Richard M. *RN: The Memoirs of Richard Nixon*. New York: Grosset and Dunlup, 1978; 2 vols. Warner Books, 1979.

_____. *No More Vietnams*. New York: Avon Books, 1985.

_____. *1999: Victory without War*. New York, London: Simon and Schuster, 1988.

Oberdorfer, Don. *The Two Koreas: A Contemporary History*. Basic Books, 1997.

Oliver, Robert T. *Syngman Rhee and American Involvement in Korea, 1942-1960: A Personal Narrative*. Seoul, Korea: Panmun Book Co., 1978.

Oye, Kenneth A. ed. *Cooperation under Anarchy*. Princeton, NJ: Princeton University Press, 1986.

Paige, Glenn D. *The Korean Decision, June 24-30, 1950*. New York: Free Press, 1968. 韓培浩 譯. *美國의 韓國參戰決定*. 汎文社, 1968.

Palmer, R. R.; Colton, Joel. *A History of the Modern World, fifth edition*. New York: Alfred A. Knopf, 1978.

Paret, Peter. ed. *Makers of Modern Strategy from Machiavelli to the Nuclear Age*. Princeton, NJ: Princeton University Press, 1986.

Patterson, Thomas G. et. al. *American Foreign Policy: A History*. Lexington, Mass.: D. C. Heath and Company, 1977.

Rich, Norman. *The Age of Nationalism and Reform, 1850-1890, Second Edition*. New York: W. W. Norton & Company, Inc., 1977.

Ridgway, Matthew B. *The Korean War*. Garden City, New York: Doubleday, 1967.

Schultz, Kenneth A. *Democracy and Coercive Diplomacy*. Cambridge: Cambridge University Press, 2001.

Simmons, Robert R. *The Strained Alliance: Peking, Pyoungyang, Moscow and the Politics of the Korean Civil War*. New York: Free Press, 1975.

Stern, Ellen P. *The Limits of Military Intervention*. Beverly Hills, CA: Sage,

1977.

Stoessinger, John G. *Why Nations Go to War*. New York: St. Martin's Press, 1974.

Stohl, Michael. ed. *The Politics of Terrorism*. New York: Marcel Dekker, Inc., 1979.

Strayer, Joseph R.; Munro, Dana C. *The Middle Ages, 395-1500, Fifth Edition*. Santa Monica, Cal.: Goodyear Publishing Company, Inc., 1970.

Stueck, William. *The Korean War: An International History*. Princeton, NJ: Princeton University Press, 1995.

Summers, Jr., Harry G. *On Strategy: Critical Analysis of the Vietnam War*. New York: A Dell Book, 1982.

Sun Tzu. *The Art of War*. trans., by Samuel B. Griffith. Oxford: Oxford University Press, 1963.

Truman, Harry S. *Memoirs, I: Year of Decision, 1945*. Garden City, New York: Doubleday, 1955.

_____. *Memoirs, II: Years of Trial and Hope*. Garden City, New York: Doubleday, 1963.

Ulam, Adam B. *The Rivals: America and Russia Since World War II*. New York: Viking, 1971.

_____. *Expansion and Coexistence: Soviet Foreign Policy, 1917-1973. 2nd Edition*. New York: Praeger, 1974.

Walt, Stephen M. *The Origins of Alliances*. Ithaca, NY: Cornell University Press, 1987.

Waltz, Kenneth. *Man, State and War*. New York: Columbia University Press, 1959.

_____. *Theory of International Politics*. New York: Random House, 1979.

Whiting, Allen S. *China Crosses the Yalu: The Decision to Enter the Korean War*. New York: The Macmillan Co., 1960.

Wilson, Theodore A. *The First Summit: Roosevelt and Churchill at Placentia Bay 1941*. Boston: Houghton Mifflin Company, 1969.

Wilson, Theodore A.; Merli, Frank J. ed. *Makers of American Diplomacy:*

From Benjamin Fraklin to Alfred Thayer Mahan. New York: Charles Scribners's Sons, 1974.

_____. *Makers of American Diplomacy: From Theodore Roosevelt to Henry Kissinger*. New York: Charles Scribners's Sons, 1974.

Wright, Quincy. *A Study of War*. Chicago and London: The University of Chicago Press, 1942.

_____. *A Study of War*. Abridged by Louise Leonard Wright. Chicago and London: The University of Chicago Press, 1964.

Zagoria, Donald. *Vietnam Triangle: Moscow, Peking, Hanoi*. Indianapolis: Pegasus, 1967.

Zelikow, Philip and Rice, Condoleezza. *Germany Unified and Europe Transformed: A Study of Statecraft*. Cambridge, MA: Harvard University Press, 1997.

Zhang, Shu Guang. *Mao's Military Romanticism: China and the Korean War, 1950-1953*. Lawrence, Kansas: University Press of Kansas, 1995.

Bajanov, Evgehiy P. and Bajanova, Natalia. *The Korean Conflict, 1950-1953: The Most Mysterious War of the 20th Century—Based on Secret Soviet Archives*—(unpublished). 김광린 역. *소련의 자료로 본 한국전쟁의 전말*. 서울: 열림, 1997.

Mansounov, Alexander Y. *Communist War Coalition Formation and the Origins of the Korean War*. Ph. D. Dissertation, Columbia University, 1997.

Matray, James I. *The Reluctant Crusade: American Foreign Policy in Korea, 1941-1950*. Ph. D. Dissertation, University of Virginia, 1977.

Ohn, Chang il. *The US Joint Chiefs of Staff and US Policy and Strategy Regarding Korea, 1945-1953*. Ph. D. Dissertation, University of Kansas, 1983.

네이버 백과사전. http://www.naver.com/
신기철 · 신용철 편저. *새우리말 큰사전.* 서울: 三省出版社, 1987.
Encyclopedia Britannica.
Internet Google.
International Encyclopedia of the Social Sciences.
Webster's Third New International Dictionary.

동아일보 인터넷 동아일보
매일 경제.
아시아투데이.
조선일보 인터넷 조선일보
중앙일보 인터넷 중앙일보

The Korea Herald.
The Korea Times.
The New York Times, Internet New York Times.

ABC, CBS, CNN, MSNBC, NBC, AFN(The Pentagon Channel) News.

Newsweek.
Time.

| 찾아보기 |

ㅅ

ㅇ

ㅊ

ㅋ

ㅌ

저 자: 온창일(溫暢一: Ohn, Chang-Il)

현　재　상지대학교 평화안보 · 상담심리 대학원 초빙교수
1942년　전북 김제군 금산면 성계리 출생
1955년　원평초등학교 졸업
1961년　전주사범학교 졸업
1967년　육군사관학교 졸업
1971년　서울대학교 외교학과 졸업
1975년　육군 보병1사단 포병중대장
1977년　미국 육군 지휘 · 참모대학 졸업
1978년　미국 캔자스대학원 졸업(석사: 외교사)
1983년　미국 캔자스대학원 졸업(박사: 외교사, 국제정치)
1984년　미국 포틀랜드대학교 교환교수
1988년　미국 컬럼비아대학교 객원교수
1989년　한국 국제정치학회 연구이사
1993년　육군사관학교 전사학(戰史學) 교수
2003년　육군사관학교 전사학(戰史學) 명예교수
2004년　한국전쟁학회 회장
2007년　한국 군사사학회 회장
2012년　상지대학교 평화안보 · 상담심리 대학원 초빙교수

저 서: 세계전쟁사(공저), 한국전쟁사(공저), 韓民族戰爭史, 전략론, 전쟁론,
Historical Dictionary of the Korean War(기여) 등

논 문: 核과 韓半島統一(1989), Gulf전과 미래전(1992),
New Security Environment and A Viable Strategy for Korea(1996),
The Wars in Asia and American Policy and Strategy(1997),
전쟁사 연구의 의의 및 중요성(1999),
Conducting the Korean War and It's Lessons(2000),
핵과 미사일문제를 앞세운 북한의 정책과 전략(2002),
국제적 냉전과 한반도의 열전(2004), 한국전쟁이 남긴 명제와 과제(2007),
The Causes of the Korean War, 1950~1953(2010) 등

안보외교론 I 값 17,000원

2012년 6월 15일 1판 1쇄

저 자 온 창 일
발 행 인 임 삼 규
발 행 처 **지 문 당**
주 소 413-756 경기도 파주시 광인사길 85(본사)
110-360 서울시 종로구 돈화문로 82(서울사무소)
등 록 1997. 12. 30. 제406-2003-000038호
영 업 부 (02)743-3192~3 팩스(02)742-4657
전자우편 sale@jimoon.co.kr
편 집 부 (02)743-3096 팩스(02)743-0227
전자우편 edit@jimoon.co.kr
홈페이지 www.jimoon.co.kr

ISBN 978-89-6297-141-5
978-89-6297-140-8(set)

이 도서의 국립중앙도서관 출판시도서목록(CIP)은 e-CIP홈페이지(http://www.nl.go.kr/ecip)와 국가자료공동목록시스템(http://www.nl.go.kr/kolisnet)에서 이용하실 수 있습니다.
(CIP제어번호: CIP2012002341)